全共闘晩期

川口大三郎事件からＳＥＡＬＤｓ以後

絓　秀実・花咲政之輔　編著

航思社

巻頭言

本書は何から始まり、何をめざしているか？

「一九六八年の革命」は今や歴史化され、アカデミアの領域に囲い込まれつつあるかに見える。しかし、それで良いのか。もはや、ビラ撒きもできずタテカンも自由に立てられない、集会さえ不可能な大学で、そのことについて痛痒も感じることのない様子の研究者が、「六八年」を研究することは、職業とはいえ、いささか滑稽である（もちろん、そうでない研究者もいるわけだが）。

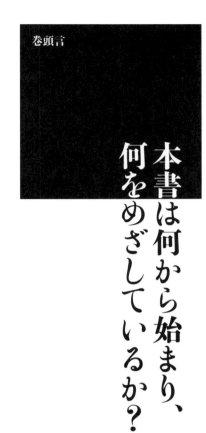

アカデミックな研究には、おのずとさまざまな死角がある。「六八年の革命」の末期に起こった川口大三郎虐殺事件（一九七二年）と、それを契機に起こった「早稲田解放闘争」の問題は、その最たるものであった。本書の編者たちのさしあたりの出発点は、そこにあった。われわれ（とりわけ花咲絃はそれに同伴した）は、川口事件以降の大学において、その支配構造に対して長年闘ってきた者たちである。「六八年」が提起した多岐にわたる諸課題は、むしろ世界に深く広く浸透し、今日の時代を規定しているが、それに対するわれわれの側からの応答は、弱く不十分なままである。とりわけ、日本においては。

そのようななか、アカデミズムの外から、樋田毅のノンフィクション『彼は早稲田で死んだ』（二〇二一年）と、それを原案とする代島治彦監督の映画『ゲバルトの杜』（二〇二四年）が出た。それらは、ある程度の広範な読者と観客を集めた。川口事件の記憶が広く喚起されたこと自体は歓迎すべきである。しかし、樋田の本と代島の映画は、川口事件の歴史的かつ現在的な位置について、すなわち、「一九六八年」とその後の歴史についての、許しがたい誤謬に基づいて作られたものであった。

われわれは、すでに樋田本が刊行された直後から、SNSや書籍を通じて批判を展開してきたが、代島の映画が出るに及んで、それを「運動」として展開しなければならないと考えた。実行委員会が結成された。われわれと踵を接して、樋田、代島批判を展開する方々も出現し、協働することができた。実行委員会はサイトを作り、映画『ゲバルトの杜』が東京で上映されているさなかの二〇二四年七月六日には、われわれのほか、四名のパネリストを迎え、一〇〇名の観客を集めて約六時間のシンポジウムを開催した。そこでは、樋田本、代島映画の諸問題のみならず、川口事件を起点とする「一九六八年とそれ以降」の多面的な諸問題が議論された。会場からも、「早稲田解放闘争」の当事者をはじめ、幾人もの方々からの、熱心な発言があった。本書の一つの中心は、このシンポジウムの記録と、それを成功させるためのプロセスで書かれた、われわれ以外の者も含む諸論考から成っている。パネリストの方々には、シンポを踏まえた総括的な論考も書き下ろしていただいた。そこでは、芸術表現における「女性」表象の問題、演劇における「異化」の問題から、運動における「暴力」と「非暴力」の問題まで、多様な論点が提出されている。

また、川口事件を論じる際に決して忘れることのできない、一九七〇年一〇月に生起した、山村（梁）政明の自殺をめぐる、津村喬の先駆的なエッセイや、川口とは高校時代から縁の深かった稲川方人の最近の時評的エッセイも採録した。資料的にも貴重なものと思う。これらは、安易な追悼を許さない事件についての「追悼」という意味でも貴重な証言だろう。論じられることの少ない山村（梁）については、別途、小泉義之に寄稿をお願いした。

しかし、本書が提起しようとしている問題は、以上に尽きるものではない。そのためにも、多くの書き下ろしを含む論考が書かれている。新左翼運動として闘われた「一九六八年」が、現代の思想潮流のなかで、どのように変質しているのか。それは、戦後思想のなかで、どう位置づけられるのか。とりわけ、二〇一五年の安保法制反対運動をへて、どこへ向かっていったのか。いったい「内ゲバ」とは何であり、今、どのように考えられるべきなのか。さらには、二〇一五年以降、天皇制の問題は、どう捉えられるのか。同時代の海外における左派運動内の「暴力」は、どうだったのか、等々。問いは開かれている。

本書巻末には、川口事件を中心としながらも、そこからひろがる六八年とそれ以降、現在にまでいたる闘争史の年表を置いた。この年表を参照すれば、川口事件以降、あるいは一九九〇年代以降、大学や社会は平穏に戻ったなどという言説が、まったく嘘であることが知られるだろう。この難しい年表作成にあたっては、運動史に詳しい金原甫、西徳司のお二人のお力をお借りした。その他、ここにお名前をあげなかった執筆者・発言者の方々、実行委員会の面々にも深く感謝する。

最後に、シンポジウムの企画段階から、われわれのプロジェクトに着目し、本書の企画出版を提案してくれた航思社の大村智氏に、感謝申し上げる。大村氏は、前職時代に、『LEFT ALONE』書籍版につづいて、二〇〇一年早稲田のサークル部室撤去反対闘争に端を発する運動の総括的書物『ネオリベ化する公共圏』を出していただいて以来のご縁である。

本書が広く議論の場に持ち込まれることを祈念している。

絓 秀実、花咲政之輔

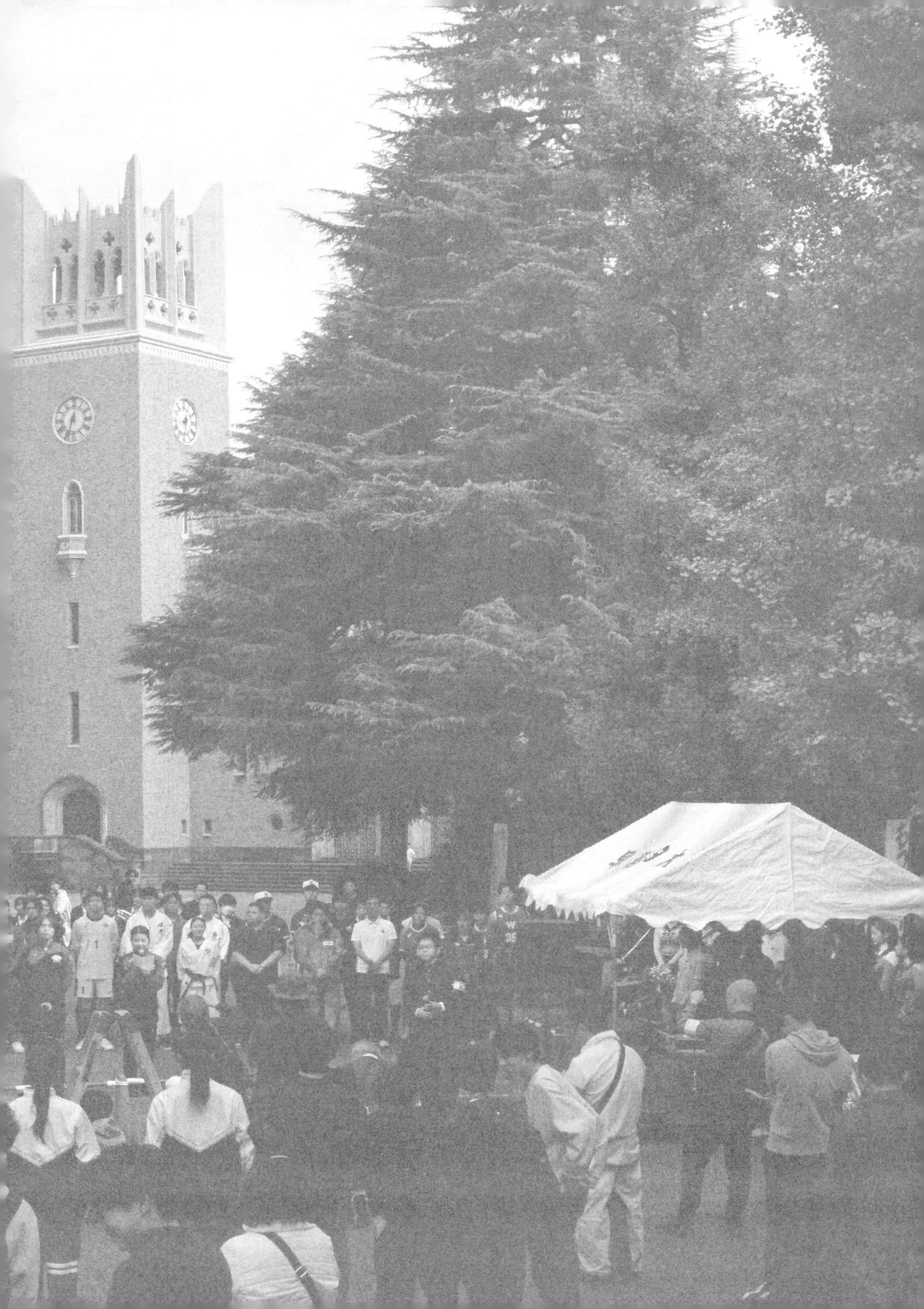

全共闘晩期

川口大三郎事件からSEALDs以後

目次

装丁写真：初沢亜利

第I部　シンポジウム

映画『ゲバルトの杜』徹底批判

大野左紀子（文筆活動家）
河原省吾（京都産業大学教員）
菅　孝行（評論家／劇作家）
照山もみじ（金子亜由美）（早稲田大学非常勤講師）
絓　秀実（文芸評論家）
花咲政之輔（太陽肛門工房主宰／早大構内立ち入り禁止処分者）

撮影：初沢亜利

映画『ゲバルトの杜』を徹底的に論じ、批判するシンポジウムを開催する。

一九七二年一一月八日、早大第一文学部学生・川口大三郎は早稲田大学文学部キャンパス内において、自治会を掌握、大学当局と淫靡に結託して、ほぼ一元的に支配していた革マル派の学生によって拉致され、八時間にも及ぶ拷問とリンチの果てに虐殺された。川口を、革マル派の敵対する中核派の「スパイ」と誤認しての出来事だった。したがって、これはいわゆる「内ゲバ」ではないし、そもそも「内ゲバ」とは、きわめて問題含みの概念である。この事件に接した早大万余の学生は虐殺に抗議し、革マル派の支配を打破すべく決起した。これが、一年以上にわたって展開された「早稲田解放闘争」である。

当時の日本は、「一九六八年の革命」の後期にあったが、全国での闘争はまだまだ持続していた。三里塚闘争であり、入管闘争であり、差別糾弾闘争であり、フェミニズムが確実に萌芽し、「障害者」解放闘争も盛んに提起されていた。早稲田では、六九年春にノンセクト学生が決起して第二次早大闘争が展開された。革マル派と当局の結託によって、一旦は沈静化された早大全共闘運動であったが、その潜勢力と提起された問題は持続していたのである。一九七〇年一〇月には、第二文学部学生で、「帰化」朝鮮人二世であった山村（梁）政明が、革マル派の支配と弾圧に抗議して焼身自殺している。川口大三郎も、当時の「六八年」的課題であった部落差別反対闘争に関心を抱く、「ノンセクト」の学生であった。

早稲田解放闘争は、多様な傾向を持つノンセクトの学生によって担われた。それに加担してコミットする政治党派もあった。しかし一年余の闘争は、全国動員で闘争の圧殺を図る革マル派、それを支える大学当局、そして当局によって導入された国家権力と機動隊の前に、敗北を余儀なくされていった。以後、早稲田では再び、革マル派の支配体制が再建されたのである。「革マル派を背景にした『平和』」である。

一九九〇年代、奥島孝康総長が中心となって、早稲田から革マル派が一掃されたという虚言が流布されている。映画『ゲバルトの杜』の原案となった樋田毅の『彼は早稲田で死んだ』（文春文庫）は、そうした虚言の上に立った「ノンフィクション」である。『ゲバルトの杜』も、その観点を踏襲している。

しかし、奥島が根絶しようとしたのは、革マル派の支配ではなかった。早稲田解放闘争の後も地道に活動を持続してきた、サークルを中心とするノンセクトたちの運動の基盤を解体しようとしたのである。奥島は、サークルが密集していたサークル地下部室の撤去を敢行した。これに対して、多くの早大生が決起したことは言うまでもない。二〇〇一年七月三一日には、一五〇〇人余の学生が本部キャンパスを埋め、昼夜を問わず徹夜で抗議行動を行った。これは、日本学生運動史上、最後の大衆的な学園実力闘争である。同時期の、東大駒場寮廃寮反対闘争とて、これほどの盛り上がりはなかった。以後、革マル派のみが、当局の黙認のもとに早稲田に淫靡に根を張り、川口事件以前と変わらぬ支配が、目立たぬかたちで持続している。『ゲバルトの杜』は、このような支配を肯定することで成り立っている映画なのである。それは、映画全編に横溢しているメッセージだ。この間の代島治彦監督の諸発言も、それを裏付ける。

このような大学の支配体制は、決して個別早稲田の問題ではない。全国のすべての大学が、サークルやタテカン等、学生運動の基盤を根絶やしにすることで、学生への支配と管理を巧妙に行っているのであり、それは大学のみならず、すべての社会領域に及んでいる。しかも、一方では「リベラル」を公然と謳いながら、である。映画『ゲバルトの杜』は、そのような趨勢に掉さして登場した、きわめて悪質な映画なのだ。

昨今、イスラエルのガザ侵略に対して、世界的に学生運動が、何度目かの勃興を見せている。日本においても、多少の兆候は見られる。しかし、とりわけ日本では、「気持ちは分かるし、意見を表明するのはいいが、暴力はいけない」という声に怯えつつ遂行されているように見える。何せ、「デモは暴力だ」と言った政治家がおり（この政治家は二〇二四年一〇月に内閣総理大臣になった――後注）、それはそれで「正しい」からである。たとえば、かつてジグザグ・デモは「合法」だったが、今は「違法」なのだ。

確かに、日本のみならず世界の運動において、「暴力」の遂行に過誤はあっただろう。しかし、運動とは試行錯誤と誤謬のなかで結実していく過程にほかならない。「正しく」運動しようとすることは大切だが、それが「正しく」結実するかどうかは、運動のなかで検証されていくしかないのだ。

われわれのシンポジウムは、『ゲバルトの杜』の批判的な検証をベースにしながらも、映画、演劇、暴力、セクシュアリティ、差別と、多岐にわたっていくだろう。それは、歴史の検証だけではなく、現在の運動のあり方に及ぶはずである。望みうる最良の、多様なパネリストを結集した。多くの方々の参加を望む。

二〇二四年七月六日

絓　秀実・花咲政之輔・7／6実行委員会

原案からのさらなる後退

絓──シンポジウムを開催します。今日の議論の当面の対象である樋田毅『彼は早稲田で死んだ』[*1]（以下、樋田本）、そしてそれを原案とする代島治彦監督の映画『ゲバルトの杜』[*2]（略して『ゲバ杜』）、これらが出てきたときには危機感を覚えました。とりわけ、主催の一人である花咲さんのほうが僕よりも危機感が強かったと思います。

どういうことかというと、樋田本は川口大三郎事件[*3]を題材にしたノンフィクションですが、位置づけが全く間違っている。花咲さんはツイッター[*4]でいち早く言及し、僕も『対論1968』のあとがきで書きましたが[*5]、樋田本のエピローグでは、早稲田大学は今や平和である、川口大三郎事件を起こした革マル派は一掃された、こうしたことを一九九四年に就任した奥島（孝康）総長（任期：一九九四－二〇〇二年）の功績として讃えています。しかし、これは全くの誤りです（にもかかわらず大宅壮一ノンフィクション賞を受賞しましたが、業界のていたらくを示している）。

そしてその樋田本を原案にした映画『ゲバルトの杜』も、そうした認識を踏襲、さらに後退しています。簡単にいうと、暴力はいけないのだから、それに対しては白旗をあげて何もしないほうがいい、というのが映画のコンセプトといっていい。反イスラエルなど現在の世界情勢に反した、全く日本独自のブルジョア・プロパガンダなわけです。ランズマンや王《ワン》兵《ビン》といった対比する必要もない映画作家を挙げて、四方田犬彦が「ノンフィクションとして破綻している」と指摘しているように[*6]、要するに愚作なわけです。しかし愚作であると言ってうっちゃっておいていいものと悪いものがある。これは今の時代に照らして、徹底的に批判していかなければならない映画だと思いました。

最初に、照山さんから順に、自己紹介をかねてこのシンポジウムに臨んでの一言をお願いします。

照山──ふだんは日本近代文学、特に泉鏡花の作品を専門に研究しております。二〇一七年以降は年に一度、「照山もみじ」の名義で、同人誌『G-W-G（minus）』（以下、『G-W-G』）に、ボーイズラブ（BL）・ヤオイに関する論考を発表しております。ここ数年は、文芸批評家で作家でもある中島梓（栗本薫）の小説や批評を集中的に論じてきました。その過程で、川口君事件について改めて調査をする機会があり、事件についての中島の発言などを辿っていくうちに、彼女の「ヤオイ」が、川口君事件から受けた衝撃と、その後に引き続いて起こった早稲田解放闘争についていけなかったという「欠落」の意識から立ち上げられたものであるということがわかってきました。そのことは、『G-W-G』五号（二〇二一年）に掲載した「疎外者《アウトサイダー》の自己幻想──中島梓の「少年」」という論考にまとめてあります。

この論考を発表した年の一一月に、樋田さんのご本が刊行され、大変興味深く拝読したのですが、エピローグで、早稲田大学の奥島総長による大学管理体制の強化を肯定するような記述があったため、その点に関して批判をする必要があると感じて、『G-W-G』六号の中で書きました。[*7] 映画『ゲバルトの杜』も、どのような映画になるのかと楽しみにしていたのですが、実際拝見しますと違和感を抱く点や疑問点が多々ありましたので、みなさんとともに検討していければと思っております。

河原――私は、ツイッターでほぼ毎日ツイートをしています。その内容としては、その時々の社会で問題になっていることや、私は臨床心理学が専門なので、精神科医療のこと、心理学関係で社会問題が起きたことなどが中心です。そのツイートに対する反応の強弱・多寡にかかわらず、自分として意味があると信じていることについて、しばらく追いかけてツイートしています。二〇二一年に樋田さんの『彼は早稲田

＊1　樋田毅『彼は早稲田で死んだ――大学構内リンチ殺人事件の永遠』文藝春秋、二〇二一年／文春文庫、二〇二四年。第五三回大宅壮一ノンフィクション賞受賞（二〇二二年）。版元の紹介いわく「1972年11月、革マル派が支配していた早稲田大学文学部構内で、一人の学生が虐殺された。後に「川口大三郎君事件」と呼ばれるこの悲劇をきっかけに、一般学生は自由を求めて一斉に蜂起。しかし事態は思わぬ方向へと転がり、学外にも更なる暴力が吹き荒れて――50年前、「理不尽な暴力」に直面した著者が記した魂と悔恨のルポ」。

＊2　『ゲバルトの杜』企画・監督・編集：代島治彦／プロデューサー：沢辺均／音楽：大友良英／出演：池上彰、佐藤優、内田樹ほか／ドラマパート「彼は早稲田で死んだ」脚本・監督：鴻上尚史／出演：望月歩、琴和ほか。川口大三郎事件を取り上げた樋田毅『彼は早稲田で死んだ』を原案に、川口の学友による事件の証言、池上などの有名人によるコメントのほか、川口事件を「再現」したドラマとそのメイキングで構成。

＊3　一九七二年一一月八日、早稲田大学第一文学部二年J組の川口大三郎が、文学部キャンパス（戸山）で友人と談笑中、革マル派の文学部自治会役員らに拉致され、文学部校舎内の自治会室で約八時間のリンチを受けて死亡。革マル派は川口の遺体を東大構内・東大付属病院前に遺棄。革マル派は、ノンセクトとして活動していた川口を、中核派の活動家だと誤認したとされる。
　事件直後から、ノンセクトや他セクトを含む一般学生たちが全学的に立ち上がり、革マル派自治会と大学当局との癒着に対して抗議活動、および自治会再建運動を展開。この「早稲田解放闘争」は七三年一一月まで続いた。事件の詳細と時系列については本書巻末の関連年表参照。

＊4　現X。以下、発言者にかかわらず、すべて「ツイッター」と表記。

＊5　笠井潔・絓秀実（聞き手＝外山恒一）『対論1968』集英社新書、二〇二二年。絓によるあとがき「本文にかかわる後注」。

＊6　四方田犬彦「触れれば血が噴き出すような傷」『毎日新聞』二〇二四年五月二六日付。

＊7　照山もみじ「「川口大三郎」から「少年」へ――続・中島梓の「少年」『G-W-G』六号、二〇二一年、注6。

河原省吾

で死んだ』が出た時も私はツイートしました。一番強く感じたのは、よくここまで書いた、ということです。書くのに相当の覚悟が必要だったろうなと思うと同時に、同書第五章に赤報隊事件のことが挟まっているのに違和感を覚えました。また、最終章の大岩圭之助（辻信一）さんへのインタビューについても、私は何度も読み直したけれども読むたびに印象が変わり、違和感をツイートをしましたが、当時はほとんど他にツイートしている人はいませんでした。二〇二四年初めになって、樋田さんの本が『ゲバルトの杜』として映画化されることと文庫化ということで注目する方が増えたと思います。

　簡単に自己紹介しますと、私は一九七〇年代の末頃に京都大学で法学部の学生でした。当時、学内では滝田修（竹本信宏）の処分問題があり、[*8]その関係で、ノンセクトの学生運動の周辺で研究会活動もしていました。ノンセクトの運動は盛り上がるときは大勢の人が集まりますが、退潮して人が減っていくと誰もいなくなってしまうという悪い点があると思います。当時、私は新入生の学年だったんですが、次の年にはほとんど人がいないということで、困ったことがあります。大学のほうではノンセクトが中心ですが、中核派系の市民集会に誘われて行ったこともあるので、もし川口さんの立場にいたらリンチを受けていてもおかしくなかったわけです。

　その後、私は運動のほうはやめ、反対に心のほうに目を向けて考えてみたいと、当時第一人者であった河合隼雄氏のところに行き、臨床心理学を始めました。それから三〇年以上、その世界で過ごしてきた観点からいうと、精神医療の問題や、例えば不登校などはスクールカウンセラーで対処できると思われている節があります。決してそういう問題ではないのに、心理学化されて解決されようとしている。そうしたことは、臨床心理学の専門家はあまり問題にしません。心の中のことを考えていく専門家ですから、社会との結びつきが非常に弱い。そう考えて二〇一八年からツイッターを始めました。川口さんのことは、今回の樋田さんの本と『ゲバルトの杜』を通して詳しく知るようになったので、ご意見等いただけましたらありがたいと思います。

大野――私は一九五九年生まれで、川口君虐殺事件があった七二年は一三歳、中学二年になる年でした。二月に浅間山荘事件があり、家族と一緒にずっとテレビ中継を見ていた強烈な記憶がありますが、川口君事件についてはリアルタイムではほとんど覚えていません。ただそれ以前、六九年頃に叔父が名古屋大学の学生で革マル派に所属しており、一方私の父はオールドレフトだったので、二人が大喧嘩している場面を目撃しています。

その後、七四年に愛知県立旭丘高校に進学しましたが、ここは高校紛争が激しかったところで、当時まだその名残がありました。そこで社研の生徒——高校生反戦共闘という当時は中核派の下部組織だったらしい高校生のグループに入っていた——に誘われて少しだけ新左翼系の運動に関わりました。狭山差別裁判反対闘争です。*9

大野左紀子

『彼は早稲田で死んだ』でも、川口さんが大学に入って部落問題研究会の学生と知り合い、狭山差別裁判反対闘争の中核派の集会に出入りしたことで革マル派に目をつけられた、と

---

*8　竹本信宏（1940-2024）京都大学経済学部助手の立場で、六八年から本格化した京大闘争に参加、滝田修名義で論文を発表。翌年に京大パルチザンを結成、土本典昭のドキュメンタリー映画『パルチザン前史』に出演。七一年の埼玉・朝霞駐屯地での自衛官殺害（赤衛軍事件）の共謀共同正犯として指名手配されると地下潜行した。大学当局が連絡不能を理由に七三年に一方的に処分を発表すると、学生や教員有志が反対運動を展開したが、七七年に分限免職処分となった。著書に『ならず者の暴力宣言』（芳賀書店、一九七一年）、『わが潜行四〇〇〇日』（三一書房、一九八三年）、『滝田修解体』（世界文化社、一九八九年）など。

*9　一九六三年五月一日、埼玉県狭山市で女子高生が行方不明になり、脅迫状が届けられるという事件が発生。身代金の受け取りに現れた犯人に対し、四〇人もの警官が張り込みながら取り逃がした結果、女子高生は遺体となって発見。大失態をおかした警察は被差別部落に見込み捜査を行い、石川一雄を別件逮捕して犯行を「自供」させた。六四年三月の一審では死刑判決が出たが控訴、一転して「自白」を翻して犯行を否認。審理過程において「自白」と客観的事実との多数の矛盾が論証されるにつれ、部落差別による冤罪の可能性が明らかになり、部落解放同盟をはじめ民主団体・文化人などによる救援運動が展開されたが、七四年一〇月の高裁で無期懲役、七七年八月の最高裁で上告棄却、刑確定（九四年一二月に仮釈放）。これまで三度再審請求が申し立てられ、現在、第三次再審請求が審理されている。

いうくだりが出てきます。私も川口さんと同時期に早稲田大学にいたら、革マル派にリンチされていたのかもしれないなどと想像しました。

政治活動は関心が長続きしなくてすぐに離れてしまい、高校では美術科だったので、一浪して七八年に東京芸大に進学したのですが、芸大入学当時、東京のあちこちの大学ではまだセクトの活動は活発だったようなのに、芸大は全くの無風状態で、紛争の痕跡も残っていませんでした。後になって、多摩美や日大芸術学部では激しい闘争があったことを知りました。当時は「なぜ芸大だけこうなんだろう」というモヤモヤしたものを抱えつつ、卒業後は現代アートの世界に入り、美術にしかできない闘いがあるんだと信じてやっていましたが、そうした闘いももう存在しないと二〇年後に悟り、芸術活動はやめた次第です。

『彼が早稲田で死んだ』を読んだのは、実は単行本の出版から二年ほど後です。きっかけは『自称・救援ノート』（発行：自称・救援連絡センター）という冊子に、この本の感想文が掲載されたことです。名古屋の「自称・室伏良平」という活動家が二〇二〇年に在名古屋アメリカ領事館前でビラをまいて仲間と一緒に逮捕されるという事件があり、私は「自称・救援会」と称した救援活動に関わりまして、『自称・救援ノート』はその一連の総括として出したものですが、その中で、救援メンバーの一人が樋田本の感想文を寄せていたのです。そこで初めて、著者の樋田毅が私の母校の旭丘高校の先輩であることを知り、自分が高校時代、政治活動にうまく関われなかったことを思い出し、かれこれ半世紀近く前のモヤモヤが一気に回帰してきたというか、そんな感じでいます。

菅——本日のテーマとなるべく関係のある「自己紹介」をします。パネリストの中では私だけ特に高齢で、一九三九年生まれです。

一九六〇年の安保闘争の時代、私は政治的におくてで、演劇青年でした。闘争の最後の過程で「目覚めて」しまって、六月一八日は国会南通用門の前にいました。[*10] その後、闘争の終息過程以後に政治運動に関与し、六一年に社学同（社会主義学生同盟）再建に加わりました。なので、再建大会の二、三ヶ月前、全学連（全日本学生自治会総連合）の第一七回大会の現場にいました。そこでは、革マル派と中核派に分裂する前の革共同（革命的共産主義者同盟）全国委員会の指導下にある学生組織、マル学同（マルクス主義学生同盟）と、私が属したグループが衝突して敗北しました。ブント残存勢力と関西の第四インター系、それと構造改革派の中の左派、いわゆる「つるや連合」の一員です。ここで負けた側にいたこだわりをそれ以来六〇年ずっと持ち続けています（笑）。つまり、前衛党建設至上主義や、政治党派の宗派性への距離感を失うまいという姿勢です。そういう意味では革共同全国委員会が分裂してもしばらくは、反スターリン主義の前衛党を至上目的とする双子の党派に見えました。

　また、連合赤軍事件が起きたとき、それまで「銃撃戦断固支持」などと周囲から喝采していながら、リンチ事件が露顕したといってそっぽを向くというのは、無責任だ、権力を打倒する闘争の先頭に立つことを標榜していたその党派の最悪の負の側面になんとか同伴する回路はないかと考え、思いを同じくする数人と連合赤軍公判対策委員会という、党派の外部の市民やインテリなどがゆるやかに関わるような集まりを作って、その世話人なるものになり、公判を傍聴したり、被告の声を中心にした機関紙を出したりといった活動を七九年まで続けました。

菅 孝行

　三里塚闘争にも遅ればせながら少し関わりました。八三年の反対同盟の分裂の時には、私は、敷地内に住民が多数いるのにそれを見捨てるのはダメだという素朴な立場から北原派を支持しました。中核派のシンパだったことはありません。北原派でありながら、横堀にもゆきましたし、労活評（労働運動活動者評議会）という熱田派の党派の現闘の学習会の講師に出かけたりしました。赤いヘルメットやモヒカンのヘルメットをかぶった党派の中に知人友人はたくさんいます。

　しかし、北原派の主要な支援党派が中核派だったためにそのシンパだと思われたらしく、革マル派のターゲットになりました。八〇年代、天皇代替わりの時期に反天皇制の運動に関わったこともあってなおさら重点的に狙い撃ちになり、革マル派の機関紙で何度も名指しで批判されたことがあります。

　そのほか、演劇運動をしたり、吉本隆明と論争したり、『映画批評』グループの間近にいたり、知識人反核署名に関わりながら内部から批判して少しばかり物議をかもしたりもしてきました。

　芸術家にはなれなかったし、批評家と自認するのも批評で生活できているわけではないので、自称するのは憚られます。しかし、私が、何らかの政治運動や社会運動に当事者として

*10　この日、安保阻止統一行動で五〇万人が国会を包囲。社共、国民会議、総評は「平和的デモ」に抑制した。全学連や労働者のデモ隊四万人は徹夜で首相官邸・国会周辺で座り込みを行ったが、一九日零時、日米安全保障条約改正案が、五・一九「岸の暴挙」によって参院の議決を経ないまま自然承認された。

関わったという自覚があった時期は、学生時代の一時期と、就職した映画会社の労働組合で専従で活動したこと、四〇歳代で、八〇年代前半から九〇年代初頭まで、天皇制反対の運動の中心近くにいた時期ぐらいで、自分を「運動家」だと思ったことはありません。

政治運動・社会運動に関与するに際して、誰がどのように運動に寄与し貢献し得るかは、集会をやったり、デモをしたり、ビラを配ったりという実践のほかに、理論を作ったり、現実を批判したりすることや芸術表現に関わるのも活動の「実践」の一部ですから、いわゆる運動の当事者（活動家）だけに運動に対する発言権があるという立場に私は立ちません。そういう意味も込めて自分の立ち位置を〈思想的並走者〉と意味づけてきました。

川口君の虐殺問題には直接関わったことはなかったのですが、自治会奪権、早稲田大学解放の闘争に共感を抱いていました。このたび『情況』誌から依頼を受けて『ゲバルトの杜』の映画評を寄稿しました。それが絓さんの目にとまって、ここに呼ばれたという次第です。

私の主張の要点は、この川口君の問題は、党派間の「対等な」内ゲバではなく、党派による一方的なテロであるということ、問題の所在を問うには真実の究明こそが柱であること、そのために、リンチの指令の出所や、リンチを下手人の意思でやめられたのかどうか、リンチを許容した早稲田大学の管理体制や当局の意思、大学と「自治会」や警察の関係などが極めて重要で、そこに関心を向けていないこの映画には全然納得がゆかない。事実関係をあいまいにしたままで、追悼とか鎮魂とかいうのでは、川口君が浮かばれない。また、学園支配の暴力に対する対抗手段を徹底的に非暴力化し、自治会再建運動側のヘルメットや角材を、学園を支配する側の暴力と対等視していることは受け入れがたく、「内ゲバ」反対あるいは「暴力」反対という抽象的な一般論は空疎だ、ということです。

もうひとつ気になって仕方がなかったのは、コメンテーターの人選と発言です。とくに、池上彰と内田樹はいけない。池上は、映画内演劇の、演劇の場面に出演する若い人たちに七〇年代の運動状況のレクチャーをするんですが、中核派は過激な行動派、革マル派は地道な穏健派って説明する。先ほど言いましたように、二つの党派のルーツは一つです。彼はそれを伝えないし、分かれて対立するようになった経緯も一切語らない。こんなニュースキャスターは失格です。

内田樹は、当時の新左翼のデモは粗暴で行儀が悪かったと言って、デモ隊が無賃乗車したり、おでんの食い逃げをしたりしたって証言しています。これは現実にあったことですが、最も顕著に無作法だったのは、革マル派が三里塚闘争から離脱した際に、三里塚闘争の支援党派が、いかに行儀が悪いかという風評を立てるために、意図的にやった時のことなんです。そのうえ、あろうことか、内田樹は当時革マル派の活動家だった。つまり内田の党派がやったデモのことです。内田はそれを語らない。こんなことってありますか。

　詳細は『情況』二〇二四年春号（本書に加筆修正のうえ「記憶の修正・歴史の偽造 ―― 映画『ゲバルトの杜』への心証を起点に」として収録）と、『出版人・広告人』八月号をお読みいただければと思います。

革マル派に対する欲望

絓――討論に移りたいと思います。菅さんのご発言を受けていうと、僕は川口事件というのは、日本の「六八年」のなかで連合赤軍事件や東大安田講堂「決戦」その他、現在重要なものとして回顧される事件以上に重要なものと考えています。もう一つ重要だと考えているのは七〇年七・七の華青闘告発ですが[*11]、この華青闘告発と川口事件といえば必ず想起されなければならないのが、華青闘告発から三ヶ月後に起きた山村（梁）政明の自死です。山村政明は日本国籍（いわゆる「帰化」）の在日朝鮮人二世で、早稲田大学第二文学部の学生でしたが、大学における革マル派支配に抗議して、文学部キャンパス前の神社、穴八幡で焼身自殺しました。これは川口事件に先行する問題で、この二つを併せて考えなければいけないと思っていました。

　川口事件については非常に難しい問題があって、これまで本が書かれることはなかった。僕が知る限り二〇一一～一二年ごろ、あるフリーのノンフィクション作家が川口事件を書きたいから資料を集めていると聞いて、励ましたことがあります。しかし彼は断念せざるをえなかった。革マル派の妨害があったからです。これは間違いありません。もろもろの傍証もあります。では、なぜ樋田毅が書けたのか。朝日新聞の（元）記者だからでしょう。ノンフィクションというのは非常に金銭的に負担がかかりますから、書き手の収入面も、本を出したのが文藝春秋という大手出版社だということも関わってきます。『彼は早稲田で死んだ』の出版が全くの無意味とは思いませんが、そうした背景があるということも押さえなければならない。

　この樋田本を原案にした映画について、大野さんはどうご覧になりましたか？

大野――絓さんの著作で川口君事件の概略は知っていたものの、事実関係や早稲田の問題については全く無知でしたので、樋田本のほうは詳細な取材に基づいているという意味で

＊11　「華青闘」とは正式名称を「華僑青年闘争委員会」という在日中国人のグループ。一九七〇年七月七日、中国に対する日本の侵略戦争の発端とされる盧溝橋事件三三周年の反戦集会（日比谷野外音楽堂）で、華青闘が新左翼諸党派の排外主義・ナショナリズムを糾弾した。これを機に新左翼総体の運動がマイノリティ運動＝対抗運動へシフトしたと絓は評価する。詳細は絓秀実『1968年』（ちくま新書、二〇〇六年）第三章などを参照。

は非常に労作だと感じました。しかし映画を観て、これは不思議な映画だと思いました。なぜかというと、映画の作り手や映画に登場する人々、特に、当時早稲田の学生だった人たちではなく、内田樹をはじめとする著名人コメンテーターの、革マル派に対する「欲望」があちこちに散りばめられていると感じたからです。不穏な言い方をすると、監督をはじめ、みんな「革マル派に発情している」という印象を受けました。

映画全体を起承転結で見てみますと、「起」が川口君事件の前後の革マル派の早稲田支配について。「承」では一般学生の決起がありますが、結局革マル派が蹴散らして勝利する。「転」で、内田樹が出てくるあたりから、今度は革マル派が中核派に襲われたという革マル派の〝受難〟の物語がなぜか始まります。そして最後の「結」は、革マル派自治会の書記長だった佐竹実の自己批判文が、再現ドラマの場面にかぶせて読み上げられ、革マル派の〝反省〟の物語になっていく。つまり、終始一貫して「革マル派の物語」になっている、という印象を受けたのです。もちろん監督に、「革マル派に発情していますね」と問いただしても、何のことかと言われるだけだとは思いますが。

これは映画に限られたことではありませんが、表現には表向きのメッセージだけではなく、全体から浮かび上がる効果、作り手が意識しなかったような効果、注意深く観ていないと分からない効果が生まれるものです。もちろん『ゲバ杜』において、作り手も出演者も観る人も、革マル派を決して肯定はしない。にもかかわらず、物語映画で悪役が妙な魅力を発動させるのと似たようなことが、あの映画で起きているのではないか。これは映画を分析して、何を描き、何を描いていないかを実際に観ていけばおのずとわかることです。

ただ、このことを監督が自覚しているのかと言えば、おそらく自覚していないのではないかと思います。それは結局は、「内ゲバは怖いですね、正義の暴走は怖い、暴力はいけない」といった、それ自体は誰も反対しないであろう市民道徳から一歩も出ないような、思考停止の状態がそこにあるからではないか。こういうことはこの作品だけではなく、昨今の社会問題を扱ったアート作品にも時々見受けられる現代の症候的な様相だ、というのが私の見立てです。

河原――この映画について、代島監督がどういうことを言っているか、また再現劇パートを担当した鴻上監督がどういうことを言っているかを、様々な媒体で見聞していますが、代島監督は『三里塚に生きる』『三里塚のイカロス』、山﨑博昭さんの死を取り上げた『きみが死んだあとで』の三作のあと[*12]に、この『ゲバルトの杜』を作っています。前三作のドキュメンタリー映画については記録映像があるので、それを活用しながら、当時の活動家などの証言によって構成していきますが、川口さんのリンチ場面については映像がありません。『ゲバルトの杜』のパンフレットの鴻上さんの原稿「内ゲバと世間」によれば、『きみが死んだあとで』上映イベントの対談で、鴻上さんは代島さんに「内ゲバのドキュメントを撮ってほしい」と言ったところ、『ゲバルトの杜』の劇パートの監督を依頼されたということです。ここで非常に引っかかるのは、鴻上さんが『ヘルメットをかぶった君に会いたい』[*13]という小説を書いていることです。この作品は鴻上さんが強く惹かれた女性活動家を追いかけていくという話ですが、じつはその女性活動家のモデルが川口さん事件で実際にリンチした実行犯の一人なんですね。こういったことを代島監督は知ったうえで、むしろ「鴻上さんは燃えるだろうな」という言い方をして、劇パートの監督を鴻上さんに依頼する。ということは、ヒロインはそこにいるわけですね。私はこれはとんでもない話だと思います。映画『ゲバルトの杜』は、川口さんの事件を主題として取り上げながら、ヒロインは加害側の女性活動家である。いま大野さんが「欲望」という言い方をされましたが、この映画の製作者の欲望はまさにそこにあると思います。だから観ていて非常に不思議な感じがするし、不快感を覚える場合もあるし、しかしなんとなく説得されてモヤモヤした感じも残る。この映画は、そもそもどのように製作しようと考えられたのか、非常に大きな問題を含んでいると考えています。

大野――女性活動家の話が出たので一言言わせてください。パンフレット収録のシナリオには「女性闘士」と書かれています。この表現は内輪の言い方で、革マル派内部での表現を使っていると感じたことが一つ。また、女性活動家を演じた俳優は美人で、華としての役割を担わされている一方、リーダーではないのに全体のなかで特権的な役割を果たしています。他の革マル派の学生たちは「おまえはブクロ（中核派）のスパイだろ」「早く白状しろ」などとヤクザの下っ端のような台詞ばかりが与えられているのに、あの女性活動家だけには「私たちは革命をやっている」という大義名分を言わせている。そこで彼女の顔を正面からクローズアップし、非常に強い印象を作っています。つまり彼女はセクトの代弁、男の代弁をしてくれる女という位置づけになっているわけです。

また、証言パートで女性が一人出てきます。当時、早大全学行動委員会（WAC）に所属していた吉岡由美子さんという

＊12　『三里塚に生きる』監督：大津幸四郎・代島治彦／二〇一四年／一四〇分。三里塚闘争を題材としたドキュメンタリー映画で、三里塚芝山連合空港反対同盟の熱田派、旧熱田派を主に取り上げる。『三里塚のイカロス』監督：代島治彦／二〇一七年／一三八分。元革共同・ML派・第四インター所属の活動家・支援者たちを中心に描く。『きみが死んだあとで』監督：代島治彦／二〇二一年／二〇〇分。一九六七年一〇月八日、第一次羽田闘争で機動隊によって虐殺された山﨑博昭を取り上げる。

＊13　『ヘルメットをかぶった君に会いたい』集英社、二〇〇六年／復刊ポット出版プラス、二〇二三年。

方で、数回短くインタビューの場面がありますが、その最後のインタビューで、非常に興味深いことを証言されています。キャンパスで革マル派の学生が突然集合して円陣を組み、腰を落として竹竿を外に向かって放射状に突き出している場面を見かけたが、まるで虫のようでよく覚えていると。非常に訓練されていて感心して見ていたということをお話しになっています。この発言の効果として感受できるのは、「軍隊」としての革マル派はカッコ良かったということなわけですね。[*14]

この映画では女性は二人しか登場しませんが、劇パートのほうは、革マル派の主張を勇ましく代弁してくれる、つまり「中身」を見てくれる女性。証言パートのほうは革マル派の行動スタイルに感心してくれる、つまり「外側」を認めてくれる女性。吉岡さんは実際はもっと様々なことをお話しされたと思うんですが、映画はそう位置づけているように見える。どちらの女性も、男性にとってはありがたい存在ということになるわけで、そういう意味でも危険な映画だと思いました。

出来事／人物の再現＝表象をめぐって

照山――映画の公開前に、劇中劇という形で川口君事件自体の再現を試みるという情報に触れたとき、この事件を「劇」によって表象可能だと確信しているような態度自体に、非常に違和感を覚えました。それでも、実際に映画を観てから判断しようと思い、拝見したわけですが、川口君事件の何を「再現」したくてこの「劇」が行われているのか、最後までよく分からなかったです。また、『ヘルメットをかぶった君に会いたい』という小説が、樋田本とは別に参考にされていると知り、そちらも映画を観る前に拝読しました。この小説は、「君」という女性、特にその笑顔が、語り手「僕」の経験できなかった過去である学生運動への憧憬と直接接続されていて、そうした幻のロマンの象徴としての「君」を追い求めるといった内容なので、一読して、これがなぜ川口君事件のドキュメンタリー映画に組み込まれるのかと困惑しました。ですが、復刻版に付された「あとがきにかえて」のなかには、この小説と『ゲバルトの杜』の劇中劇の関わりについて言及した箇所があり、そこには、「劇」中に「ヘルメットをかぶった君」を登場させ、彼女が言った「言葉」まで忠実に「再現」したと書かれていました。結局、この劇中劇というのは、先ほど大野さんや河原さんも指摘していたとおり、川口君事件以上に「君」を「再現」したくてたまらない、「君」を表象したくてたまらないという気持ちに裏打ちされた、一種の恋愛劇みたいなものになっていて、だからこそ、川口君事件の「劇」としては、正視に堪えないものになってしまったのだと思います。

絓――大上段にいえば、演劇において、あるいは映画において、出来事の再現なんてできないわけです。あの女性活動家のモデルは水津則子という人物ですが、その役がどのように見えるかを考えると、ツイッターだかの評のなかで唯一いいなと思ったのが、水津則子役が梶芽衣子に似ているというものでした。それは、目力の強さですよね。梶芽衣子という芸名は六九年の『日本残侠伝』[*15]出演のさいに監督のマキノ雅弘に付けてもらって（本名・旧芸名：太田雅子）、目力を強くしたわけです。梶はその後『修羅雪姫』[*16]などに出演していきます。劇パートの水津則子役は、まさに修羅雪姫ですね。鴻上は演劇史的には第三世代とされ、「ポストモダン的」とか「表層的」と評されることもあるようですが、そうではなくて、少なくとも水津則子役は——鴻上がどこまで意識したのか分かりませんが——六〇年代アングラの「女神」といえるのではないか。ユング心理学で言うグレートマザー、たとえば唐十郎における李麗仙、早稲田小劇場における白石加代子、あるいはヤクザ映画における藤純子、そういったグレートマザー的なものの末裔——ただし優しさや包容力を欠落させて残虐性だけを残した——としてキャラクター作りをしたような感じがしたんです。

照山もみじ（金子亜由美）

照山——映画には、「劇」のメイキングの場面もありましたが、それを観ると、鴻上さんはやはり、「君」は「再現」可能だ、川口君事件自体も表象可能だとあっけらかんと信じて演出されている印象でした。しかし、私は、そうした表象は、本当に可能なのかという問いを立てるところから始めなければいけなかったのではないかと思います。

　たとえば、川口君事件に遭遇した中島梓は、事件から受けた衝撃を文学作品として表象しようと繰り返し試みるんですが、そのたびに失敗しています。それでも、彼女は自身のキャリアを通じて、事件から受けた衝撃について考え続け、

＊14　大野注——その後シンポジウムの休憩時間に、（川口大三郎の同級生で、映画の証言者の一人）永嶋秀一郎氏から「吉岡さんの発言は、革マル派の集団が人間ではなくロボットのようだったという印象を言ったものではないか」との指摘を受けました。

＊15　『日本残侠伝』監督：マキノ雅弘／出演：高橋英樹・長門裕之・津川雅彦・南田洋子・梶芽衣子ほか／日活／一九六九年／九五分。

＊16　『修羅雪姫』原作：小池一夫・上村一夫／監督：藤田敏八／出演：梶芽衣子・黒沢年男ほか／東宝／一九七三年／九七分。

それを書こうとしていました。中島の場合、事件後に生じた早稲田解放闘争に全く乗れなかったことも、事件を語る言葉を自前で探さなければならないという思いを強める要因になったと思います。彼女が「文学の輪郭」で群像新人文学賞評論部門を受賞（当選）したのは七七年（第二〇回）で、これを表題作とした第一評論集に三田誠広との対話を収録しているのですが、[*17] そのなかでも、川口君事件が自分の事実上の文学的起点であるという発言をしています。

それから、同年の群像文学新人賞小説部門の優秀作（当選作なし）は山川健一「鏡の中のガラスの船」で、この作品には明らかに川口君事件のことが描かれています。つまり、七七年の評論と小説は、どちらも川口君事件の影響を受けた作品が賞を取っているんですね。当時の選考委員は井上光晴、遠藤周作、小島信夫、埴谷雄高、福永武彦という文壇の重鎮たちですが、特に遠藤は、両作にはなにか共通したものがあるように思えるとコメントしてもいます。村上春樹にも、川口君事件からの影響は見られて、事件前後の早稲田の状況を念頭に置いて書かれたと思われる「街と、その不確かな壁」（『文学界』一九八〇年九月号）が、その一例ですよね。この作品は、村上自身も「内容的にどうしても納得がいか」（『街とその不確かな壁』「あとがき」二〇二三年）なかったと認めている通り、失敗しているのですが、その後、『世界の終りとハードボイルド・ワンダーランド』（一九八五年）として大幅に書き直されました。さらに、『海辺のカフカ』（二〇〇二年）の中でも事件について書いて、[*18] これで最後かと思いきや、最近になって改めて「街と、その不確かな壁」を新たな長編『街とその不確かな壁』へと書き直すというくらいのこだわり方を見せている。このように、事件後の七〇年代の後半にキャリアをスタートさせた小説家たちが、書くことの困難さに直面し、表象の失敗を幾度も経験するような出来事が川口君事件であったはずです。それなのに、そうした彼らの仕事を尻目に、「ファム・ファタール」の残骸をほがらかに「再現」しただけに終わっているにもかかわらず、事件全体を「再現」し得たと確信するような「劇」のあり方は、文学がこれまで行ってきた実践の蓄積を、あまりにも無視しすぎているのではないかと感じました。

菅――スキャンダラスな事件が起きたときに、テレビなどで低劣な「再現」をやっているため、「再現ドラマ」という手法自体がダメと思われがちです。しかし、事態の批判検討のために事実関係を再話・再現するには、実写で撮れないものは再現ドラマという手法を使うしかない場合もあり、再現ドラマ一般が否定されるべきではないと私は思います。

しかし、ある事態を再現するということは、再現する側の立場も問われるわけで、いかに「事実」を批評的・批判的に表現するかが試金石です。これはブレヒトという劇作家・詩人・演出家が教育劇を実践した時のテーマでした。ブレヒトには「今日の世界は演劇によって再現できるか」という論文があって、ブレヒトは、世界を変革する立場に立つことによってのみ「再現」は可能だといいます。*19

その立場からすると、作品が川口君事件に対する、現実変革に寄与する批判として作られるのであれば、その一部を構成する事件の再現・再話は可能だということになります。私も、それ以外の「再現」はありえないと思います。

再現する者の立場によって、出来事は違って見える。それを見ているものに判断させ、どう認識するべきか選択を迫る、それが可能かどうか、なされているかどうかが問題です。そう考えると、この事件に関して、「再現ドラマ」という手法は、成立しようがない。川口君は殺されてしまっている。死者の立場からの再現は不可能です。全く非対称で、異なった立場からの比較検討の余地がない。川口君の代行は不可能でしょう。結果として「反省した加害者」の証言に基づく再現ドラマだけが行われます。しかもそこに、その場面を演出する人物の視点が介入する。演出家の鴻上尚史です。鴻上尚史は水津則子に恋愛感情を抱いたことがあって、それを素材に作品まで書いている。この再現ドラマは批判も批評もくそもない「メロドラマ」になるに決まっています。そういう人に、この事件の批評的・批判的「再現」の演出を依頼するという、代島

---

*17 中島梓『文学の輪郭』講談社、一九七八年。三田誠広との対談は単行本のみに収録され、講談社文庫（一九八五年）、ちくま文庫（一九九二年）では削除、代わりに文庫版あとがきとして「《ロマン革命》序説」が収録された。

*18 当時、川口事件に抗議する学内デモに参加したことのある松井今朝子は『師父の遺言』（NHK出版、二〇一四年）で、「私は村上春樹の『海辺のカフカ』を読んで、ある部分の描写が明らかに川口君事件をモデルにしていると直観した」としたうえで、注釈で「作中に登場する佐伯さんという図書館の管理をする女性は過去に恋人を亡くしているという設定だが、その恋人が殺された経緯と様子は実際の事件に酷似している」と記している。同作の記述は次のとおり。「二〇歳のときに佐伯さんの恋人は死んだ。〔…〕彼の通っている大学はストライキで封鎖中だった。そこに泊まりこんでいる友人に差し入れをするために、彼はバリケードをくぐった。夜の一〇時前だった。建物を占拠している学生たちは、彼を対立セクトの幹部とまちがえて捕まえ（顔がよく似ていたのだ）、椅子に縛りつけて、スパイ容疑で「尋問」した。彼は人違いであることを相手に説明しようとしたが、そのたびに鉄パイプや角棒で殴りつけられた。床に倒れると、ブーツの底で蹴りあげられた。夜明け前には彼は死んでいた。頭蓋骨が陥没し、肋骨が折れ、肺が破裂していた。死体は犬の死骸みたいに道ばたに放りだされた。二日後に大学の要請があって機動隊が構内に突入し、数時間であっさりと封鎖を解除し、何人かの学生を殺人容疑で逮捕した。学生達は犯行を認め、裁判にかけられ、もともとの殺意はなかったということで、二人が傷害致死罪で、短い懲役刑を宣告された。誰にとっても意味のない死だった」（『海辺のカフカ』第一七章、新潮文庫、二〇〇二年、上巻二三六－二三七頁）。

*19 ブレヒト『今日の世界は演劇によって再現できるか』千田是也編訳、白水社、一九六二年。

監督の選択それ自体が、間違いだったのではないでしょうか。
また、女性の表象の問題については、リンチ・シーンでの目を吊り上げた「美人」の「グロテスクさ」だけが私にはひしひしと伝わってきただけでした。「グレートマザー」の表象は、もっとアンビバレントなエロティシズムがないとだめなのではないですか。あれをみても、ひきこまれて包摂されそうになるところはないのではないですか？

絓さんは映画におけるこの女性活動家のことを、包容力の部分を完全に脱色してしまった「アンダーグラウンド演劇のヒロイン」といわれましたが、「ヒロイン」にもいろいろあって、早稲田小劇場の白石加代子の場合は、あのエキセントリックな身振りと声で、観客は冷水を浴びせられるわけです。批評と自己言及を喚起する演技なので、それは、結果としてですが、ブレヒトの考えた異化に近い効果をもたらします。そういう意味で包容力のあるマドンナやマリアでは全くない。

李麗仙は確かに「グレートマザー」かもしれないですね。征服と包容、暴力と美のアンビバレンスを観客に感知させたと言えると思います。『ヘルメットをかぶった君に会いたい』は読んでいないのでとやかく言えませんが、この映画の女性活動家は、モデルの水津則子に恋した本人以外には、ただのおぞましい「悪役」でしかない。私はひたすら引けました。この場面に関しては、演出家も俳優も、代島監督の人選の失敗ですね。これでいいと思っているのだったら、監督の気が知れないです。

メイキングに見られる俗悪な対応

河原――映画にはインタビューや再現ドラマのほかに、そのドラマのメイキング映像として役者を選ぶオーディションの場面もありましたが、鴻上さんが力を注いだのは、どうやったら五〇年前の学生を現代の若者に演じさせることができるかということでした。私は、もしそれができるとしたら、俳優たちを徹底的に追い詰めること――今まさに演劇界や映画界でハラスメントとして問題になっているようなこと――をしなければ、絶対に五〇年前の学生は描けないと思ったんですが、実際はそれとは全く逆で、鴻上さんはそこまで追い詰めることができない。さらに、本気かどうかは分かりませんが、次にもう一作撮るとしたら、殺し合いに至るまで進んでいった内ゲバの映画を、それを証言してくれる人が現れれば撮りたいと、鴻上さんは記者会見で発言していたといいます。私はその辺はよく分かりませんし、鴻上さんに対して今回、私は非常に悪い印象を持ちました。『ヘルメットをかぶった君に会いたい』でも主人公は最後の場面で、自分の分身であるような人物（突然現れた元活動家の男）の意向に従って、連れだって河口堰を爆破しに行きます。しかし最後の最後で、近くに漁師だか誰かがいて爆破が不可能となったときに、主人公自身が、いや爆破を実行しようと言う。ここで主人公と分身の役割が逆転します。これまで主人公は分身に連れられていたのが、主人公のなかでテロリスト的側面が湧き起こって担ってしまうのですが、元活動家のほうが止めて、かつての血みどろの場面が今でも目に浮かぶということで最終的には爆破は中止する。つまり鴻上さんには、自分をとことん厳しいところに追い込んでいくなかで、業とか悪魔的な部分を表したいという欲望を感じるところがあります。

しかし、今回の映画では、そうした部分を出さず、はるか手前で止まってしまっている。たとえば劇パートの俳優たちが当時のことについて池上彰から講義を受ける場面で、女子学生役の俳優が、当時の革マル派の学生は川口さんをはじめとするリンチする相手の膝を割ることによって革命が進むと思っていたのか、と質問しています。

絓 秀実

さらに、他の俳優が、当時の学生運動が今日まで影響を及ぼしていることは何かと聞きます。つまり、演じている若者は決して悪くなく、どうやったら演じられるのか、当時の学生をリアルに再現できるのかを真剣に問いかけているのですが、それに対して、池上さんは「大学で机や椅子が床に固定されたこと」と、とんでもない答えを出して笑っている。せっかく良い問いが出ているのに突き詰めず、また役者を本気にさせることもしない。演出家側の考えの誤り、まずさを非常に感じました。

グレートマザーについては、たしかにユング派の考え方で、「母性」（今では死語ですが）の原始的なかたちで育てる力と同時に滅ぼす力も持っている、というものです。育てるはずの子どもを飲み込んでしまう、食べてしまう、というぐらい包み込む力が大きい存在です。もし映画の女性活動家を徹底的に描いていけば、そこまで出てくるかもしれませんが、全くそこまで至っていませんね。

絓――もちろんそうです。ただ、劇パートを観る限り、なにかしら文化的文脈はあるような気がしたんです。鴻上尚史が巷間いわれるような「演劇の第三世代」とは一線を画すのかもしれないな、と。事件の起きた七二年も「六八年革命」の末期だから、川口君事件を描くときにアンダーグラウンド演劇、あるいはヤクザ映画をどこかで参照しているんじゃないかと感じたんです。

花咲政之輔

花咲――劇中劇に関していうと、非常に醜悪だと思ったのが、宣伝に使われている代島氏のインタビューや鴻上氏のインタビューで、今の若者と一緒に映画を作ったということをポジティヴなものとして前面に押し出していることです。実際には全く一緒に作っていないし、河原さんが指摘したように、真剣であれば役者たちに対してギリギリまで追い込まなければいけないところで甘やかしと言っていい対応をしているし、池上氏の講義も小学生相手にやっているような態度でした。

最も醜悪だと思ったのは、『映画芸術』二〇二四年春号の鼎談（本書所収）でも言及したことですが、劇パートの役者のなかに一人、早稲田大学演劇研究会（劇研）出身の役者がオーディション審査の場面で、自分は劇研に入りたくて早稲田に入ったと、同じく劇研出身の鴻上氏に対してアピールします。そのときに鴻上氏が、裸で走るのかと質問しています。これは何かというと、かつて劇研は正式入部の通過儀礼的な行事として、大隈講堂裏の劇研のサークル部室から、穴八幡の角にある交番まで、全裸で走って戻ってくるという儀式を行っていたんです。劇研の公演はかつては特設テントを建てて行われていて、それを規制しようとする大学当局とは一定の緊張関係のなかで、全裸ランニングはサークル自治の一環として行われてきました。だから、この映画が、早大当局による管理に対する反対を一つのモチーフとしているのであれば、あの程度で済ませてはいけないエピソードなんです。

大野――今の花咲さんの説明を聞かないと、あの場面は「昔のことを知らない今の若者たちと一緒に我々は映画を作ったんだ」というアピールにしかなりませんね。そういう意味では、劇パートのわからなさもさることながら、なぜメイキング映像が映画に挿入されるのかも疑問です。映画の構成として証言パートだけでは成立させられなかったので劇パートを入れてみた、それでも成立しないのでメイキングを入れて三層構造にしようとしたのかと思いました。

花咲さんが『映画芸術』の鼎談で紹介なさっていたところによると、代島監督は「僕らがしらけていたせいで、今の若者は超ノンポリ化してる」[*20]、それは「僕らの世代の責任」と話しているそうなんですね。私も代島監督と同世代なのでその感覚はわかります。しかしこの映画が、若者に対して発している教訓的なメッセージは、「政治活動はやめよう」ということだけです。若者たちに対し何らかのかたちで政治に関心を持ってほしいというのは一つのポリティカルな意識ですが、実はそうしたものがないことをあのメイキングで図らずも明らかにしている。

メイキング映像のなかでは、若い俳優から、もともと大学紛争は要求実現運動だったのに、なぜいつ頃から自己批判を強要するようになったのか、という質問があります。自己批判ということでいえば、七〇年七・七華青闘告発以来の新左翼のスタンスとも関係してくると思うんですけれども、鴻上尚史も池上彰もそれには全く答えていません。鴻上は、暴力を振るう気持ちについて質問されても、「きみらの実感でいいと思ってて」と言う。その「実感」がないから質問しているのに、あまりに不誠実な答え方だと思います。つまり、あのメイキングは、若者と一緒にやってる感の演出、バランスとして今の若者の肉声も取り上げてますという言い訳になっている印象を持っています。

歴史修正主義としての樋田‐代島の歴史観

花咲――『ゲバ杜』のこうした問題点は今後もまだまだ話題になっていくと思いますので、その前にこの映画における基礎的な事実誤認を指摘しておきます。もともと原案の樋田毅『彼は早稲田で死んだ』における一番の問題は、奥島孝康総長によって革マル派が早稲田から放逐され、学園に平和が戻ったという歴史観です。ここが根本的な間違い、最大の事実誤認です。この映画も、最初のシーンが新入生歓迎(新歓)、今のサークル新歓の風景で、あたかも革マル派による暴力支配の陰鬱な空間から解放され、今の学生は生き生きしていて素晴らしい、というふうに映し出されているんだけれど、全くの誤りです。

二〇〇一年七月三一日にサークル部室撤去阻止闘争があって、私は当時、早稲田で非常勤講師だった絓さんとともに闘いました。奥島総長は、革マル派追放の名目で、早稲田祭(学園祭)を潰すなど様々に行った措置の一環として、教育研究関連施設と課外活動関連施設の分離ということで、学内にあるサークル部室をすべて閉鎖・撤去しました。しかし、そこで放逐されたのは、革マル派ではなく僕を含むノンセクトの活動家です。ちなみに先日(六月末)、早稲田大学に行ってきたのですが、戸山キャンパス(文キャン/文学部・文化構想学部)にある新学生会館の正面入り口には、いまだに僕ともう一人の二名の実名が記載され「この者の立ち入りを禁ず」という張り紙がされています。だから、現役の早稲田の

*20 大友良英×代島治彦『きみが死んだあとで』特別対談①。https://www.youtube.com/watch?v=izFq2yIYFM

学生と飲み屋で話すと、みんな僕の名前を知っています。僕は、今の総長より名前を知られているんですよ（笑）。さらに、サークル新歓に関しても規制が年々悪辣になってきています。我々は、サークル部室強制撤去以降も活動を展開していましたが、二〇〇八年に法学部のノンセクトの四年生が入学式のときに記念会堂前でサークル新歓全面禁止措置に抗議して情宣活動を行っていたところ、警察を導入されて逮捕されたという事件も起きています。しかし樋田本および『ゲバ杜』は全くこうした事実を捨象して、「不寛容」な暴力により徹底的に規制された新歓の風景をあたかも日常的なもの、素晴らしいもののように描く。その事実認識の誤りが決定的に重要だと思います。

さらに醜悪なことに、今年（二〇二四年）の五月五日に『ゲバ杜』の先行上映会・シンポジウムが早稲田奉仕園で開催されましたが、この場に元WACの方をはじめ当時の関係者や活動家の方々が参加していました。川口君事件以後の早稲田大学の情勢を何も知らないにもかかわらず、その上映会・シンポでは、最近のパレスチナ情勢を受けて〝一般〟学生たち――どういう部類なのかを調査していません――が「反イスラエル」集会を大隈銅像前で開いたことについて、「五〇年ぶりに一般学生による集会が開催されて素晴らしいことだ」「奥島万歳」といったトーンの発言がさかんにくり返されている。事実誤認の上塗りであり全く許しがたい。

早稲田大学のなかでは川口君事件以後も――菅さんはご存じだと思いますが――狭山課題と日韓課題は、革マル派支配下でも総評－社会党ブロックと動労の関係もあり、学内公然展開が可能だった。早大狭山闘争委員会や、「早大崔然淑《チェヨンスギ》さんら在日韓国人政治犯を救援する会」という元早大生の崔然淑[21]さんの救援運動は七〇年代中盤から公然展開していましたし、非公然活動は様々存在していた。革マル派によって活動を許されたものでしかないけれども、八〇年代初頭の反原理運動の高揚のなかで、「嫌いだ!原理友の会」という形でノンセクト部分が久しぶりに公然登場できるようになり、一九八四～八五年の学費値上げ反対全学ストライキの中で、教育学園課題でも展開できるようになっていったわけです。早大における無党派運動の活動は営々と続いているにもかかわらず、それが全く無きものにされている。こうした樋田－代島の歴史観は犯罪的な歴史修正主義であって、そこに何の調査も行わず乗っかっていくというのは全く許しがたい。

絓――そういう意味では、この問題は早稲田大学だけの問題ではなく、社会の統治性のある種の象徴です。

菅――花咲さんのいわれた「許容されていた」運動があったことは確かに承知しています。消耗な苦労をしながら活動している人たちがありました。知人もいます。革マル派に許容された運動だから意味がないなどと言うべきではないと思います。

で、この映画の立場性として一番大事なことは、早稲田大学は今どうなっているのか、ということだと思います。ですから、この映画の致命的な欠陥は、早稲田大学当局にインタビューしなかったことです。言を左右にするかもしれないけれども、とにかく問うてみること、それを映像と音声に残すことです。そうすると、現在の当局の隠された本音もみえてくる。そして、もうひとつは現在の革マル派の中枢に取材をしなかったことです。樋田さんは、『彼は早稲田で死んだ』のなかで、ともかくそれをされていますね。ここは、視点とか思想が近いというだけで、同一視しないほうがいいと思います。ただ、樋田さんも奥島執行部以後の大学当局には限りなく「寛容」(もちろん皮肉です)です。

どちらに対してもインタビューしていれば絶対に答えない、あるいは取材を申し入れても拒否されるだけでしょう。であれば、映画はそれを映像化すればいいんです。そうすれば「今も怪しい」ことが分かります。それを明確にしたうえで、それ以外のことが叙述されれば、この大学の自治会を支配した政治党派と、支配させた大学当局と、その大学当局の狙いが分かるはずです。

大学は、自由な自治会活動や自由なサークル活動を恐れ、抑圧したがっている。それは、革マルを一応「追い出した」ことにした後も変わらない。そこを描いてほしい。そうしたことがないと川口君が浮かばれません。つまり、川口事件の反復不可能性に寄与しない。このことが、『ゲバルトの杜』に対する最大の批判点です。

花咲――私は一週間ほど前(六月下旬)に早稲田大学に行ってきたんですが、文キャンのスロープに立て看が二〇弱くらいありました。そのうちの六〇~七〇%にあたる一五弱が大学当局のもの。残る三〇%の約五つが一般サークルと革マル派系サークルで、うち三、四(全体の二〇%)が後者です。現代思想研究会、国際問題研究会等々。そして残念ながら一つを除いてすべてが一枚看であり、革マル派系サークルの一つだけが二枚看を出していました。みなさん、早稲田の文キャンのスロープに実際に行ってみてください。これが今の早稲田の現実の風景です。しかし、映画の冒頭で現状の早稲田として描かれているのは、先ほども言ったように当局による完全管理下の新歓風景で、革マル派がいない、革マル派を排除したことが強調されている。まずこのような事実の意図的な歪曲・修正があるという一点で、すでに観るに値しない映画だと思います。

＊21 崔然淑(Choi Yeon Sook)は一九七四年に早大文学部東洋史学科を卒業後、ソウル大学在外国民研究所に在籍していた。そのさい、早大原理研をスパイとして使嗾したKCIAの密告によって、韓国軍事独裁政権に政治犯としてでっち上げ逮捕され、懲役五年の判決を受けた(二審確定判決)。

空語としての「寛容」

絓――ここで会場からの発言を聞きたいと思います。前田年昭さん、お願いできますか。

前田――私は一九五四年生まれなので、一週遅れの高校全共闘でした。当時は中核派も革マル派も含めた七つのセクトが肩を組んで全共闘運動をやっていました[*22]。この立場から発言します。今回の映画および原作については、ツイッターでの河原さんの違和感の表明に共感しておりました。たとえば「内ゲバ」という言葉を誰が流行らせたのか。その言葉の裏に何が張り付いているのか。「A派もB派もどっちもどっち」的な言い方が非常に醜悪なのは、こうしたことを見落とした立場からの発言だからであり、そんなことが許されるのだろうか、ということです。

では内在的な批判とはどういうことかと私は考えます。いわゆる「事件」に接して他人事だと考える前に、自分だったらどうするか――「自分だったら」というのは、これまで多く言われてきたように、私もリンチされていたかもしれないということではありません。逆に、リンチした側にいたかもしれないと、私はまずは考えます。そういう立場からもう一度考えたい。

まず一番言いたいことは、この映画は、先ほど菅さんもおっしゃるとおり、現在および眼前に存在している現実への批判が一切ない、早稲田大学当局に対しても今の革マル派に対してもインタビューも取材もない、これで批判たりうるのか。大学への批判精神はどこにあるのか、ということです。

また、川口さんについても、どう考えても、私を含めてみなさんは単なる「被害者」「犠牲者」として見ているのではないか。まず基本的な前提として、川口さんは「内ゲバ」の犠牲者でもないし、「内ゲバ」に巻き込まれた犠牲者でもない。早稲田と革マル派の共同支配、これによって殺されたのだという絶対的事実があります。そのうえで、川口さんは、はたして「犠牲者」なのか、「被害者」なのか。

私は、なぜ川口さんが殺されたのかというと、彼が決して権力、大学当局、革マル派に屈しなかったからだと思う。闘い抜いたから、生き抜いたからだ、と。まずそのことに立ち帰るべきではないか。リンチされた可哀想な人、自分もそんな目に遭ったかもしれない、これではどこまで行っても他人事でしかない。そうではなく、彼は屈しなかった。嘘を認めるわけにはいかない。学問の自由、大学の自治、これを守り抜かなくてはならない、屈するわけにはいかない、と。そういう立場で、みなさん、自分自身が革マル派の自治会室に連れ込まれたと想像してみてください。そのときに、朝日新聞的・リベラル的言説で「不寛容には寛容で（立ち向かえ）」という言葉が力になると思いますか。そんなものは空語です。そんなことを言われても励みにもならない。実際に難儀な目に遭っている者にとって、生きててよかった、頑張って生きていこうと思える、そういうスローガンやキャッチコピーを提示するのがジャーナリズム、アカデミズム、まして社会運動の責務です。にもかかわらず、「不寛容に対して寛容を」、バカ言ってるんじゃないよ、寝言を言ってるんじゃないよ、と思います。殺されるかどうかというときに、どうしても譲れない一線が人間にはある、負けるわけにはいかない、お前らに脅かされるわけにはいかないという一線があって、屈しなかったがゆえに殺された川口さんに続こう、早稲田大学の七二年一一月からの大衆決起、そこには全共闘の精神があります。その精神に立ち帰る限り、最初に花咲さんが指摘されたとおりに、総長が奥島に代わって平和になったという嘘は容易に見破ることができるんです。

もう一〇年ほど前ですが、同志社大学の構内に交番ができましたが、[*23] ほとんど批判が起きない。最近でも、パレスチナ情勢を受けて大学の敷地内でテントを張ってささやかな抗議活動を学生が行っています。それに対して、ネットでは、構内のテント設置は違法だという書き込みがある。情けないことを言うんじゃないよ。私はドイツで、同国最古の大学、ハイデルベルク大学で学生牢を見学しました。司法や警察の権力が及ばない、そういう自治が大学には本来あるんです。

最後に、ネット（「川口大三郎君追悼資料室」）で公開されているのでご覧になった方もいると思いますが、行動委員会の人たちなどが発行した川口さん追悼パンフに彼の言葉が残されています。池上彰とは違って、闘った者のみが発することのできる言葉だと思います。全共闘とは何だったんだろうと若い人たちが問うたら、川口さんはこう答えていたと、私は伝えたい。「大学解体が、建造物の破壊や当局及び民青、革マルの物理的せん滅といった直接的斗争の次元に属するのではないことは言うまでもない。我々のいう大学解体とは、ブルジョア社会において、労働人民と切り離されつつ、知的中間層＝知識、技術労働者を大量生産するところの大学存在の解体であり、何よりもそうした幻想上の聖別をうけた共同体に安住する我々の収奪された意識の解体である。大学という制度、そのコミュニケイション体系をこえ、破壊し、権力にとってのぞましくないコミュニケイションを形成していく、大学という立場から出発した日常生活批判の運動総体を、

＊22　灘高全学闘争委員会（全闘委）で共闘した高校生組織は、反戦高協（中核派）、反戦高連（革マル派）、高校生解放戦線（ML派）、アナキスト高校生連合（ARF）、反帝高戦（フロント派）、国際主義高校生戦線（第四インター）、日学同（民族派）の七つ。

＊23　二〇一三年四月一七日、同志社大学の烏丸キャンパス（京都市上京区）の敷地内の一角に京都府警上京署の上御霊前交番が完成。交番はもともと約二〇〇メートル北にあったが、老朽化を名目に、地元自治会や府警がキャンパス一角への移転を求め、同大が用地を無償貸与。大学の敷地内の交番設置は全国初という。

我々は反大学運動と呼ぶことができる」[*24]。率直にいうと、特別なことは言っていない。当時はみんなが同じようなことを考え、言っていたことだから。私もそうだった。真剣でした。しかし、それを冷笑主義のように、各派のヘルメットを並べて売られるようなかたちで消費されるというのは[*25]、たまらない、悔しい、絶対許さないと思っています。

早大の管理体制の実情とデマ映画

絓――次に、住本麻子さん、お願いします。

住本――先ほども話題になっていましたが、「今日にまで残っている内ゲバの影響は何か」という俳優の質問は、暴力はいけないというふうに大学当局の締め付けが厳しくなっていることが前提になっているのだと思いました。それに対する池上さんの「机と椅子の固定」という答えは的を外した、はぐらかした言い方です。大学当局の締め付けが厳しくなったのは、間接的に川口君事件の影響があると思うんですが、そのあたりの問題をもう少し詳しく説明していただけないでしょうか。

花咲――早大当局の管理体制については、先ほども言いましたが、文キャン・スロープの立て看状況にも見られるように、革マルは根をしっかりと生やしているし、早稲田のなかで真の意味での大衆運動を起こさせない、大学当局がある程度コントロール可能な運動に抑制するために、革マル派の存在が使われているという状況には変わりがないと思います。

僕の在学中の苦い経験をお話しします。学費定額スライド反対の全学ストライキを四年ないし二年に一度の恒例行事的にやっていたんですけど、僕らは公然登場を革マル派に許されたノンセクトということで、革マル派と一緒に行動していました。定期試験の初日の早朝にピケを張り、試験に来る教員を阻止するとテストからレポートに切り替えるというのが通例でした。それが、九三年の全学ストライキの法学部定期試験の初日、僕らがピケを張っていると当時の革マル派の早大キャップ――いま長野県に帰郷して農民運動をやっています――がいきなり来て、ピケを解除しろ、ピケを緩めろと指令を出してきたんです。当時、法学部教授（学生担当）でのちに総長（一六代）になる鎌田薫が、試験を強行する姿勢を出して、実際にピケ潰しに教員を動員してきたんです。大学側は実際にそこまでやる力もなかったし、やるそぶりもなかったのに、革マル派は、法学部は日共・民青で組織力が強い、明日の『赤旗』に載るぞということで大学側に対して結果的に過剰反応、忖度したわけです。やむなく僕らはそれでピケを解除した結果、テストを強行されてしまい、大学側に自信を与えた結果、それ以後全学ストができなくなりました。運動の原則からすればピケを張り続けるべきでしたが、やはり革マル派の早大キャップから強く言われると解除せざるをえなかった。

つまり、革マル派と早稲田大学当局が結果的にタッグを組むことによって、我々ノンセクトの活動も、早大当局のコントロール可能な範囲に限定され、早稲田大学全体の大衆運動も結果的に抑圧されていたということです。我々もたまに跳ねた行動をすると露骨に恫喝を受けた。ノンセクトの先輩たちからも、川口君後の早大解放闘争敗北の教訓として、「正面切って闘ったら負ける。地道に大衆的基盤を掘り崩していくしかないんだ」と言われていました。

絓――森田暁さんがマニアックな質問を寄せられているので、発言をお願いできますか。

森田――私は『週刊読書人』で代島監督と対談しました。[*26]対談の冒頭で私は、早稲田大学においては今でも革マル支配が続いているじゃないか、映画の冒頭に公然と文連（文化団体連合会）の立て看板が映し出されていると指摘したところ、代島さんは「いや、気づかなかった」と。代島さんの言葉をにわかに信じることはできません。こういった方との対談は非常に困難を極めました。革マル派の場合、経歴を隠すので、取材が難しいということは理解できます。ただ、代島さんは革マル派の中枢まで会っているんですね。東工大の革マル派の学生五人が中核派によって殺されていますが[*27]、そのときに集合場所に間に合わずに殺されずに済んだ一人とも、代島さんは会っていると本人から聞きました。

この映画と原案の著作に関連した党派的な動きについていうと、日本共産党が何らかの形で樋田さんのバックにいることも公然となっています。日本共産党だけではなくて第四インターナショナルがかかわっています。これについては驚いたんですけども、『読書人』の対談で本名を言及したので言いますが、菊地原（博）さんという七〇年代の第四インターの活動家が積極的に早大の重鎮と組んでこの映画の上映活動

＊24　早稲田大学第一文学部11・8川口大三郎君追悼集編集委員会編『早大生・川口大三郎君追悼集　声なき絶叫』早稲田大学地方文化研究会、一九七三年、九五頁。https://www.asahi-net.or.jp/~ir8h-st/kawaguchi_003.htm

＊25　映画『ゲバルトの杜』では関連グッズとして、パンフレット（採録シナリオ収録）のほかに、ロゴと、WACおよび新左翼諸党派のヘルメットを紺色に染めた白地の手ぬぐいが一〇〇〇円（税込）で販売された。https://nondelaico.base.shop/items/87128666

＊26　代島治彦・森田暁「暴力支配の時代をどう観るか」『週刊読書人』二〇二四年五月二四日号（三五四〇号）。

＊27　警察庁『昭和六三年警察白書』では、「大田区南千束路上内ゲバ殺人事件」として「八〇年一〇月三〇日白昼、南千束の路上において、東京工業大生ら五人が、待ち伏せしていたスキー帽やヘルメット着用の集団にハンマーや鉄パイプ等で乱打され、頭がい骨骨折等により五人全員即死した。この事件では、あらかじめ現場付近の電話線が切断され、逃走用等に盗難車二台が使われた。事件について、中核派は、『我が革命軍は…カクマルジャックの集団を捕捉し…壊滅的打撃を与えた』などと犯行を自認した（東京）」と記述している。https://www.npa.go.jp/hakusyo/s63/s630102.html

をやろうと動いていたようです（失敗したから公にします）。

唖然としたのは、私は菊地原さんとは旧知の間柄で信頼していたのですが、彼がなんと石田英敬のことを肯定的に語るのです。石田英敬は東大駒場寮廃止を最前線で推進した人物として広く知られています。また、内田樹がどの程度、革マル派の中枢にいたのか。というのも、不思議なんです。彼だけがネット上で、自分が金築寛の親友だったと公然と記述し[*28]、わりとあっさりと革マル派から離れられたと記している。そしてこの映画では、革マル派の破壊工作として有名な「おでん食い逃げ事件」をあたかも末端の初心者がやったかのように話している。かなり公然と、自分が革マル派であったことをひけらかしていることになります。

私は樋田さんの本をさほど否定しません。辻信一（大岩圭之助）が革マル派だったことを公然と明らかにしただけでも非常に重要な本だと思っています。花咲さんの憤りは十分理解するし共有しますが、辻信一＝革マル派の暴露だけで非常に大きな功績です。この映画については革マル派の二人、石田英敬と内田樹が公然と虚偽を語る、それを映像に残したということ、つまりデマ映画として非常に重要だと思っています。

川口事件の準主犯としての辻信一

絓――いま森田さんの発言にもありましたが、樋田毅『彼は早稲田で死んだ』の唯一の功績は、大岩圭之助が「ナマケモノ倶楽部」の「辻信一」であり、川口君の殺害現場には偶然いなかっただけだと明らかにしたことだといわれています。川口事件というのはたんに川口君を殺害したことだけでなく、それに関わる早稲田大学のいわゆる解放闘争全般だと捉えるべきで、その意味では大岩圭之助＝辻信一が早稲田の革マル派のなかでゲバルト闘争を最も遂行した人物の一人であり、私は別稿（本書所収「「絶望」と隣り合う「希望」とは如何なる謂か？」）で記したように大岩圭之助＝辻信一について、川口事件の「準主犯」と明示しています。しかし、大岩圭之助が辻信一であり、革マル派だったことは以前から一部には知られていて、SNS上では「燻製クラウン」さんが精緻な調査によって明らかにしました。当初は、公的には、ネット上のサイト「マルチメディア共産趣味者連合」（マル共連）に、かつて革マル派で頻繁にテロ・暴力を振るっていた人間が、いまは高名な評論家らしいという噂が出たんだったと思います。「燻製クラウン」さんは早稲田大学図書館で、革マル派の準機関紙『早稲田大学新聞』のバックナンバーを調べ上げて（当時の自治会の役員の名前が本名で全部記載されている）、それは大岩圭之助という人物であり、大岩が辻信一であることを発掘したわけです。[*29] つまり、大岩圭之助＝辻信一は、樋田さんではなく、「燻製クラウン」さんの発言が先行しており、当時はほとんど誰もがにわかに信じなかったけれども、それを樋田毅が裏付けたということです。

別稿に詳細は譲りますが、大岩圭之助にその後、「辻信一」という名を与え、革マル派だったというキャリアを隠し通したのは、鶴見俊輔であり、加藤典洋なんですね。「辻信一」名義の最初の原稿は、鶴見が深く関わった『思想の科学』誌掲載の「転向論」で、辻の最初の著書『ヒア・アンド・ゼア』に収録されます。[＊30]「転向」というと一般的には共産主義や左翼などからの転向を指しますが、そうではなく辻は文化人類学者として、アメリカやカナダのアジア系移民が文化的にどのように「転向」していくかを、民族的アイデンティティという視点から分析しています。問題は次の点です。では、なぜ山村政明のことを、辻信一は「転向論」で問題にしなかったのか。山村政明は、最初に言いましたが在日朝鮮人二世で、辻も父親が日本統治下の朝鮮出身だと、樋田本のインタビューでも自ら語っている。そうした民族的アイデンティティに関わった「転向」、あるいは革マル派からの「転向」に、樋田インタビューは考えが及ばないか、あるいは考えようともしていない。そのことを辻信一に対して迫った形跡もない。私は辻に対して、山村政明の死に徹底的に向き合わせなければならなかったのではないかと思っています。

河原――樋田さんの『彼は早稲田で死んだ』の評価については、私は別の角度からお話ししたいと思います。名前を出して申し訳ないですが、今日も参加されている野崎（泰志）さんがブログで明らかにしたように、同書はなんと統一協会の信者が配布しているそうです。[＊31]それを知って非常にショッ

＊28 内田樹のブログ『内田樹の研究室』によると「いちばん仲の良かった金築寛君はそのしばらくあとに神奈川大学で敵対党派のリンチにあって死んだ。〔…〕1973年の冬、金築君は太股に五寸釘を打たれてショック死し」たという。この事件では、革マル派レポの東京大学生・金築寛のほかに、元国際基督教大学生・清水徹志が殺害された。http://blog.tatsuru.com/2000/11/11_0000.html

＊29 「燻製クラウン」氏の mixi 上の日記（二〇一三年一一月二三日付／会員全体に公開）によると「〔…〕1972年の早稲田大学第一文学部執行部の名前を書いておく。／この期は一九七二年七月四日に執行部が選出されている。／委員長は田中敏雄《ママ》、書記長は佐竹実で、その後二人とも自己批判をして運動から去った。このときの副委員長は大岩圭之助である。／大岩は現在明治学院大学の教授をしているが、辻信一の名前で評論家としても活動をしていて、スローライフの提唱者としてよく知られている」。

＊30 辻信一「転向論の新しい地平」『思想の科学』一九八一年五月号、六月号／『ヒア・アンド・ゼア』思想の科学社、一九八八年。

＊31 川口大三郎の同学年の野崎泰志のブログ『ynozaki2024の日記』二〇二四年六月二三日「亀田博「川口大三郎君虐殺とそれ以後」」によると「川口君はそれとは知らずにその学生新聞会に関わった。それが今日に至るまで統一教会の宣伝に利用される発端になっている。お墓参りにまで統一教会は行っており、たまたま樋田毅君がお墓の前で出会った事もある。〔…〕樋田君の本『彼は早稲田で死んだ』を何冊も持っていて信者などに配布していた。彼らは樋田本を川口本と読み替えて、今でも利用している」。https://ynozaki2024.hatenablog.com/entry/2024/06/23/200328

クでしたが、言われてみれば、あの本は統一協会の関係者が、みずからを反革マル派ということで配布するのに使えるものです。このことは樋田さんの責任ではないかもしれませんが、同書の弱点というか問題点を逆の面から衝いているのではないか。つまり、非暴力・寛容ということを強調し、統一協会に対する言及は二ヶ所——一つは「早稲田学生新聞会」に川口さんが一時期に関わっていたこと、[*32]もう一つはセミナーハウス建設に関して川口さんの母親から寄付させたということ——出てきますが、他には一切出てこない。[*33]『彼は早稲田で死んだ』第五章は「赤報隊事件」と題していますが、赤報隊に関して書いた別の本[*34]では統一協会のことを非常に大きく取り上げているにもかかわらず、第五章では一切言及しない。そうすると同書は、寛容・非暴力、革マル批判、その一方で統一協会批判は皆無ということで、統一教会関係者が配布・利用できるという問題はあると思います。

さらに、絓さんが指摘された最後の章の大岩さんとの対談については、何度読んでもよくわからないんです。最初に読んだときに大岩さんは非常に不誠実な答えだと思ったのですが、もう一度読んでみると、ただ自分の体験をうまく言語化できないだけで、意外と正直に答えているような気もしてくるなど、読み方の難しい対談だと思っていたので、絓さんご指摘の「民族的アイデンティティの追求」という面から読解のヒントをいただけたような感じがします。

「寛容」が許容する「アウシュヴィッツの平和」

照山——私が樋田さんの本で最も問題だと思ったのは、「寛容という精神で戦う」ことを全面的に肯定していることです。実際にそうだったから書いているのかもしれませんが、「寛容の精神」では、少なくとも早稲田大学当局と革マル派の癒着したいわゆる生政治的な支配構造は批判することができない。それどころか、そうした生政治的な支配を肯定してしまうような概念に、「寛容」はもはやなっているんじゃないか、ということです。例えばウェンディ・ブラウンの『寛容の帝国』では、フーコーが近代的な統治性の固有の特徴として定式化したものを「寛容の精神」が体現しており、「寛容」が統治の一技術として機能していると分析されています。[*35]樋田さんの当時の信念だったということは分かるんですが、五〇年後の現在の地点から、「寛容の精神」の限界がどこにあったのかを捉え返せば、川口君事件が生政治的な統治の帰結として発生したことが見えてきたと思いますし、そのことが分かれば、奥島体制を肯定するという結論は出てこなかったと思います。樋田さんは、「寛容の精神」を称揚することが、現在でも単純な意味で有効だと考えているからこそ、奥島体制をストレートに肯定するという結論が出てきてしまったと感じます。そう考えると、実は「寛容の精神」というのを根本的に批判しなければならないのではないでしょうか。

絓――枝葉末節を端折って結論を先にいえば、革マル派が寛容なんですよ。革マル派による支配というのはアウシュヴィッツの寛容なんです。

照山――いわゆる「アウシュヴィッツ体制」ですね。

大野――樋田毅『彼は早稲田で死んだ』を読み進めば進むほど、自分は非暴力で、寛容の精神が大事だという立場だったと何度もくり返していますね。一見反対しにくいほうに議論を持っていき、自己正当化が強いなという印象を受けました。

革マル派に対する自治会再建

大野――樋田さんは「自治会」と「正当な民主的手続き」にこだわっていますが、それは六〇年代初めぐらいまでの全学連の問題意識です。その後の全共闘は、大学公認の自治会という組織の限界から生まれていて、自治会からどうしてもはみ出してしまう異物や過剰なものの存在を示した、それが全共闘、およびノンセクト・ラディカルだと私は認識しています。そういう異物を包摂できる立場に樋田毅は立っていなかったのではないか。

　こうしたことは、樋田さんが高校時代、生徒会長として生徒会活動に関わったことと関連しているのではないかと思っています。最初に申し上げたように、樋田毅は私の出身校である旭丘高校の七年ほど上の人です。旭丘高校の普通科は愛知一中からの伝統校で、受験勉強だけに偏らない「全人教育」を謳っており、クラブ活動も生徒会活動も非常に活発で、六九〜七〇年の高校紛争も激しかったんですね。実は私の父が、

---

*32　前出『声なき絶叫』によると、川口は一九七一年四月に早大一文入学後、ジャーナリスト志望で「各新聞サークルを訪問した後、早稲田大学学生新聞会へ入部。〔…〕六月五日号付のこのサークル新聞に、「早慶戦観戦記」を記載する。〔…〕この新聞会が、いわゆる「勝共」であることを知り、出入をやめる」（一八一頁）。なお、早稲田大学における学生新聞は複数あり、一九二二年創刊の『早稲田大学新聞』は六〇年代から革マル派系のサークルが発行する準機関紙となり、九九年に大学当局からサークル公認を取り消された。『早稲田学生新聞』は統一教会／勝共連合系のサークルが発行する。『早稲田キャンパス新聞』は六二－八〇年発行、無党派・リベラル色が強いとされる。大学当局は六六年から『早稲田ウィークリー』を発行している。

*33　樋田『彼は早稲田で死んだ』での原理研究会／統一教会に関する言及は次のとおり。「川口君は〔…〕当時は原理研究会に近い存在とされていた『早稲田学生新聞会』に籍を置いたこともある」（単行本六八頁）、「〔川口の母〕サトさんは〔…〕大学から受け取った六〇〇万円の見舞金の全てを〔セミナーハウスの〕建設費の一部として提供していた。セミナーハウスの建設を後押し、募金運動を進めたのは、かつて川口君が活動したことがある早稲田学生新聞会などだった」（同一七一頁）。

*34　樋田毅『記者襲撃――赤報隊事件30年目の真実』岩波書店、二〇一八年。

*35　ウェンディ・ブラウン『寛容の帝国――現代リベラリズム批判』向山恭一訳、法政大学出版局、二〇一〇年。

七〇年に異動になるまで長らく旭丘高校の教員をしていたので、当時の雰囲気は父を通じてなんとなく知っていました。

樋田さんは大岩対談のなかで、六九年か七〇年ごろの制服自由化運動について、ご自分が生徒会長の時に私服登校を認めさせたと言っていますが[*36]、全共闘世代の先輩たちに聞いてみると、六七〜六八年ごろにはすでに私服は黙認で、一年生ですら最初は制服だったのが、夏休み明けには私服になっていたそうです。だから樋田さんがやったのは、学校の黙認という緩い状態に対して、生徒会として制服廃止を正式に学校に認めさせたということですので、あの本の記述はいささか誇大表現だと思います。

一方、旭丘高校が高校紛争で県下で有名になったのは、その頃から勃発していた卒業式粉砕闘争のためです。もともとは天皇誕生日を祝うなというところから始まり、式での日の丸掲揚と君が代斉唱に抗議していました。ここには明らかに新左翼的な「反日帝」の思想が入っており、制服自由化運動とは一線を画しています。制服自由化運動というのは、学費値上げ反対闘争などの主に学内問題という面が強いと思いますけど、卒業式粉砕闘争になると政治的な要素が濃厚になってくるわけですよね。私の在学中もまだその空気が残っていまして、卒業式が近づくと全校的に卒業式粉砕闘争の機運が盛り上がっていって、当日は下級生は体育館に入れてもらえないんです、騒ぐから。で、テレビなどメディアが入り、昼のＮＨＫの東海地方のニュースで、「今年の旭丘高校の卒業式は生徒のやじと怒号のなかで行われました」などと毎年放映されるほどでした。

その、旭丘を有名にしたと言ってもいい卒業式粉砕闘争が、樋田本には一切出てこない。私の推測ですが、ご自分が関わることのできた、生徒会主導の生徒会規約に則ったような民主的な運動については書けるけれども、新左翼系の思想が入っている闘争については書きたくなかった。あくまで生徒会主導の活動が重要だったのではないか。そう考えると、彼が早稲田の自治会再建にこだわっていたこともなんとなくわかるし、全学行動委員会（ＷＡＣ）に対して批判的に書いているのも、自治会からはみ出してしまう過剰さや異物を包摂できない思想的限界というのがあったんだろうなと推測しています。

絓――話題が大学自治の問題になってきましたが、僕は小学生のころから「自治会」に関わったことがないので全く分かりません。菅さんは全学連の分裂時からご存じでしょうし、あるいは河原さんは京大同学会のことをご存じだと思います。いわゆる全共闘運動というのは、簡単にいえばポツダム自治会粉砕を掲げてやっていたわけで、その視点からいうと、川口事件後の早稲田で「自治会再建」は、一般的にみれば、スローガンとしてなかなか理解しがたいところがある。全学連における大学自治と運動の関係性について、菅さんはどうお

考えでしょうか。

菅――全学連による大学自治は、全学生が加盟する組織である「自治会」によって維持され、多くの学園で大学の統治機構の枢軸であった教授会を動かすくらいの力を持っていました。それが六〇年の政治闘争で、次第にアンビバレントになっていった。自治会を全学連主流派が押さえていると、クラス決議を取り、学部自治会の決議を取り、全学の意思として全学連の行動に参加できるけれども、自治会を共産党が押さえていると、発揮できる闘争のエネルギーが共産党の意向によって抑圧されてしまう。共産党の中でも、主流派と反主流派の分岐が起きた。

政治情勢が大きく変わるなかで、自治会というシステムと学生大衆の政治闘争の本意とがミスマッチを起こし始めます。ミスマッチはなぜ起きるかというと、自治会システムが本質においては秩序維持の制度だからで、制度の枠を超える主題に運動が遭遇すると、大野さんがおっしゃっていたように軋轢が起こらざるをえないんです。民主主義的運動とその容れ物がうまく呼応している限りは桎梏になりませんが、主張や

＊36 「**樋田** その後、僕は生徒会長になって、全校投票で制服制度廃止を決めたんですが、学校側は認めない。それで、私服登校宣言というのを出して、実質的に制服制度を廃止させたんです」（樋田『彼は早稲田で死んだ』単行本二一七頁）。

要求や行動が容れ物に収まらなくなってくる。本格的に壊れたのが全共闘運動です。

一九四八年、敗戦直後の時期に、武井昭夫さんたちの世代が全学連を作りました。生活闘争まで含めて学生全体・大学全体で闘いを組織するというのは非常に重要な意味を持っていたと思います。企業内組合でも、全員加盟の初期の段階で労働運動の砦になり得た、戦後民主主義の初期の段階ですね。

しかし、学生が層をなして大学の自治をコントロールして社会変革に寄与するということは、六〇年が限度で、六〇年代中頃からすでに遺物、幻想だと思われるようになってきた。

絓――ただ、私は晩年の武井さんと親しくさせていただいた時期があるんですけど、私などに対する批判は、なぜ新左翼は全学連を終わらせたのか、というお叱りでした。

菅――武井さんのお気持ちは分かりますね。なぜもっと、戦略的に大衆組織のシステムを使いこなそうとしないんだ、おまえらはエネルギーを発散させてイイキモチになっているだけじゃないか、という批判ですよね、きっと。それは党・党派の指導の責任という範疇ではいえることかもしれません。よき党・よき党派は、全学連を使いこなして全共闘の無党派学生を導かないといけない、という……。ただ、六〇年代の運動は、よき党、よき党派が中心の運動ではありません。いろいろな潮流が噴出してきます。そういうアナーキックなものに対して武井さんは否定的だったのだと思います。演劇運動でいうと、武井さんから頂戴するのは、「なぜアングラはあんなに無秩序を謳歌するんだ、持続的に観客を組織化するという問題意識も全然ないではないか」というお叱りです。実際武井さんは、新劇内部の脱リアリズム派の組織化を、千田是也さんや大阪労演の岡田文江さんと組んで、ずっと実践されています。これはこれで私はリスペクトします。武井『新日文』の演劇版ですね。

武井さんは民衆が作る「民主的」秩序に対する希望ないし幻想を終生持っておられた。私などとの違い（私の世代は、ちょうど過渡期で、絓さんたちはもっとそうでしょうが）は、戦争経験のつらさと民主主義幻想を抱くことのできた世代の幸福感とでもいうべきものをもう抱くことができなくなった、その違いだったのではないでしょうか。

絓――そのようですね。河原さんは京大同学会だったわけですが、関西はまた雰囲気が違って、自治会が生き延びていたわけですよね。

河原――私の在学中に、市田良彦さんが二年連続で同学会委員長を務めました。一年だけでも死にそうなのに二年もしたということで、畏れ尊敬しました。同学会は全学自治会で、ほかに各学部の自治会があり、民青か同学会系の赤ヘル・ノンセクトかで、だいたい半々に分かれてました。私のいた法学部は民青の牙城で、代々、京都府学連や全学連に中央執行委員を送り出しているような自治会でした。ただ、七〇年代後半のことですから、もう形式化し始めていたと思います。私学と違って自治会費は、大学が代理徴収していませんので、経済的なメリットは大学からの補助金程度だと思いますが、その学部の自治会をどの勢力が握るかは重要視されていました。当時、民青の諸君は、要求で全員一致できると主張していましたが、実際の法学部には山田宏（現・自民党参院議員）のように「右翼的」あるいはきわめて保守的な発想の学生も多数いましたので、全員一致して自治運動ができるはずがないと当時から思っていました。

「寛容・平和主義・非暴力」が陥る罠

照山――今までのみなさんのお話を聞いて、なぜ川口君事件は、本当は文学史的にもとても重要な影響を及ぼしたにもかかわらず、その影響が見えづらいかの理由が私なりに少し理解できました。川口君事件を受けて樋田さんがやりたかったことは、自治会を再建し、間違った「早稲田」の表象を、正しい「早稲田」の表象に組み替えるということだったと思うんですね。革マル派に代行されている誤った「早稲田」に、「本当の早稲田」を対置して、自分たちこそが「早稲田」なのだと主張することの本質には、そういう代表《リプリゼンテーション》の問題があったのだと思います。私は樋田さんの本が出た後に、『G-W-G』六号に掲載した論考の中で、本に書かれた証言に基づいて、早大解放闘争がどのような運動であったかを改めて分析しました。その中で、「想像の共同体」としての「早稲田」を立ち上げ、「私たちこそが早稲田である」という主張を展開し、革マル派に対抗しようとしたということも見えてきました。

しかし、中島梓は、そうした運動には乗れなかったと明言しています。革マル派に反抗することは無論危険だけれども、だからといって、殺されないために、「一般学生」が結集した組織にもついていけなかったという。そうなると、「私」の「居場所」、「私」自身を表象する言葉はどこにも存在しないということになり、それが彼女の「欠落」意識に繋がっています。「私たちこそが早稲田を表象している」という運動に対する違和感や、「私」自身の表象が「欠落」しているという感覚、そうした表象機能の不全感が、中島を積極的に文学に赴かせているように思えます。「これが川口君事件から受けたショックです」と断言するような安易な表象――映画『ゲバルトの杜』にはそうした安易さがあると思いますが――が不可能な地点、むしろ不可能にならなければいけない地点で、しかしどうしても表象せざるをえないというところに、中島の直面した困難がある。事件を全体的な物語としては語れず、断片としてしか表象できないために、非常に分かりづらい形でしか書くことができなかったのではないかと思うんですよね。多分、村上春樹も似たような状況に陥っていたのではないかなと思います。後続世代が作品を一読しただけでは、容易には察知できない、語れない形でしか、事件の影響の痕跡は残せなかったのかもしれません。

菅——じつは私はサボっていて、樋田さんの本を丁寧に読んでいません。もってはいますし、キーワードを読み落とさないようにサクッと斜め読みはしていますが、本が出ると聞いた時点から深入りしたくない、という、すごく抵抗感があったんです（シンポジウム後、通読した）。

平和や寛容についていうと、「寛容」ということが一般的に語られることほど恐ろしいことはありません。物の本を調べてみると、明治維新を行った国家権力は最初に、神道を国教にする祭政一致国家を作ろうとするわけですが、様々な宗教勢力の抵抗などによって失敗します。そこで、迂回戦略として、一応宗教の自由を認めざるをえなくなり、最終的には明治憲法にもそれが条件付きで反映されます。そのときにヨーロッパから借りてきた概念が寛容《トレランス》です。井上毅《こわし》という明治国家権力の設計者が、宗教的寛容《トレランス》の目的は宗教勢力を「籠絡せんがためなり」と明言しています。

寛容は籠絡の手段です。つまり、「寛容」は支配秩序と結びついたときには、権力の側から、抵抗する側を包摂するためのイデオロギーとして機能する。このことを七〇年代初頭の早稲田の学園的「平和」に結びつけて考えると、抑圧管理された平和の原理です。「生政治」に「寛容」を対置してもそれは、統治の受容と親和的になってしまう。闘う思想には絶対になりません。

これはまた、絓さんがよく指摘される川口君事件が内ゲバではないということにも関わってきます。いわゆる「内ゲバ」というのは、左翼のなかの諸勢力が、本来は政治目的を共有しているはずなのに、一致点より差異をあげつらい、互いが互いを殲滅するために行使する暴力です。そういう暴力行使の力を川口君は持っていなかった。

権力は学園を支配する政治党派に寛容で、秩序に逆らう党派・非党派の活動に不寛容です。川口君事件は、特定個人に対して行使された、学園を支配している政治党派による無党派および他党派に対する恫喝を目的としたリンチ殺人です。川口君をリンチする側には、大学に容認された組織暴力があって、川口君は一方的に殺されて置き逃げされるわけです。だからこれは内ゲバとは言えません。この暴力行使可能性の非対称がこの事件の特質です。

実は、いったい政治党派としての革マル派は左翼なのかどうかということを別に論じなければならないわけですけど、それを措くとしても、こういう非対称の関係構造のなかにあって「寛容」を求め、正真正銘の無条件の非暴力で「平和」を実現し、早稲田大学の学生自治を回復するという立場は、実現不可能です。そんなことを当事者である樋田さんが可能と考えていれば、それは現実に対する感度ゼロです。後から来た代島さんが言えば、単なる空論的抽象です。

亀田博さんが絓さん・花咲さんとの鼎談（『映画芸術』二〇二四

年春号、本書所収）で、むしろ樋田さんのほうが早稲田解放闘争から見放されたのではないかと発言されています。そうだったのではないかなと私も思います。闘いを継続しようとする側は、絶対的な「寛容・平和主義・非暴力」では、一緒にやれません。その判断は大いに共有できるところがあります。

それと、話がちょっと飛びますが、先日、橋本ロマンスというパフォーマー兼ダンサー兼演出家による『饗宴』というい舞台を見ました。パンフレットにそのアーティストが「平和と戦う」のが自分の上演意図だと書いていました。ガザで必要なのは平和と戦うことだというわけです。この場合の「平和」とはヤツラの平和、管理された「平和」、つまりイスラエルの「平和」ですね。すでに垂直的な暴力が支配している状況において、対立者が戦いを起こせない状態を「平和」と呼んでしまうと、逆説的に、「平和」こそが構造的暴力になってしまう。

今までの『彼は早稲田で死んだ』をめぐる議論を聞いていて思うのは、寛容主義や非暴力主義、平和主義を主張するさいに陥ってしまうであろう罠に対して、樋田さんは無警戒だったんじゃないかということです。白旗掲げて出ていったら取って食われるという状況で、白旗掲げる人はいません。ところが代島監督の『ゲバルトの杜』が示唆しているのは、白旗掲げて出ていこうということです。これは許容し難いというのが私の映画に対する印象です。

樋田さんは、自治会再建闘争を提起し担った方なので、考え方はともかく、その実践はリスペクトします。しかし、代島さんは、闘いの中から立場を選択しているのではない。樋田さんの「寛容・非暴力・平和」という抽象的な観念だけを踏襲している。「原作」より、後退していると私も思います。

自治会主義の革マル派に対するパラドクシカルな闘い

絓――川口事件は、いわゆる全共闘運動の末期、「六八年革命」の末期と言っていいと思うんですが、そのなかである意味では特異な闘い、自治会主義的な革マル派に対する闘いとして、自治という問題を掲げていくというパラドクシカルな闘いだったと思います。革マル派は、自治会運動をやらなければいけないので、全共闘のように「ポツダム自治会粉砕」なんて絶対に言いません。それに対して、川口虐殺が起きたときに、自治会を革マル派の手から奪還するのか、別途再建するのかという問題が問われていたわけですね。そこでは「ポツダム自治会粉砕」とストレートに提起できないわけですから、全学行動委員会その他にとって非常に難しい問題だったと思います。

今回、友人の好意で当時の論文などを読む機会があったのですが、多様ですね。『現代の眼』一九七四年三月号の「読者論壇」に「〈早大・11月の黒いバラ〉」という署名で「早大闘争のもう一つの芽」という投稿が掲載されています。これは野崎（泰志）さんがお書きになった文章ではないかと推察します。もう一つ、その前年の七三年八月号には早大文学部有志の名義で「再び問う　早大生四万人のアパシー」という結構な長文が掲載されています。これは、非常に勉強された論考で感心しました（これは『情況』二〇二三年冬号掲載の樋田毅批判の文章[*37]と同じ執筆者なんでしょうか）。津村喬の議論を踏まえたのか、早稲田を〈都市〉に開いていくというロジックで、自治会という問題をカッコに入れて考えようという動きに感心しました。今日の登壇者のなかには当事者がいませんが、他にも当事者による総括論文などが多々あるようで、参照していきたいと思います。

自治の問題についていうと、サークル自治というのがありました。二〇〇一年に奥島総長によってサークルの地下部室が解体されましたが、つねにサークル部室は存在しつづけて早稲田における闘争の核であったわけです。

照山――サークル自治ということで言いますと、二〇〇一年七月三一日の早稲田のサークル地下部室の撤去反対闘争が想起されます。私はその年の四月に入学して、前期を終えたばかりだったので、こうした大規模な集会・闘争を目の前にして、いったい何が起きているのだろうかと、非常に大きなインパクトを受けたことを覚えています。『ゲバルトの杜』を観たときに念頭にあったのは井土紀州監督の『LEFT ALONE』です[*38]。この映画には、二〇〇一年七・三一の闘争の様子が映し出されています。それは、モーニング娘。の「LOVEマシーン」を大音量でかけて群衆（そこには絓さんも参加していました）が踊りまくるという、もので、単なる「非暴力」とは全くかけ離れた光景でした。『LEFT ALONE』には、革マル派的な組織的暴力はもちろん、「非暴力」あるいは「鎮魂」という形では全くない「運動」の「享楽」が映されているけれども、『ゲバルトの杜』には、そういう「享楽」が前景化する場面が全然ないという問題があります。

当時の『早稲田キャンパス』紙上に掲載された「川口君虐殺問題　11・8のつきだしたもの」というタイトルの、早大解放闘争に関わる学生たちによる座談会中[*39]にある、「一文の学大（学生大会）の後の解放感というか、クラスごとに皆なデモなんかやっちゃって、非常に無責任に「革マルせん滅」なんて言っちゃって喜々としてデモをやっている」という全学行動委員会連合（準）の平田憲行さんの発言なんかを読むと、自分たちの手で「運動」をやっているという手ごたえへの喜びが、はっきりと感じられます。映画にも出演している永嶋秀一郎さんもこの座談会で、「本当に信じられないわけじゃない、文学部のスロープを歓声を上げながら上っていく。殴られようがそのまま血のついた手で革マル派を放り投げていくような、自治委員総会でも革マルが来たらしようがないんだと廊下全部バリケードにしてしまう、今まで分断され続けてきた自分たちが」と、「運動」のエネルギーが「爆発」するさまを語っておられます。このほか、座談会の中で、「熱狂」や「解放感」「怒り」等の言葉で表現されているのは、二〇〇一年七・三一の、あの踊り狂う群衆が共有していた「享楽」と同質のエネルギーなのではないでしょうか。しかし、『ゲバルトの杜』には、そうしたエネルギーの放出を感じさせる場面がない。「熱狂」や「解放感」といった諸々の「享楽」は、党派間の「内ゲバ」の暴力の問題に収斂させられていく構成になっているような印象を持ちました。

先ほど大野さんも紹介されていましたが、映画の中で、吉岡（由美子）さんが「革マル派の結集力、統率力はすごかった」という証言がありました。樋田さんも本の中で「鉄パイプの先を一か所に集めてドリルのようにしたり、ハリネズミのように四方八方に鉄パイプをふりかざしたり、その闘いぶりは統率が取れて隙がなかった」と書いて、革マル派を「戦士集団」と形容しています（一〇九－一一〇頁）。それをドゥルーズ＝ガタリの「戦争機械」と捉えているブログの記事を呼んだのですが、私も「戦士集団」としての革マル派については、「戦争機械」の問題として考えたほうがよいと思います。

早大当局と革マル派の癒着体制

客席（永嶋秀一郎）――ちょっといいですか。樋田君が行った早稲田一文での自治会運動について、大野さんの指摘は適切なものだと思います。「全人教育」を掲げる旭丘高校で生徒会が「高校生の政治活動を禁止する文部省見解」に反対する決議をし、教師と保護者に安全確保してもらって千余人の生徒が学校から街頭デモを行った際に実行委員として活動したことを樋田君は成功体験として文章に残しています。彼は高校時代の経験そのままに、川口君殺害後に一文キャンパスで「手作り自治会を作ろう」と提起していました。その当時さかんだったベトナム戦争に対しての米軍タンク搬出阻止闘争などノンセクトやべ平連が行っていた活動のことは、「〈革マルの支配する〉キャンパスを出れば日本は平和だ」という彼の視野に入っていなかったと思います。

当時の早稲田には三里塚や水俣病の患者さんへの支援など

＊37　旧・早大政治思想研究会有志「川口大三郎君は早稲田に殺された」『情況』二〇二三年冬号。

＊38　『LEFT ALONE』監督：井土紀州／出演：絓秀実、松田政男、西部邁、柄谷行人、津村喬、鎌田哲哉、花咲政之輔／二〇〇四年／一二〇分。絓秀実が松田以下の人々に学生運動・社会運動についてインタビュー、議論していくドキュメンタリー。映画の書き起こしを軸とする同名の書籍版も明石書店から出版（二〇〇五年）。

＊39　座談会「川口君虐殺問題　11・8のつきだしたもの〈虐殺糾弾〉の原点を問う」全三回、『早稲田キャンパス』一九七三年三月一〇日付（一七四号）、三月二五日付（一七五号）、四月一〇日付（一七六号）。次見開きページ参照（一七四、一七五号）。

——川口君虐殺問題

つきだしたもの

原点を問う

川口君を殺したのはなにか

第一文学部自治会、二J行動委員会
永島秀一郎君
第二文学部自治会臨時執行委員
若島幸裕君
政治経済学部自治会執行委員
内田和夫君
全学行動委員会連合（準）
平田憲君
ワセダ統一戦線
井上寛君

——川口君が、革マル派に虐殺されたことを契機とした運動を主体的に担って来た人達の中から集まってもらったのですが、まず初めに川口君は虐殺される迄にどんな活動をしていたのか、級友（2J）の永島君から話って下さい。

永島　ぼくそのものとしては、川口はそんなに古い活動家のある奴ではなく、昨年頃から活動の問題に関心を持ち、本格的に運動を始めた。クラス内部にパンフを配り、自分でクラス討論を開き、クラス内部から大衆運動を作っていきたいという人間であったと思う。これに対して僕も一緒に討論しながら、議論して来たわけだけれども、この点からも、彼が決して中核派のスパイではなかったと言えるだろう。もしスパイならもっとうまくやれたはずだ。

学内における自分の思想の実現あるいは政治表現を不問にしていこうとした時、それは初期だったと思うが、クラスにひとり役割三等の革マルがいて、彼が、例によってクラスを探っている時に、川口がクラス討論を組織してパンフなんかを配ったりした。その討論の際に二人の意見が衝突した。つまり、学館の問題は自治会の独裁であるのか、いやそうではなく活動ど、学費が上がったんじゃ、貧しい学生や、ブルジョワのボンボンしか入ってこない。僕はそういう早稲田にしたくない」と言ったり、山本義隆なんかを読んで、すごくひたむきにやっていた。

ただ「殺人」の説明書、結果を見れば明らかなように、革マルが会議的なるものをでっち上げ、色とりどりのヘルメットを出してノンセクト、セクトを問わず、特に政経なんかでは、いろんな活動家を全部ピックアップし、彼らを全部上がらせといて個別にかけていくといったものだったし、二文内部では、個別的に闘争委員会を作ったクラスに対して、革マルは常任と第一行動を取らない限り許さんぞ、そうでないション等にも出られなくなった。そして彼らのアリバイ的な自らのバリケードに火をつけるという、全くもってハレンチな茶番劇を演じることしかできなかった。

また、一月来に大衆団交で行なわれた、彼らによる団交にも成績表をみてはいたんだけれど決定の一切は封じ込められ、彼との連帯をもって秩序維持に進められてはいたが、それは決して大衆的に確認するまでには致らなかったし、突破口にすることもできなかった。その辺から、クラスの内部だけでも何とか議論していきたいと考えたんだけれども、それ自体「殺すまた会議」というか、本当に分裂してゆくわけなんだ。そういう抽象的な理由の他に彼の死というものがわかった時点から討論を始めて「殺人」のことを思い出し彼ら自体がやってきたことの中から川口君の死と死が生じて来たんだということを確認するとともに、11月中旬というか、17、18日だと思うがクラス内部で、今回の川口君虐殺糾弾のために全員が参加できるような運動形態を作ろうじゃないかという話があって、業務にもセクト割拠はあの時の学内的にいっても一切許されなかった。革マルが彼らにのと気にしていいぞ、デモに

彼の死へ2Jの対応

——11・8以降、学内は言論圧殺的に糾弾集会が開かれていましたね。その時、2Jは？

永島　11月11日に初めて革マルがどうで衝突を始めていた時、僕らは新制でクラス討論をやってました。彼の経緯とか、沿革をばくに伝えため、10名程度それに参加して、残りがクラス討論に参加した。

クラス討論の経緯で、学内にレポに行っていた奴の話で、革マルを取りまいて糾弾集会が開かれしていると言ったわけだが、革マル派は、例によってダンマリを10数時間続けるという態度に出たわけで、その時17日か18日に糾弾（前革マル派会議派教官を含む）がやってきた時にも、僕らは討論団みたいなところにいて、そこで糾弾していくという内容において、彼の死体に対し、最初関係に即して、僕らはそうは思わないし、僕らは、それに対し、彼を殺したことに対し、どう決着するのかという形で糾弾していった。

日の夕方の時点に機動隊が革マルを救出しに学内に入ったと聞いてあった。導入の口実が生命の危険があるからと言うんです。これは勝手、当局の常套の手段なんですね。それ以後の機動隊の導入が全部そうでしょ。生命の危険にさらされていたのは川口君としての多くの早大生なんですよ。川口の殺の時、当局が何を言ってきたかというと「革マルに反対だもしなければ、殺されなかった」と言ってるんです。ここに当局の本質がなんじゃないか。それでも一般の時点で数千の学生が集まっていたわけだよ。寒い中待ちこんでる。それ以降うちのクラスのだれか犠牲になって糾弾するわけだよ。この状態を見て当局はやっぱりおっかなかったんだろうと思うね。これは学生が結集してしまった場合、機動隊の方がもたないというか、学生の心情をよくつかんでいるというか、7時まで待てば学生も疲れて帰るから出てくる。その時点で突込めばどうわけですね。

平田　僕なんか、糾弾集会の時個人的に台に上って言ったんだけど、ただ今日集って騒いでるんじゃないんだ。糾弾するだけじゃだめだ。革マルは必ず生き残る。第二の川口は出る。我々は自ら革マルが存在した根拠を打ち砕くような闘いを構築しよう。そういう組織性をもとうではないかと呼びかけていった。

その時に僕の帯として、初めに革マルの殺っている自治会のり……

11・8以前の学内状況　二文の場合

——それでは11・8以前の学内状況についてもう少し詳しく説明にするとどういうことになりますか。

平田　革マルっていうのは大体見てみればわかるとおり、大衆運動と先会議動との区別と関連といいながら学生運動に規定性を与える。自ら改良闘争として規定する。それが一切の要求の論理から出るわけですね。その論理を越える者に対しては断じて許さない。テロ・リンチを持ってでも許さないでつぶす。「わが同盟の不断のフラクション活動を行なうことによって、学生運動が前進を持ったり革命運動と統一するのだ」といいながら、そういったことをやってくる。その中で全共闘運動が生まれ敗北していった中で大学立法がある。大学立法の体制の中で10・27集会があるわけですね。10・27集会がどこを向いているのかというと、革共同革マル派は文連を接収にしているので試験だろうがヘルメットだろうが何だろうが自由に参入できる。我々は10・27集会と革マル派両方によって一切の闘争を封じ込まれ、断じて許されない。そういう形で一般的には当局、理事の一致に揺ついたわけ、と当局と革マルの関係が行われているわけです。支配形態として、自治会を取ってみると非常に自治会とは支配しやすいわけですね。学生管理の窓口の一本化という意味を持ったりして、当局、革マルにとってはものすごく支配しやすいものとして自治会があった。革マル自治会というのは革マル自治会執行部だからね。ほんとうの大衆的自治会執行部でもないからアリバイ的に規約的自治会とか何とかいって来た。一切大衆運動を組織しないというような発想だからものすごく規制だとする当局からみれば完全に内部部隊としての機能を与えられている。

11月から闘って来た人にとっては自明のように、入試の時なんかを見れば明らかなように僕らが叙ダン形を持っただけで機動隊に排除られる。追い出される。革マルは密接する。その様な形で全が自ら立ちより、自らの主張を表現し自分の意思等々を表現し、結束し、団結し、何かに立ちよる、しかもそれが早稲田大学という存在、管理体制そのものに対して突きぬけていくような闘いを組織しようとする時に革マルは必ず鎮圧する。こんな無茶なものはない。まさにひとつの自治会というのは、さっき言ったように学生支配を行なう場合に権力にとっても非常に有利なものであるという関係もあって、こういう奇妙な関係もできてきたわけだと思うんですが。

——それに関連して政経学部の場合、二文では何かのような形であらわれていましたが。

若島　僕なんかのクラスなんか一年ですが、いろいろうちのクラスにもその実態というものがあるんですが、全い人達わからないけです。二文はまた機動隊付きだけと結果方はものすごくあるんです。全学的にみてもなかなかというと革マルの実態を対しみて感じていることがある。

どういう形か言うと、例えば入学式があってその後すぐ学部入学式があって前に革マルが40人か50人ヘルメットをかぶり旗を持ってずらっと立ちふさがって、当局学部長の挨拶の時に時間を一時間でも2時間でも遅らせて革マルの委員長が演説する。その後クラスに別れてクラスオリエンテーションする。その前に革マル常任委員が5・6人必ず来て「闘う文学部」というパンフを持って来て彼らでチェックする。革マルに対し反対意見をもっていてチェックする。そういったわけです。そして執行部が決まると学部の何とかのクラスでも必ずいて、僕なんかのクラスでも山村君の問題とかあったわけです。だけどみんな山村君の虐殺したことについて知らない。それで二文の反会民主化会議があるわけですが、それでも、他のセクトでもなんでもいいから呼んで一緒に話してくれと革マルにたのんでも絶対ダメだと言う。革マルは山村君の追悼集会を提唱した時に言ってみんな集まらなくなるわけですよね。あれはどこかのセクトが山村君の追悼集会を提唱した時に言ってみんな集まらなくなるせる。そういう形で、クラス討論を挟んなんかも自発的にやろうとすると必ずつぶされる。あるいは委員選挙なんかで必ず革マルの者林の場合一応委員長ですよね。投序7段対0が否、但否が40・50でも否決される。対決派が立つと常任委員があわてて30人位クラスへ入って来て対決候補何で立つんだと抑える。こういった状がずっとやられてきたわけです。

さっき言ったけどなんでここまで妥協し得たか、僕なんか単純に個人的な恐怖があるわけですね。僕は加担、学校に来ていなかったわけです。色々な形でやはり二文は学生大会でも正規でって成立すると思わなかった。クラス活動しえなかったし活動もいかなかったし、特に二文の場合例えばロックアウトですね。文学部で自問何かあっても、本部で何かあっても、文学部をロックアウトされ連絡してもわからないんです、相当期間で知る位。そんな中で当時現代思潮の人が暗殺した。あの時も、とにかく革マルをリコールしようと言う。いままで何をやって来たか皆わかってるんですね。学生も学大に持って行ったんですけど大でリコールが成立した時のみんなの態度というか、雰囲気はすごいですよね。革マルは、よく言うんですが「お前ら自治会の敵がない」と。そう言う前に学生は革マルをどうしてもリコールしなければダメだという所まで追い込まれていたというか、絶対に許せないと。そういうものが蓄積されていった。そういう蓄積されたものが総爆発川口君の死がなってしまったと思えますね。

政経の場合

平田　本当にすごかったものね。一文の学友の僕の教授なんかというか、クラスごとに権力手先なんかやっちゃって、非常に端的に「革マルせん滅」なんて言っちゃって堂々としてデモをやっている。集会何かでもものすごい秩序があったね。何か一言言うとワーッと言う。初めて自分達で学大をやった。指導する人がいないんだ。

こうしなさいという人がいないんだよ。僕らがやろうとしているからクラスが結束し闘ってやった。

さっき彼が言ったことでちょっと言っておきたいんだけれど、革マルって言ったらすごいと、みんなね。例えばクラスがあるでしょう。者はこのクラスって分類が決まっている。当局が学生の行動を限定やりやりやすく教授会でもつけたがっているのを完全に代行する形でね。二文なんか特に顕著だけど学生一人の動きを革マルが監視する。はみだしたら川口君みたいになるけど。その中で初めて自分達でデモを組織して立ち上がった……ぴっていうものを味わったけどその辺の大衆の気持ちなんか革マルにはわからない。

若島　だから今の二、三年のクラスでは入学以来初めてクラス討論をやった所がいっぱいあるんですよね。こんなやつがこんな発言をするのかと初めてわかった。

——政経の場合11・8以前は執行部は革マル系の二所執行部が統一執行部の総大で革マル系はもちろん執行委員会を否認していったわけですね。

内田　僕が入学した時、いわゆる革マル系の執行部と自治会が執行部というのをつくった。革マルが執行委員会というのを作った時から自治会を開始するわけですね。その前の去年の2月段階で執行部がかなりデモらって、がたついて、いわゆるテリ……

新しい関係性の構築へ

座談会

11・8の〈虐殺糾弾〉の

前面より続く

文学部の試行の人が革マルの人かよくいいあってても一応かなやってるあって一といい[illegible]いた。

11・8が起きて、なぜなら自治[illegible]会執行部の人間が三人入って後あるんだけれども、同じクラスで一緒にボチボチやってた人間はかなりいて、この出会いが大切にしようみたいにいわれているんです。いろいろな意見が出すようになった[illegible]までなかった。政経の場合は一年生なんかみているのは二パーセント・[illegible]というのがあってまあ革マルの暴政時代で、そういうところしか例えば政経にしてもその他の批判にしていくとかなくって、うっかりしていると革マルになっちゃう。だからひとつの流れができなかったということがあった。

政経の革マルは比較的少くても[illegible]比較的開明的ですめて来た、対革マルに関しては。でも自治会選挙の時クラスに革マルが、30人入って五や六人程になったことはあるけど。

学生大会の時一つには現状の認識を否定するなり、決めないなり

て解散するわけですね。学生大会の形ではね。では執行部を求めないという要求がめるか彼らは全部答えない。いわないんですね。

逆にしてみれば革マルの執行部に[illegible]抑えてしまったのは民青の執行部なんだから執行部も責任があると僕は思う。

そういった形でみんなの政治的無関心を引き起こして来たわけでしか仕様がなかったんだから責任をとるべきだ。しかしあいまいに流れてここまで来たんだけど。

革マル自治会の内実

——このようにして革マル自治会執行部は政治的な学生大会の成功によってリコールされていくわけですね。そして自治会が再建されね、当初、"彼らの自治会"というふうに言われましたが…。

平田 彼らが自治会のイメージを出す時、現実の運動の中でいくつか見てきたことがわかる。例えば革マル派っていうのは、一文としろうが[illegible]組織を残すやるおっているんだ。大会[illegible]

うだったかというと、革マルの自治というのはフラクション活動なんだよね。11月会という[illegible]組織は残っているけど。その中で、一文の[illegible]が言ったように「初めてクラスが誕生した」そういう人達が出てきた。初めてクラスができたんだ。この辺に何か一つあるよね。革マル自治会の見ていくということが一つあると。さっき[illegible]自治会代行部[illegible]というのが[illegible]自治会の[illegible]を[illegible]してみると[illegible]だね。一人一人の個人と[illegible]に接近されて初めて自治会[illegible]になってしまう。どうだったかねえ、その辺。

内田 政経なんかの場合、自治会なかったわけですね。革マルが作ったといっても、あの人達役員[illegible]第二次早大闘争においてもやった「後継部々です」と。そういう形でもって拡散したわけだ。[illegible]

ういった形である共同性をもって単に個性で結びつくのではなく、共同性みたいなものをもって相互に運動の相対化の中でぶつけ合って運動、闘争していく。そんな中で、統一戦線的な運動みたいなところで自治会が作られていくかもしれないかなあ。

永島 一文なんかも大変ないわけですね。さっき岩間さんが言ってたように、オリエンテーションありますっていって、学生[illegible]が出て来た人の例とかが出てきて、[illegible]かぶった坊っちゃんがずらーっと並んだ後で、「一文自治会執行委員会です」と言って、あの時には、民青がやっただけだ。ここちがかってのアメ大選挙にいて革マルに[illegible]やった。

「お前ら、[illegible]をやってるんじゃないか、僕ら出るんだ」と殴り合いに近いことまでやって、その結果で最初からねらわれていたクラスというまるかもしれない。その後彼らがクラスに来ても受けつけなかったんだけど。

最初的にオルグがかかったけ何かしたわけだけれども。まあほとんどオルグは見事に失敗を[illegible]るんだけれどね。オルグの中で彼らが言うことは、我々の自治の[illegible]とは何であるか。その場合、[illegible]的指導というものをただくさんの[illegible]出すること。それを[illegible]ぶる革マルの[illegible]をつくり出すことだ、それ以下でもない。つまり、[illegible]みたいなこと。

分断と孤立の中から

——[illegible]、革マル派に対する[illegible]ですけれども、あの[illegible]大衆の[illegible]

コンパに来いという時には、楽しい人は来るし、会ハイやる時に好きな奴は来るし、そういうクラスが多いわけです。僕はサークル入ってからちょっと[illegible]けれど、大体大半の人間ってのは自分の[illegible]がないというか、僕が[illegible]ないというかそういうところで、単に一応[illegible]、そうした場としてあって、[illegible]の場みたいなものが大半にないわけですね。そういったものが、つまりあ

学に[illegible]が[illegible]になっていたわけだから、人が死んだということで[illegible]ということだけで、[illegible]という気がする。そういうふうに自分の[illegible]していくみたいなところで何か[illegible]そうするともっと自分を出してみたくなるというのを言いたいことを言い出すみたいなひとつの[illegible]みたいなところ[illegible]。それが一番[illegible]んじゃないか。

ってみたら何か[illegible]会うのはクラスの[illegible]の30人とか40人で、サークル入ろうとすると、文連はきっと[illegible]と同じような状況だと好きなこと何もできないんだよね。では他のサークルとかといった時に、今の早稲田のサークル[illegible]か[illegible]みる時に、[illegible]ープの仲良し遊びと。四年間を[illegible]しくすごしましょうと、自己をつぶって遊んですごしましょうと。まる、そこで[illegible]人達はそこ

ウソなんだよね、あれは余然ウソなんだよね。もうそれだけ[illegible]化していうしね。とにかく12月の[illegible]に一回[illegible]出て、1月の初めに一回[illegible]に出て[illegible]て全部で二回あと試験を受ければ必ず卒業できるんだよ。[illegible]関係ないんだよね、大学楽たって。もう本当[illegible]もらいにくるだけで。まあ、今の社会の中ではその[illegible]ってのが一定の社会のヒエラルキーの中で[illegible]

で、遊んでって[illegible]はいいよ。でも[illegible]の人[illegible]ないんじゃないのかなあ。しかも、学校で何かやろうとすると、革マルの奴だと、テロ・リンチだと、何もできないと。それで殺されたと、何かしようとした川口が殺されたと。怒るんじゃないかね、やっぱり。どうかねえ？このエネルギー。

岩間 僕のことを言えば、11・8から13日まで学校にいなかったんだ、よそ行ってその[illegible]

自治会のイメージ

永島 そこで、さっき平田さんも[illegible]

のは、少なくとも[illegible]ての自治会を作るんじゃないんだということだ。だからその結果で[illegible]に[illegible]されたのは、[illegible]的には[illegible]の自治会に[illegible]たけれど、その内容というのはと[illegible]、でもやっぱり[illegible]と思うんだ。一文の大衆が、「勝った、勝った」で終わった時、あの時間の[illegible]ていた[illegible]の学友は本当にこ

[illegible]として[illegible]とらえれば、革マルはよく言うけれど「お前ら、[illegible]闘争のかの字も言えないで、何デッかいこと[illegible]ってるんだ、何を[illegible]ってるんだ」と。そのような形で私[illegible]てくると。そのように物化された自治会というもの[illegible]は何か。自治会執行部なり、自治会に[illegible]する能力のある[illegible]

[illegible]見て、彼らの反革マルの[illegible]自治会っていうの[illegible]

平田 一つ自[illegible]か、[illegible]の中にあるんじゃない[illegible]その[illegible]として[illegible]ところから出発しながら、僕ら[illegible]んだけど、しかしことはできないかに[illegible]闘争をなめらしてあったと思う。だから、反[illegible]いったものとダメなんだ、そ[illegible]やはりそれを[illegible]なものに対して[illegible]みたいな[illegible]と革マルの[illegible]ってくるけど、まで明らかにな[illegible]とこの[illegible]

蓄積された怒りとその持続

の[illegible]は、川口君の虐殺からわこってきた闘争が含んでいると思うけど、その中で[illegible]というか、そのような形での力ッコつき[illegible]自治会みたいなものも、党派があってその下に大衆[illegible]があって、その下に[illegible]学生[illegible]会があって、どこと全学連に加盟する、[illegible]と共に全国の大学への呼びかけをするという形でなされたものの内容は、その先、学[illegible]闘争の時の彼らの[illegible]は一〇〇ちょっとなんだよ、せいぜいが。

彼ら[illegible]に、早大べ平連[illegible]の時も[illegible]だけど、統一行動の[illegible]というものを[illegible]して、[illegible]が[illegible]わけだから統一行動なんかできないわけでしょう。それにスガ派とかが[illegible]なんかしまれたと人数なり何なり。そこまで早稲田の大衆運動は遅れつつあったから。七二年の末春に、4・28に三千余の学友を大[illegible]た早大[illegible]がにして[illegible]ていくだろう。デッチ上げて[illegible]と、統一行動の[illegible]に従わない[illegible]の指令を[illegible]する[illegible]の[illegible]うとしたと思う。

うとして[illegible]から[illegible]化へのものとして[illegible]会運動というものが一つあったと思うけれど、それと共に、[illegible]として革マルの[illegible]的な[illegible]が打破しない限り、革マル派に勝てないのだという認識があったと思うんだ。それに、権道が何でもあの怒りから、あの[illegible]なのかという[illegible]えないような状況が[illegible]るように[illegible]と。[illegible]なんかにほ、[illegible]はもう自由なんだひと[illegible]という[illegible]り社会の後の[illegible]ペインの内乱というかスペイン戦争の時のような本当のイメージでほんほんとしてあったんだがね。へまた自

けだよね。こうちがデモンストレーションして、[illegible]しながら出てくると、[illegible]ついてくるわけだ「[illegible]守ったんだぞ」という形で。今までの[illegible]としてあったのは革マルだ。それぞのものと共に、11・13—14そしてずっとこの[illegible]

ね」というものが、[illegible]ていく、独占していく。その中でいつも[illegible]が、お[illegible]ら[illegible]自治会をやる能力がないんだとかあるいは、バカだそういうふうに[illegible]てくる。だから行きつくところは、君たちは我々の[illegible]ことに従いなさいと。何も[illegible]いいことは言えないんだ、うまいことは言えないんだ、民主、そういった[illegible]ちる。

もう一つの[illegible]として、[illegible]学部の自治会執行部だね。完全に学生の政治的アパシーに乗っかって初めて自分達がわける。彼らクラス、クラスと言うわけだね、クラス討論、クラス討論、クラス討論というわけだ。その[illegible]を見てみれば、学生大会も開けないで二回も流会させると。[illegible]った人の中でとうかというと、自治会の執行部の一人も[illegible]されない、[illegible]多数で[illegible]の人とか[illegible]判をした人が[illegible]になっていく。[illegible]されていく。そういう形で一つ[illegible]られると。自治委員総会もそう

から、自治委員会もメタメタなんだ。頭数さえそろえばいいからこまいれる。クラスで二名以上の人が来ていない場合、そのクラスの人がいれば誰でもいい。発言だけでなく[illegible]まで考えられる形式主義は保つ。その自治委員総会に関してはくずされているけど、形式主義は保つ。そして内容はからっぽだ。

民青の場合には、政治アパシーに乗っかって、何もしないという形で成り立ち、革マルの場合は、テロ、リンチによって成り立つ。お互ら[illegible]、この言葉、[illegible]という、テロ、リンチで成り立つ。そんな執行部はますぶっつぶそう。このような形で、自治会と[illegible]との関係はできあがる、早大[illegible]できあがる。学生[illegible]というものは[illegible]する。ここから始まった[illegible]の[illegible]だと思う。というのは、[illegible]ら何ももっていなかったんだよ

ね。

さまざまな活動をしていた学生がたくさんいましたが、革マルは「統一行動」を迫って、それに応じなければ「党派闘争」をしかけてそれらを一つ一つ潰していきました。革マルは川口君を授業の合間に拉致してリンチのうえ殺害したわけですが、「革マルの集会中に中核派のスパイとして摘発した」と事実に反することを発表しています。ところが、村井資長《すけなが》総長は川口君殺害の六日後の毎日新聞のインタビューで、川口君が中核派と誤認されたなどとは一切言わず、彼は革マルの主導する「早稲田祭」と同時期に行われた「反早稲田祭」というノンセクトによるイベントの実行グループの一人だったから「派閥抗争」で殺されたと言いました。早稲田大学当局は川口君の遺族に対して損害賠償としては一銭も出さず、総長が発起人となって教職員から一口一〇〇〇円で募金を集め、弔慰金五〇〇万円を母親に渡しました。その弔慰金はすべて「非暴力」のセミナーハウス建設を母親にもちかけた原理研に流れるということになりました。

七二年一一月二八日、私たちが一文の革マル自治会執行部をリコールするための学生大会を開こうとすると、革マル三〇〇人が一文を占拠したという理由で、学部当局は終日、一文キャンパスをロックアウトしました。やむなく本部キャンパスに移動し、他学部の学生およそ二五〇〇人が防衛するなかで一五〇〇人ほどが参加して学生大会を開催しました。革マル自治会執行部のリコールを決議し、代わって臨時執行部が選出されました。すると、革マルおよび一文当局は、学生全員が加わらない、あるいは過半数が投票していないことを理由に——それまで革マルの学生大会は二〇〇人くらいの参加者と多数の委任状で運営されたのを黙認していたにもかかわらず——そのようなリコールは認められないと発表しました。しかも商学部や社会科学部では、当局が代行徴収していた自治会費を、リコールされたはずの革マルの執行部にどんどん渡し始めます。

一一月一三日には全学中央自治会・田中委員長など革マル六人を学生数千人が追及した徹夜集会が行われましたが、翌日早朝、大学当局は機動隊を導入して革マルを救出しました。その夜も九時になると第四機動隊が構内に導入されて、私たち学生は追いだされました。村井総長は、第一次早大闘争のときに常任理事でしたが、深夜二〇〇〇人が座り込んで大学本部内に缶詰めにされた苦い記憶を教訓化していたのでしょう。当局は夜間ロックアウトなど学生管理を強めました。学生はやむをえずそれに従って帰宅してしまう。ところが革マルはキャンパスの外側にある学生会館に泊まり込んでいる。そもそも川口君の遺体を運んだのも夜中の一二時くらいですから、夜間ロックアウトの恣意的運用下で革マルはやりたい放題だったわけです。

映画『ゲバルトの杜』でも、樋田本でも全然触れていないのは、早稲田における大学当局と革マルの癒着体制です。この時期、ほかの大学においても当局と別の党派との関係に似たものがあるとも言われています。七三年二月上旬、各学部当局は、新自治会を承認する条件として新年度の新執行部選出など厳しい基準を次々に発表しはじめます。大学当局が私たちの運動にそういう介入をしておきながら、村井総長は告示を発表するのみで学生による大衆団交の要求には応じない。それで私たちは七三年四月二日の入学式に突入したわけです。総長に対して、学生たちにきちんと説明し、自己批判せよと要求するために。先頭の学生がステージに駆け上がった時に、総長は読んでいた式辞を投げ出して逃げ去りました。その二日後に入学式闘争総括会議を開いていた各学部の主要メンバーを、革マルが鉄パイプを振りかざして襲撃して多数に重傷を負わせ、財布や定期券を巻き上げていきました。

村井総長は革マルとの学費値上げをめぐるお手盛りの大衆団交に出ましたが、七三年五月には私たちに約束しておきながら大衆団交に出てこず、その間に革マルは私たちに鉄パイプをふるいました。このような挟み撃ちで私たちは敗れたんだと思っています。この映画は川口君殺害を契機に起こった空前の大衆運動の可能性とそれをつぶした大学当局－革マルの癒着を描いていません。それをこの場できちんと議論したらどうですか。当局の学生管理に革マルの果たした役割は何だったのかということをです。

絓――癒着関係は共通認識になっているんじゃないですか。

花咲――大学当局と革マル派の癒着が最大問題だということは、僕らは最初から言及していますし、基本認識だと思っています。

永嶋――花咲さんの時代にはサークル棟の問題などいろいろあると思うんだけど、私たちの時代から現在まで一貫している、奥島総長だけじゃなく、村井、あるいはそれ以前から継続している早稲田大学当局と革マルとの癒着問題への言及が、映画『ゲバルトの杜』にも、樋田君の『彼は早稲田で死んだ』にもないということです。

花咲――それは僕らも最大の問題だと思っています。亀田博さんは、代島氏からの依頼に応じて撮影取材を受けているわけだけど、それが映画には一切使われていません。そういうふうに完全に代島氏は意図的にやっているわけです。先ほど照山さんから映画『LEFT ALONE』の言及がありましたけど、当然、代島氏は観ているはずですが、奥島に対する批判的言及が一切ない。つまり、完全に『ゲバルトの杜』は樋田本における奥島当局英雄説を否定できないようにすべく、歴史を歪曲して製作しているわけです。そこで私は一点、映画に証言者として出演した方々に不満があります。出演者から、映画協力に対する抜本的な自己批判、および代島批判を明らかにすべきだと思っています。むしろ、このような映画になるのなら、自分の証言を使うなとなぜ声を上げないのか。私はそこが非常に不満です。

早大における「構造的暴力」

大野——映画の構成でいうと、オープニングから第二次早稲田闘争の話についてのテロップが続きます。そして「その後、全共闘活動家を構内から暴力的に締め出した革マル派は、大学当局を後ろ盾に早大を支配することになる」と一言、当局と革マル派の癒着関係に言及するんですよね。で、その後、どのような支配と癒着が行われるのかと思って観ていると、映画はそこには全く触れずに、そのまま革共同が革マル派と中核派に分裂したことを説明し、「そんな兄弟みたいなふたつの党派がなぜ殺し合いをはじめたのだろうか」というテロップの後に、川口大三郎が紹介されます。つまり、党派における殺し合いの一つとして川口君事件が位置づけられていて、早稲田のもともとの問題である大学当局と革マル派の癒着が、置き去りにされてしまっています。

そこから劇パートが始まり、次に川口さんの同級生の証言パートに入っていく。そのなかで樋田氏が「正しい暴力というう主張はいまも世界中で跋扈しています」と一般論を語り、支配のための暴力も、抵抗のための暴力もひとくくりにしている印象を受けました。が、それでも彼もその後に、学生が「圧倒的な多数で〔革マル派自治会のリコールも、自治会再建も〕決めたのに〔…〕大学当局がはっきりしなかった」「たぶん革マル派との長い時間の癒着があったんだろうと思う」と明言しています。また、当時の団交の映像で、学生が川口君事件を見過ごした大学の職員を糾弾する場面もあります。そうすると、大学当局と革マル派の癒着をどう深掘りしていくのかまた関心がかき立てられますが、映画はスルーしています。

その後、全学行動委員会の方々のインタビューが始まり、そのなかで野崎さんが重要なことを指摘されますね。「革マル派が自治会を支配していて、よそ者は排除するという構造自体が暴力だ」と。恫喝や殴打などの「現象的暴力」は、「構造的暴力」を下敷きにしている以上、倒すべきは「構造的暴力」だ、と。これでやっと「構造的暴力」の根本原因をあぶり出していく展開になるかと期待するんですが、この後に樋田氏の「〔学内は騒然としているけど〕文学部のキャンパスを一歩出たら平和なんだ」という発言が挿入されています。学生運動と社会運動とのつながりを無視したようなコメントで、また肩すかしです。つまりどういうことかと言うと、全体の流れが、核心を衝きそうに思わせておいて、その都度はぐらかしていくというものなのです。

このように、『ゲバルトの杜』にせよ『彼は早稲田で死んだ』にせよ、暴力の問題に一定の距離を取っています。私も同世代なので覚えがありますが、政治党派に対する嫌悪感だったり、政治を避けて通ってきた人の感覚が、抜きがたくそこに現れていると感じます。だから構造的な暴力の問題に踏み込めないのであって、樋田さんも代島さんも同じ問題を抱えているんだと思いました。

花咲――今日は、映画に登場している永嶋さんや野崎（泰志）さんが客席で参加しているので、お二人に素朴な疑問があります。取材を受けるにあたって企画意図を聞いたり、樋田本を原案にするとわかったりした段階で、こういう映画になるであろうことはある程度予測できたと思います。その段階で取材拒否すべきだと思わなかったのか。あるいは初号試写などで観た段階で、自分の出演シーンのカットを要請しようと思わなかったのか、お二人に伺いたいです。私はこの映画を成立させたこと自体が重大問題だと思っています。

野崎――突然の名指しで、被告にされたような感じですね（笑）。被告の答弁をします。樋田君が一文の自治会臨時執行部の委員長で、私は副委員長でした。最後は「X団」を作って鉄パイプで闘ったグループです。私の取材だけでも四時間、亀田君もそれぐらい。永嶋君のときは何時間、撮ってた？

永嶋――取材前の話し合い四時間、撮影四時間。

野崎――それぐらいの時間を撮影しているなかで、要するに都合のいいように切り取っているわけです。映画には編集作業があるので、そういうものだと思っていますが。樋田君の本自体が、我々の運動全体をほとんど刈り込んで、自分のことしか言及していません。本のなかでは私は本名で二回ほど出てきますが、人物的にいっても一割程度しか登場しない。本で描かれているのは、あのときのメインの出来事では決してないんですね。で、映画批判については、私はすでに行っています。五月五日の先行上映会のときに、事前に試写会で観ていたので映画批判の一〇頁のパンフを配布しました。一四〇人ほどの参加者がいたのにパンフが七〇部しかなく、要請が多かったためにブログを作りました。[*40] 具体的な批判になると時間がかかりそうなので、この場ではそれだけ答えておきます。

花咲――ありがとうございます。ただやはり私としては、肖像権をタテに「私のシーンを使うな」と全員が言えば映画は成立しなかったわけで、それをやってほしかったというのが正直な感想です。

永嶋――私は四時間取材を受けましたが、映画では数分間しか登場していません。七二年夏まで川口君に接触していた中核派の井島真一さんが言い残したことを私が読み上げるシーンが中心です。その文書は、井島さんが亡くなる半年前に、私と同じクラスの友人たちが話を聞いてまとめたものです。川口君の学生葬の責任者だった林（勝昭）さんと、川口

＊40　「ynozaki2024の日記――私的回想：川口大三郎の死と早稲田解放闘争」https://ynozaki2024.hatenablog.com/。そのうち映画の先行上映会で配布されたパンフは二四年五月九日付「「X団」顚末記」（https://ynozaki2024.hatenablog.com/entry/2024/05/09/231009）の要約版。

君を取り戻そうと自治会室に行き暴行された二葉（幸三）君を代島監督が取材した折に、事実経過などの資料が手元にある者として私を紹介されたということが取材を受ける契機でした。どういう映画を作りたいのかを聞いたところ、代島氏から「多角的な意見が交錯するポリフォニーのような映画にしたい」と『きみが死んだあとで』のDVDを渡されたので、観たうえで取材を受けてもいいかなと思い、手元にあった資料の一部も監督に渡しました。ただし、五月五日の先行上映会では、映画のポスターの写真が第二次早稲田闘争の写真なので差し替えてほしいと指摘しました（左頁写真参照）。川口君殺害を契機に起きた大衆運動の可能性は何だったか。当局の対応と革マルのテロによってそれが押しつぶされる過程、その後の党派が襲撃しあう過程をもっと分節化しないと実相に迫りえないとも申しました。完成までラッシュを見る機会はなかったので、映像使用拒否などできませんでしたね。

花咲——それだと騙し討ちに近いですよね。先行上映会まで観る機会がないというのは。

永嶋——映画に出てくる早稲田の証言者の多くは、自分が力を込めて話した内容は使われなかったと言っていますよ。

失敗が運命づけられている「鎮魂」

絓——会場からの発言を聞く前に、河原さんから順に、最後に言い残したことなどを一言お話しいただけますか？

河原——代島監督が『ゲバルトの杜』で何を描きたかったのか、私たち全員が疑問に感じるところだと思います。ヒントになるのは、代島監督自身が語ったり書いたりしていることのなかで考えると、最初の『三里塚に生きる』はカメラマンの大津幸四郎さんに誘われて一緒に撮ったと。『三里塚のイカロス』では、「過去のものとして埋葬する」とか「〝あの時代〟にけりをつけさせる」と言っています。そして『きみが死んだあとで』は山﨑博昭さんのことで、大勢にインタビューをして、「私たちが山﨑君の魂を収めていく」ということを言っていました。川口さんのことを取り上げた今回の『ゲバルトの杜』でも、やはり「鎮魂」が彼のキーワードになっていると思います。映画の最後で、佐竹実さんの自己批判文が読み上げられた後、川口さんをリンチした加害者のリーダーが心臓マッサージをしながら「川口、川口」と叫びますが、それを鴻上さんは鎮魂歌に聞こえると言って終わる。川口さんの死に至るまでの経緯について、佐竹さんへの取材は、樋田さんの本に載せる許可は得られなかったけれども、代島さん、鴻上さんには伝えたので、リンチ殺人は忠実に再現しているということでした。しかし、リンチ殺人のリーダーが川口さんの生命を心配して叫んでいたとは到底思えない。声だけ聞いていると、まるで川口さんの親友が叫んでいるようで、鴻上さんの演出の間違いです。ミスというより、意図的な間違いだと思います。ああいう叫び方にすることで、加害者も川口さんの死を悼んでいたという落としどころを見いだした。今回の映画も最初から、川口さんを鎮魂する、加害側にも痛みがあるんだというところで収めよう、そういうモチベーションがあったんじゃないかと考えています。

絓――精神分析的にいうと、鎮魂というのはむしろ失敗するものですよね。それを成功すると考えているのか、という疑問が代島さんに対してはあります。菅さんはいかがですか。

菅――まず「鎮魂」についてですが、私はリンチの事実究明の矛を収めて一文の自治会の役員への取材でとどめておく姿勢と、加害者も被害者だから、時代の犠牲として和解し共に鎮魂するという論理は繋がっていると思います。自治会の役員だった青年は鎮魂できても、学園の暴力支配の元凶が突き止められたら、その元凶とリンチで殺された川口君とをともに鎮魂するという論理は金輪際成り立ちません。わざわざ映画を作るのなら、殺したものと殺されたものを同列に鎮魂しない立場が必要だったのだと思います。

映画『ゲバルトの杜』パンフレット。表紙～裏表紙の写真は69年「第二次早大闘争」のものだが、何の説明もなく、まるで川口事件後の72 - 73年「早稲田解放闘争」のもののように、パンフのほかポスターにも使われている。

　それと、ちょっと気になっていたので、言っておきたいことがひとつあります。川口君事件とそれを契機に起きた運動の基本性格についてです。永嶋さんも野崎さんも、樋田さんも、立場こそ異なれ共に闘われた早稲田解放闘争は、「自治会再建」を掲げて闘われた闘争であったという点で、六八年をピークとするポツダム自治会粉砕闘争と一見相反するようにみえますが、これは、早稲田の学生運動史が、当時の学生たちに特殊な状況下で強いた矛盾だったのだと思います。

　一政治党派が自治会権力を掌握して、自治会費も学校のチェックオフを介して全部吸い上げ、方針を決定する権力も持っている。反対者への暴力の行使も暗黙に許容されている。だから、まず自治会そのものを奪回しなくてはならない。そういう地平で始まった闘争だったのだろうと思います。そう考えると、早稲田解放闘争は時代錯誤のポツダム自治会を再建しようという運動ではなくて、ポツダム自治会粉砕闘争を闘うためにも、それに先立って革マル派から自治会を我が手に取り戻さなくてはならなかった。自治会再建は、革マル派の支配と闘うための戦術的スローガンだった。六八年の闘争の地平に行き着き、超えるには、まず、そう言わざるをえなかった。それが早稲田解放闘争だった、ということなのだろうと思います。つまり、運動の核心は戦後民主主義下の大学自治の延命などにはなかったと確認できればよろしいんじゃないかと思います。

しかし、それは当面の初心であって、自治会再建がゴールでなかったのだとすると、戦後民主主義における大学自治会の理想と極めて親和的な、抽象的かつ絶対的な非暴力・寛容・平和に、なぜ樋田さんが、今なおこだわるのか、代島さんがそれに同化しようとするのか、ますますわからなくなってきます。代島監督は何がしたかったんでしょうね。

大野——代島監督のモチベーションが何なのかは本当に謎で、いろいろなインタビューを読んだんですが、この間出ていた『熊谷経済新聞』のインタビューでは、「犠牲者たちが発する『生きろ』という祈りのイメージを込めた」と言ってるんですよね。[*41]「生きろ」って『もののけ姫』かと(笑)。先ほど「鎮魂になってしまっている」と河原さんが指摘されていましたが、内ゲバで亡くなった人たちの問題は「生きるか死ぬか」ではないですし、安いヒューマニズムに逃げていることに呆れます。

人は一般的に言って、日常生活のなかで暴力があると、より大きな暴力に救いを求めたり依存したりします。たとえばそれは警察や国家などであり、やむを得ないことである半面、本来なら自分の力であるものをそうした大きな権力に明け渡すことにもつながる。それに対する「抵抗としての暴力」が一方にはあって、革命を志向した人たちはもともとはその「抵抗としての暴力」でもって国家権力と対峙していたはずです。それが内ゲバのなかで、どこに敵対性があったのかが忘れられていくことが最大の問題なのだから、そこを掘り下げてもらいたかったと思います。

照山——私の父は一九七四年に早稲田大学に入学し、一年ほど早稲田キャンパス新聞会に籍を置いていました。その間に、会の先輩たちから、革マル派による抑圧の実態とその酷さを聞かされたそうです。一方、私自身は、二〇〇一年に教育学部に入学し、〇五年から一三年まで文学研究科に籍を置いていました。今から振り返れば、私が早稲田で過ごした期間は、大学において、生政治的な監視管理体制が完成し、より洗練されて「日常」になっていくタイミングであったといえます。この間に私が見聞したことは、「大学」は一見「自由」であるかのように見えて、実は極めて不「自由」であり、学生や院生という存在は、れっきとした管理の対象で、その管理を逸脱すれば露骨な制裁が当局から下される、そうした場であるのだという実感を植えつけるに足るものでした。特に、奥島当局は、表面的には革マル派の排除を演出することによって、学生の管理強化を「安心」「安全」のためと正当化していたように感じました。

〇五年一二月に文学部キャンパスで起こったビラ撒き不当逮捕事件を受けて編まれた『ネオリベ化する公共圏』[*42]の「序論」のなかで、絓さんは、約半世紀前に早稲田をはじめとした有力大学が採用した、単独の党派に自治会を支配させて大学の秩序を統制させるという手法が、「ごくごく初歩的ながら、規律／訓練型の統治形態を脱した、きわめて現代的」な「監視／管理」型の統治形態」であり、「川口君事件」はこの監視管理タイプの「統治形態」がおのずと発生させたものだと指摘されています。私は、この記述を読んで、生政治的な暴力が最初に目に見える形で現れたのが、川口君事件だったんだと理解したんですね。さらに、「早大当局は学内治安維持を「川口事件の再発を許さないため」と常々理由づけているが、実は自ら川口事件を反復している」とも絓さんは書いておられて、もちろんこの「反復」は、現在でもずっと続いている。ですから、私が大学で二〇〇一年から一三年まで享受した、いわゆるキャンパスの「平和」、あるいは『ゲバルトの杜』冒頭の「のどかな」早稲田の風景というのは、支配からの「解放」ではなく、支配の継続を象徴していると考えるべきなんです。『ゲバルトの杜』は、そうした「平和」が、監視管理型の統治が演出する擬似的なものにすぎないという事実を不可視化し、その構造的暴力を語らないまま作られてしまった残念な映画だ、というのが私の感想です。

絓――今日論じられなかったこととして、『ゲバルトの杜』は川口事件ですが、連合赤軍を題材にした映画は結構あります。高橋伴明の『光の雨』[*43]や若松孝二の『実録・連合赤軍』[*44]など、他にも。しかし、劣悪な作品が多いんですよね。『光の雨』は原作の立松和平の小説に対しては批判も書いたし、上映のさいのトークイベントでも批判して顰蹙を買ったことがありますが（笑）、連合赤軍映画で唯一まともなものがあるとすれば、『鬼畜大宴会』[*45]ぐらいだと思っています。『ゲ

---

*41 「熊谷で映画『ゲバルトの杜』上映」『熊谷経済新聞』二〇二四年七月二日付。https://kumagaya.keizai.biz/headline/1480/

*42 絓秀実・花咲政之輔編『ネオリベ化する公共圏――壊滅する大学・市民社会からの自律』明石書店、二〇〇六年。

*43 『光の雨』監督：高橋伴明／原作：立松和平／出演：大杉漣、萩原聖人、山本太郎、裕木奈江ほか／二〇〇一年／一三〇分。

*44 『実録・連合赤軍　あさま山荘への道程』監督：若松孝二／出演：地曳豪、ARATA、坂井真紀、佐野史郎ほか／二〇〇八年／一九〇分。第五八回ベルリン国際映画祭最優秀アジア映画賞、同国際芸術映画評論連盟賞受賞。

*45 『鬼畜大宴会』監督・脚本：熊切和嘉／出演：三上純未子、澤田俊輔、木田茂ほか／一九九七年／一一二分。第二〇回ぴあフィルムフェスティバル準グランプリ、第二八回タオルミナ国際映画祭グランプリ受賞。

バルトの杜』についていえば、劇パートの部分だけでも、梶芽衣子をタランティーノが好きだったように、『キル・ビル』ぐらいの強度で作られれば、映画として少しは真っ当なものになった可能性があったのかもしれない、ということを一言付け加えたい。

再現ドラマの欺瞞、あとがきの偽造

絓――では、会場からの発言ということで、水谷保孝さん、お願いいたします。

水谷――自己紹介します。元革共同です。早稲田大学に入学した後、一九歳の時に中核派になって四二年間、革共同いわゆる中核派でやっておりました。ゆえあって中核派を離党してもう一八年になります。七二年一一月の川口大三郎君の虐殺にたいする早稲田解放闘争の時には早稲田にも駆けつけたりいたしました。

長きにわたる中核派の対革マル派（以下カクマル）戦争の中では、いろいろな問題もありました。とくに一九八四年の一月と七月には第四インターの皆さんにたいして襲撃して重傷を負わせるという大きな誤りを犯しました。真摯に自己批判し、謝罪しなければならないと考えています。今日はそういう中核派の犯した誤りについて述べることは、お許しを願って、この『ゲバルトの杜』の問題点について一言申し上げたいと思います。

鴻上尚史氏の脚本・監督による短編劇の問題なんですけれども、川口君をリンチする、殺害するという、その場面を「再現する」ということは本当に可能なんでしょうか。この間の紙媒体やネット上のいろいろなやりとりのなかではっきりしたことは、短編劇の根拠となっているのは、樋田毅さんが虐殺現場にいた革マル派活動家、すなわち佐竹実（当時カクマル一文自治会書記長）本人から取材した取材メモを基にして作っているということです。その事実が「映画『ゲバルトの杜』代島治彦・森田暁対談[*46]」での代島発言において発表されました。根拠は、これしかないんですね。密室の中の出来事なんです。殺した人間たちにしか事実はわからない。殺された川口君には、実はこうだったんだと反論することはできない。ところが、殺した側の言い分だけで「再現」劇なるものを作ったんですね。こういうことは許されるんでしょうか。

映画のなかで、川口君に対してカクマル派は「中核派のスパイ」というふうに追及していますね。その拷問に耐えかねて劇中の川口君は、「おまえは中核派のスパイだろう」といわれて、頷いているんですね。「知っている仲間の名前をいえ」といわれて「山本」といったんですね。最後は虐殺者側のリーダー、多分これは村上文男（カクマル二文自治会委員長経験者）という人物が想定されていると思うんですけれども、彼が人工呼吸をほどこす。「川口、大丈夫か」と。これらは、はたして事実なんでしょうか。

映画、映像って恐ろしいですよね。これがリアルだという、ああいう演出をやられたら、事実はこうだったんだなと思わされます。だけどそれは全部、佐竹という加害者の言い分です。しかし、川口君は反論できないんです。そういうものを、事実がこうだった、ということを映像という力を通して人々に植えつける。こういうやり方は許されるんでしょうか。

その佐竹の証言についても検証、批判的検証を何もやっていないんです。だけど、それを検証することはできるんです。どのように検証できるのかといえば、佐竹が加害者であることを反省かつ謝罪し、その反省・謝罪が本物かどうかの証として、自分が何をやったのか、どこの位置にいて、どういう武器を持って、どんなふうに川口君をリンチしたのか、川口君に対してどういう罵倒の言葉を浴びせたのか、何回殴ったのか、など自分自身を正直に洗いざらい告白しているかどうかを精査することなんです。では、樋田さんの佐竹取材メモにはそのような個別具体的な佐竹の行為の告白があるのでしょうか。非常に疑問です。

はっきりしていることは、映画のなかの短編劇では、「男1」から「男16」までを演じる俳優の誰が佐竹を演じているのかさっぱりわからないということです。判決で主犯とされた村上文男も、比較的年長の若林民生も、それらに次いで刑の重い武原光志も、まったく特定できない劇なのです。抽象的な男が一六人並べられているだけなのです。唯一はっきりしているのが水津則子なのですが、それも映画のなかでは「女1」とされているだけです。加害者側の、そんな個別具体性に欠けるものが「再現」劇などといえるでしょうか。

虐殺者側のカクマル連中が無内容に抽象化されている一方で、川口君の姿を描くこともしていないんです。例えば、当時、私もそうですけども、当時の早稲田のみなさんもそうだったと思うんですけれども、川口君はリンチに対して最後まで抵抗したんじゃないのかと思いますよね。川口君が理不尽で残忍なリンチに対して、どのような気持ちで、どのように抵抗したのか、こういったことが何も描かれていません。川口君への想像力がゼロなんです。だから、あの映画には生身の肉体と精神をもった川口君が存在しないんです。描かれるのは抽象化されたカクマル派だけなんです。

川口君の遺稿集には次の文章があります。

• 暴力テロリズムによる人間疎外

政治上の立場が違うからといって、相手の無防備に乗じて危害を加えるということが人道上、許されていいはずはないし、そういう行為から何一つ生産的なものは生まれない。こういう暴力に対して、現代のヒューマニズムは、勇敢に抗議をしなくてはならない。(早大一文11・8

＊46　注26参照。

（編集委員会『声なき絶叫――早大生・川口大三郎君追悼集』一九七三年）

川口君はあの日、大学当局と一体化したカクマルの早稲田暴力支配とその残虐極まるリンチに対して、まさしく「現代のヒューマニズム」を体現して、果敢に抵抗したにちがいありません。だから佐竹、村上、水津らカクマルは逆上し、川口君を八時間にわたるリンチの末に殺害したんじゃないのか。川口君への連帯も共感も何もない、こういうような「再現」劇というのは、はっきりいって、私はいろんな表現があってもいいと思いますが、道義的・倫理的に許されないんです。映画『ゲバルトの杜』は川口君を二度殺したんだ、そのことを強く感じました。

実は代島さんは、前に同じような過ちをやってるんです。一九六七年一〇・八ベトナム反戦・羽田闘争において機動隊に撲殺された山﨑博昭君の映画『きみが死んだあとで』を作った後に彼は、同じ題名の本を晶文社から出しました。このなかの「あとがき」で、とんでもないインタビュー偽造をしています。「あとがき」に出てくるアルファベットの「K」さんが日大の中核派のリーダーで、この人が装甲車を奪って、その車の指揮をした。そのKさんが、「もしかしたら、自分が乗った装甲車が山﨑を轢いたのかもしれないと考えるとぞっとした」と語ったと書いているんです。ところがこれは全部嘘なんです。偽造なんです。

このアルファベットのKさんが今日もこの会場に来られていますけれども、日大全共闘副議長の酒井杏郎さん、法学部闘争委員会の委員長だった酒井杏郎さんなんです。酒井さんはこんなことを言ってないんです。酒井さんは学生が奪った装甲車に、いったんは乗ったんですけれど、すぐに下りてるんです。装甲車の指揮もしてないし、運転もしてないんです。その人が、「自分が乗った車、装甲車が山﨑君を轢いたかもしれないとぞっとする」と言ったと。こういうことをでっち上げたんです。偽造したんです。ということは、まるで山﨑博昭君が学生の運転の車に轢かれてそれで死んだという警察のデマを再び持ち上げるような、しかもそれを当時現場にいた学生が証言したかのようなことをやっているんです。

私は実は、二〇二二年の一月五日に代島さんにお会いしました。次作映画、つまり川口君にかかわる今回の映画に協力をしてほしいと頼まれてお会いしました。その時に、この話をしました。山﨑博昭君の死の真相を偽造した、そういうあなたに川口君の死を映画にすることはできないんじゃないですか、というふうに言いました。かなり長時間にわたって話し合い、代島さんは「轢殺の可能性があると思っている」とはっきりおっしゃったので、山﨑君の撲殺死の真相について詳しく説明いたしました。

酒井さんは酒井さんで、代島さんを何度も何度も問いただし、追及し、抗議されてきています。そのなかではっきりし

たことは、代島さんは酒井さんにインタビューの一部採録にあたって、原稿もゲラも酒井さんに見せなかったということなんです。本の編集・出版においてやってはいけないことを、代島さんはやったんです。インタビュー偽造は、短い「あとがき」のなかで一三ヶ所に及びます。その全部が代島さんの作り話なんです。

結果として、次作『ゲバルトの杜』は危惧した通りの映画になりました。

こういうふうには言いたくないのですが、はっきり申し上げて、やはり「代島問題」というのがあると思います。代島さんは警察デマを持ち上げるという、とてつもない誤り、インタビュー偽造を行った。その代島さんがこの映画『ゲバルトの杜』で鴻上さんと一緒になって、本当かどうかわからないような、いや虚構としかいえないようなリンチ・殺害の場面を作る。こういうことは、あってはならないことです。その意味でいろんな問題がありますけれども、その問題に一番大きな誤りがあるんじゃないか。

私は川口君を直接知りませんけれども、やはり川口君が勇気を持って早稲田のなかで大学当局とカクマル支配に抗して頑張っていた学生であるということが伝わってきます。そのありし日の川口君への思い、川口君の無念を思って、多くの早稲田解放闘争をたたかってこられた方たちが、いまだその思いを、いろんなところに書かれております。一文再建自治会副委員長・X団のリーダーである野崎泰志さんのブログ「私的回想：川口大三郎の死と早稲田解放闘争」（とくに長文の「「X団」顛末記」）だったり、今日も来られている田島和夫さん（当時WAC〔早大全学行動委員会〕）のパンフレット『川口君虐殺糾弾 早稲田解放――あの日から50年、死んでも忘れるものか』やWACの亀田博さんの論考（「川口大三郎君虐殺とその後」）、旧早大政治思想研究会有志「川口大三郎君は早稲田に殺された」もあります。

　そういうものを全部もういっぺんきちんと捉えかえし、川口君の死とは何であったのか、早稲田解放闘争とは何であったのかということを、さまざまな資料をもとに再現していくということは、私たちの仕事ではないかなというふうに思っております。

絓――ありがとうございます。次にブログで『ゲバルトの杜』を取り上げている位田将司さんから一言お願いします。

位田――文学の教員をしているものです。私自身、あの映画を観たときに、最初の「川口君」へのリンチのシーンで、革マル派に対するものすごい「憎悪」を感じました。なんてひどい奴らだ、と。それと同時に、僕はこの「憎悪」こそが、映画の罠でもあるのだろうと、すぐに考え直しました。つまりこの「憎悪」は、それこそ樋田さんのいう「非暴力」を肯定するために要請された「憎悪」であり、映画はそこに観客の感情を誘導したのだと思います。映画自体が観客の「憎悪」を予定調和的に管理コントロールして、樋田さんの著書が意図した「鎮魂」に向かわせようとする。あるいは生政治的な管理下にある大学や社会秩序が内在させていた本当の暴力性を、革マル派の「内ゲバ」の残虐性に矮小化し、「中和」して誤魔化そうとしているのではないか。そういう意図を含んだ映画だと思いながら観ていました。

　映画で描かれている事象で、私個人の大学での経験と重なることがありました。例えば映画の川口さんがリンチを受けているシーンで、革マル派の学生から「早稲田祭に反対しているだろう」と詰問されています。僕は一九九六年の早稲田大学入学で、ちょうど奥島総長の管理体制のど真ん中に在学しており、当時私の友人が、中止されていた早稲田祭を学生自治のために復活させようと、委員会を作って活動していました。その友人との議論のなかで印象に残っているのが、その友人が革マル派からは、革マル派の意に沿わない早稲田祭の復活ならば「粉砕」するとして追われ、一方で大学当局の職員からは、大学の方針に沿わない早稲田祭復活の委員会を作るなら処分すると恫喝され、両方から責められるようになったという話でした。その友人は結局、板挟みの中で早稲田大学を退学したんです。そのときに分かったのは、大学も革マル派も、学生に「自治」をさせたいわけではない、ということです。結局は大学も革マル派も共に「管理」がしたいだけであって、その「管理」に乗ってこない学生は「異物」

として排除する。その「異物」とは何かを考えると、僕の場合はその友人であり、当時でいえば、やはり「川口君」という存在そのものだったんだろうと思います。しかし、『ゲバルトの杜』は「憎悪」によって「非暴力」や「鎮魂」、あるいは「追悼」という感情に観客を誘導し、「異物」としての「川口君」を革マル派や大学の持つ構造的な暴力から目を背けさせるために利用しており、その意味で、本当に卑怯な感情の管理コントロールのための演出が映画の中に現れていたのではないか、という気がしています。

絓――ありがとうございます。会場からの最後として、野崎さん、お願いできますか。

野崎――映画についてはほぼ語られたので付け加えることはありません。代島さんは、どの映画を観ても対象を葬ってしまうので、究極的には自然神道を信奉しているんじゃないかと勘ぐりたくなりますが、当事者は、たまらないという反発は確実にあると思います。

私も『ゲバルトの杜』に関して異論があるのは、早稲田の全学行動委員会（WAC）の捉え方についてです。WACと、私たちの武装部隊「X団」とは別組織です。WACと党派の諸君は、六月に革マル派を相手に戦闘をやって、さっと引き上げてしまい、学内にいなくなります。我らX団はそれから武装したんですね。七月に二回の武装集会をやったところ、革マル派の一五〇人の鉄パイプ部隊に襲撃されて粉砕されるんですが、二連協六〇名とX団二五名は闘いました。X団の一〇名は鉄パイプ部隊で、五名は女性部隊、後方支援が約一〇名。女性部隊は鉄パイプは重たいというので人糞爆弾を投げつけたんです。文学部キャンパスのスロープを駆け上がってくる革マル派の部隊に対して、校舎二階の窓からクソ爆弾を投げつけました。こうしたこともすべて、映画の取材時に話しているんですが、映画の「ストーリー」に都合のいいところだけ採用され、「X団」の名前も出てこないし、全くのド素人の一般学生である我々が、実際に鉄パイプやクソ爆弾で闘ったことが一切触れられない。僕は、それが悔しいです。これまで謎の「X団」ということで、あまり知られていませんでしたが、一連の闘争はブログ「「X団」顚末記」に全部書いてありますから、よろしかったら読んでください。

花咲――最後に一点重要な論点を付け加えたいと思います。映画の音楽を大友良英が担当していますが、代島氏による大友氏へのインタビューがYouTubeにあがっています。[*47] そのなかで代島氏が言っているのは、大友・代島（そして鴻上も）が同世代で、自分たちはシラケ世代である、この自分たちシラケ世代のせいで今の若者が非政治化している、そういう自意識のもとでこうした映画を作るんだ、ということです。しかし実際には、先ほど大野さんが指摘したように、映画を

＊47　注20参照。

観た者をますます非政治化させるだけの映画です。

このインタビューは『きみが死んだあとで』の時のものですが、大友氏はもともとノイズ・アヴァンギャルド系のアーティストで、高柳昌行さんという日本の素晴らしいギタリストの弟子としてキャリアをスタートさせています。大友氏が下手を打って、高柳スクールから逃亡するんですが、そのときに高柳さんが全国のジャズ系ライブハウスに大友を出すなという圧力をかけて、大友氏が干されたことがある。インタビューではこのことを強調しているんですね。高柳のようなカルト的・セクト的なところから出発し、干されもしたけれど、今や朝ドラ「あまちゃん」等で国民的音楽家となり、リベラルになったんだと。別のところでは、自分の干された経験から、すごく「のん」のことについても言及しています。能年玲奈は、ご存じのように、「あまちゃん」で人気を博しましたけど、独立のさいに所属事務所ともめて「のん」に改名、さらに仕事を干されました。大友氏は自分同様の経験をしているのんを前面に押し出して応援するわけですが、このの
んの復権過程も非常に問題含みです。

のんは映画『この世界の片隅に』の主役の声優をつとめたわけですが、この映画は全く日本帝国主義軍隊による加害が描かれない、華青闘告発の反省が一切なく、被害のみ描かれている。そういう映画だからこそ、二〇一九年に天皇一家が片渕須直監督およびのんと一緒にこの映画を観覧し、談笑するという悍ましい事件が起きました。きちんと加害が描かれていれば、天皇一家がのほほんと観覧できるわけはないし、そもそも観覧させようと思わない。このことと現在のリベラル――元革マルの内田樹や元中核の高橋源一郎も含め――が、明仁・美智子ファンクラブから天皇制擁護に行く現状と全くパラレルじゃないかと思っています。

代島氏自身は、早稲田大学で音楽サークル所属のノンポリとして過ごして卒業後、まず博報堂に就職します。その後、ボックス東中野（ポレポレ東中野の前身）の支配人になって、「リベラル」映画を作るようになりました。そこから鑑みるに、「なんクリ」世代風ノンポリとして過ごした学生時代の疚しさから逆転向した「なんリベ」として、アパシー化した若者に闘争の息吹を伝道していこうとしてきたのかもしれません。しかし今回の『ゲバ杜』に至っては、今までの闘争関係連作代島映画とは明らかに異質だと思います。川口君の死を冒瀆し、早大解放闘争の意義をなきものとし、早大管理監視支配体制を美化翼賛し、来るべき蜂起の精神的武装解除を策する反共謀略歴史修正映画だと思います。今回のシンポジウムを橋頭保として、皆さんとともに批判をさらに深め広げていく必要があります。

第Ⅱ部

政治の表象／表象の政治

記憶の修正・歴史の偽造

――映画『ゲバルトの杜』への心象を起点に

菅 孝行（評論家／劇作家）

はじめに

二〇二四年五月、代島治彦監督の『ゲバルトの杜』が公開された。この映画の原作的な位置に樋田毅『彼は早稲田で死んだ』がある。両者の観点はほぼ重なり合っている。ともに一九七二年一一月に起きた早大生・川口大三郎君（第一文学部）リンチ殺人事件と、その加害者である革マル派自治会および学校権力に対する学生たちの闘いの軌跡を描いている。目的は「被害者」の「鎮魂」であるようだ。また、監督は「絶対非暴力」を訴える。これも樋田・代島の主張の眼目の一つである。

樋田毅の丁寧な取材には敬意を表する。だが、『情況』二〇二四年春季号で書いたように、樋田および映画の作者の立ち位置に私は根本的に同意できない。直接の理由は、川口君事件への見方の不一致だが、そこに樋田と代島による記憶の修正と歴史の偽造の志向を感じるからでもある。二〇二四年七月六日のシンポジウム「映画『ゲバルトの杜』徹底批判」でも、パネリストとして、何が容認できないかを縷々述べた。それでも足りず、『出版人・広告人』八月号にも似た論旨の文章を載せた。本稿でもそれらとの重複を恐れずに、もう一度、作品への違和の理由を記しつつ、作品批判の域を超えて、非暴力とは何か、暴力批判とは何かについて考える縁《よすが》としたい。

花咲政之輔とともに前記シンポジウムの企画者であった絓秀実は「「絶望」と隣り合う「希望」とは如何なる謂か？」（『映

画芸術』二〇二四年夏季号）[*1]で、革マル派による川口リンチ殺人を批判するかに見える代島作品の立ち位置が、代島の主観を超えて、加害者である革マル派と、その学園支配に加担した早稲田大学当局に同調的であるとして激しく批判している。

絓は『彼は早稲田で死んだ』を読めばリンチの「準」主役」であったことが明らかな、当時の自治会副委員長・大岩圭之介（辻信一、このペンネームの命名者は大岩がアメリカで出会った鶴見俊輔だという）がいかに革マル派に深く関わっていたかを論証し、樋田が大岩に融和的だと指摘する。また、加藤典洋が一時期革マル派であったことを、証拠を挙げて立証し、その加藤の「内ゲバ」を「嘆く」立場は埴谷雄高の「内ゲバ」観を踏襲するものであること、その埴谷が主導した革共同全国委員会系両派にたいする知識人有志の「内ゲバ」停止提言は、革マル派（松崎明・高知聡）の説得によってなされた、甚だしく非対称な立場からのものであったこと、埴谷の思想は革マル派の開祖黒田寛一の哲学と近しいものであることなどを指摘したうえで、加藤の「内ゲバ」観を『ゲバルトの杜』の宣伝に引用している代島と加藤の親近性を示唆している。

絓の苛立ちの最大の理由はリンチ殺害に関して、川口君の側に立つべき代島・樋田が、川口君の加害者と融和的で、それが奥島総長以降の早稲田大学と体制を美化し、かつ早稲田における革マル派の延命に加担している（と、少なくとも見える）点にある。批判の構図も手続きも——村上春樹・加藤典洋・鶴見俊輔・埴谷雄高・高知聡・松崎明・大窪一志などが次々登場し、目くるめくが如き展開である——映画の地平をはるかに超えて壮大である。

これに対して以下の拙文では、方法的に別の道を行きたい。私は、映画と樋田の著作の外にあるものによって映画や監督や原作者を批判することを禁欲し、極力映画で観た限りのことにこだわることにする。

1　川口君事件は「内ゲバ」ではない

代島治彦には前々作『三里塚のイカロス』、前作『君が死んだあとに』以来の「内ゲバ」批判というモチーフがあり、この映画でも川口君事件を「内ゲバ」とする認識が読み取れる。だが、私の認識では川口君事件は「内ゲバ」ではない、これがまず、第一の対立点である。「内ゲバ」とは、第三者から見ると近接した立場にある政治集団の間で起きるしばしば死に至る暴力的衝突をいう。川口君は無党派の学生であり、革マル派が権力を掌握した文学部自治会の行使する暴力に対抗できる政治集団に属していなかった。川口君事件は、中核

＊1　花咲・絓・亀田博による鼎談形式の批評はすでに『映画芸術』前号の二〇二四年春季号に掲載されている。絓の論考と鼎談は本書に収録。

派と革マル派が対立し「内ゲバ」関係に入っていた時期に、革マル派が支配する早稲田大学で起きた、学園を支配する政治党派にとって目障りな党派や非党派の勢力に対する恫喝のための一方的なリンチ殺人事件にほかならない。

川口君が中核派の「スパイ」であったかどうかも――どうやらその確率は甚だしく低いが、そういう情報を組織に上げた革マルの同盟員がいたために誤認が起きた、らしい――ある意味では二次的な問題である。「スパイ」であったら殺していいということにはならないからだ。いずれにせよ革マル派は恣意的に「スパイ」と認定し、それを理由に拉致しリンチを加え、死に至らしめた。何故これが「内ゲバ」なのか。

川口君へのリンチが、大学の暗黙の承認の下に自治会を握り、学園を支配する政治党派による、非党派・他党派への恫喝のためのテロ、リンチであったがゆえに、その暴力に対して立ち上がった学生たちは、六八年に全国で展開されたポツダム自治会粉砕という抽象的スローガンによってではなく、具体的に早稲田の自治会を我が手に取り戻すことを通じて、党派の暴力から学園を解放するために闘った。テーマは「内ゲバ反対」ではない。自身に降りかかる党派の暴力と闘った。それは樋田を含む、早稲田解放闘争を担った、当時の学生が一番よく知っていたことである。

ところが、かつて川口君と親しかった証言者（たとえば日本史研究者・藤野豊）も、川口君へのテロが、中核派による革マル派活動家海老原俊夫に対する殺害、遺棄を想起させたと語るのである。取材中、別の人の別の証言があったのかもしれないが、監督は両者を〈パラレルに見る〉証言を選択している。記憶の修正によるミスリードはここから始まる。それがさらなるボタンの掛け違えにつながる。*2

2　なぜ、真相究明の方向を徹底しないのか

川口君に寄り添うのなら、リンチ致死の真相究明こそがすべての前提になるはずである。何者が何故、被害者を死に至らしめたのか、事実関係の特定抜きには責任追及の的は絞れないからだ。ところが、この映画からは事実関係の追求に対する執念とそれが成就しないことへの隔靴搔痒感が伝わってこない。

確かに自治会幹部への責任追及の姿勢は一応ある。そして、一文自治会の委員長と書記長を「責任者」として特定している。樋田毅によると、事件から一年後、当日現場にいなかった委員長は、別件での拘置中に転向を声明し、知り得る限りの事実を供述した。リンチ実行者のS（書記長）が、その二日後に全面供述を行い、警察は「事件」を立件することが可能になった。

しかし、樋田は彼らをゲバルトの時代の「被害者」として描く。加害の下手人にさせられた者が「被害者」だという視点は、それはそれで理解できる。だとすればなおさら真の加

害者を突き止めようとする姿勢が不可欠なのではないか。真の加害者は誰なのか。一文自治会の幹部の上には革マル派の早大担当がいるだろうし、その上に「革マル全学連」担当ないし「学対」があるはずだ。その上に党派の中央執行部がある。意思決定はそこで行われる。真の加害者はそこにいる。映画はどうしてそちらに向かってゆこうとしないのか。

無論、取材など試みても誰も口を割るわけはない。それでも取材して断る場面を可視化すべきなのだ。樋田は質問状を革マル派に送り無視されたことを書いている。映画もまた、せめてその手続きを可視化すべきであった。政治党派に取材拒否をさせ、それを映像と音声に収めて作品に組み入れれば〈闇〉がどこにあったのか、いまもなおあるのかを観る者に感知させることができる。さもないと、映画が〈闇〉に加担してしまう。

3　構造的暴力を問え

映画に登場したかつての闘争の当事者が、大学における「構造的暴力」が問題だったのだと指摘している。当事者とはX団の野崎泰志である。「構造的暴力」は、後々平和学のタームになったので、映画を観た当初、当時行動委員会の中心メンバーだった国際関係論の大橋正明氏の発言だと誤認した。しかし、七月六日に野崎氏本人からの訂正要求があったので、それに従う。

これこそが紛れもなく〈闇〉の正体である。大学による党派支配容認が治外法権的暴力支配を生み、党派は、物理的なテロだけでなく、不作為の威嚇によって、一般学生や他党派の自粛・忖度・無抵抗・隷従を誘導してきたのである。つまり、問題は大学当局と政治党派の合作による学内秩序維持であり、そこに警察が癒着すれば、学生の民主主義も自由も封殺される。構造的暴力が支配する空間は、致死や殺人をも抱え込んだ「生政治」のトポスである。川口君事件は、まさにそこで起きた事件だったのだ。そういう意味でも、代島監督は現在（奥島以降）の学校当局にも取材を試みるべきだったのだ。

樋田は奥島総長の勇気ある決断で、早稲田は革マル派の暴力から解放されたと認識している（文庫版二九三頁）。その認識を代島もまた引き継いでいる。だが、早稲田は今、よしんば七〇年代よりもましになったとしても、本当に誰もが自由にビラを撒けるのか、タテカンを立てられるのか。大学は学生の自由を保証する立場に変わったのか。政治活動や文化活動

＊2　あえて川口君事件とパラレルと見える事例を探すなら、映画の中で元革マル派の石田英敬が語っている四宮俊治らに対する中核派の襲撃だろう。ただし、四宮俊治革マル派説（遺稿集『何という「無意味な死」』〔辺境社、一九七五年〕からは信じ難いが）も流布されている。

に警察を介入させて抑圧しないのか。そうでないことを知っているから、花咲や絓秀実は七・六シンポを企画したのではないか。絓のいう「ムーゼルマンの平和」が、樋田たちの絶対非暴力で乗り越えられるのか、それこそが問題なのだ。ここにも、事実の多少の修正には目をつぶってそろそろ終わりにしたい、という欲求に負けて〈闇〉に加担しかねまじき傾向が感じられる。

4 非暴力・非武装と対抗暴力

もうひとつ承服し難かったのは、川口君を殺した革マル派の暴力に対抗するために、ヘルメットとゲバ棒で武装する（爆弾や銃を持つというのではない、それが重要だ）ことを決意したグループ——そのなかでも行動委員会系（大橋たち）とX団（野崎たち）の対立があったと元X団の野崎泰志がブログで書いている。この際その対立は措く。どちらかに加担する立場に私はなかったし、もちろん今もない——の「暴力」を「絶対非暴力主義」の立場から、対等に否認しようとしているように見えることである。

たしかに樋田の記述を読めば、五〇年前、樋田たちが非暴力・非武装に固執した理由も、行動委などが自衛武装を主張した理由も、両者が非和解的に対立してゆく経過も、ヒリヒリと、哀しいほどよく解る。六〇年代アメリカのSNCC（学生非暴力調整委員会）などでもきっとこういう対立があっただろう。フランスでも、ドイツでもそうだったに違いない。彼我の違いは、川口君事件と自治会奪還闘争が「学内」の問題だったということだ。

かつて樋田は、学内の非党派の対抗的暴力——自治会奪還がテーマの闘争に学外者は対等な立場では関与できない——は、全国動員してくる党派の職業的組織的暴力に抗しえないから戦術的に絶対非暴力しかないと考えた。暴力支配は学内のもので、「学外は平和」で外部には良識の通じる市民社会がある、そこに向かって事態を伝え、世論を味方にする闘いを広げる必要がある、そのためには非暴力こそが賢明な手段だという判断は理解可能ではある。だが、当時も見解は統一できなかった。そのため運動は敗北を強いられた。

さらに五〇年後の映画の中で、対峙する暴力を〈どっちもどっち〉と印象づけられると事態はもっと違ってくる。リアルタイムのその場における具体的戦術としてではなく、一般論として本当に二つの〈暴力〉を等価とみなしていいものなのか。樋田は普遍的な原理としてガンジーの非暴力を掲げる。これが彼らの到達した暴力批判論の地平なのだ。

だが、ガンジーがもし、現代のパレスチナ人であったら、絶対非暴力と言っただろうか。白旗を掲げてネタニヤフの軍隊の前に身を晒すだろうか。ガンジーの「非暴力」には戦略性があった。イギリスが独立運動派の不服従運動に全員殲滅で応じることを、国際的な力関係が許さないことを読んでいた。そこが重要だ。

いま、代島が映画の中で改めて絶対非暴力を主張するのなら、武装自衛か非暴力か、五〇年前のヒリヒリする相剋に見合うだけの葛藤を、現在の問題として、この映画においても観客に伝えてくれなければならなかったのではあるまいか。

5 鴻上尚史 リンチ再現劇のお粗末

もう一つの重要な気懸かりは、鴻上尚史によるリンチの再現劇である。テレビがスキャンダルや猟奇事件を扱う時にさんざん用いて、ひどく通俗化させてしまったけれども、事実を再現しその意味を検討するのは、B・ブレヒトの、今ではすでにあまりにも古典的になった「教育劇」の手法である。[*3] この映画での事件の「再現」は、批判・検討のための手法でなければならない。ところが、鴻上の再現劇は、この目的と全く適合しない。七月六日のシンポジウムでフロアから発言した水谷保孝が、これは加害者の証言だけに基づく「再現」で、死者には証言できないと、その非対称性の欠陥を鋭く指摘していた。

しかも、オーディションで選ばれた若い俳優によって演じられる内容たるや、お前は中核派のスパイだろう、という単細胞的追及一本やりで、ただ殴り続けるという無残なものだった。殺意があったのかどうか、未必の故意が成立するのかどうか、誰の意思（下手人か指導部か）によるリンチの継続だったのか、全く検証できない。「自分たちは革命をやっているんだ」という無内容な絶叫[*4]以外、加害者が自己正当化する論理も語られていない。あるのは漫然たるサディズムだけである。「再現劇」はただただ批評精神を凍らせる。

そのうえ、川口君を死なせてしまったと気づくと、下手人が一転して、人工呼吸を試みる。突然、「ヒューマニズム」に目覚めてメロドラマを演じるのだ。そして、それを「鎮

＊3　演出家B・ブレヒトは、演劇の上演に際して観客を舞台で演じられる世界に感動させ没入させるように誘導することを「同化」の演劇と名づけ、その淵源はアリストレスの美学における「浄化《カタルシス》」にあるとしてこれを斥けた。舞台上の虚構への感動を媒介とする「同化」（感情移入）を求める美学は、矛盾にあふれた現実への同化・容認につながるものだと考えたからである。
それを許容しないブレヒトは、上演される（つまりは台本に書かれた）内容に対して、演出家も俳優も常に批判的な距離を保っていなければならないという。自らのこの立場を「同化」に対して「異化」、アリストテレス的演劇に対して「非アリストテレス的演劇」、〈劇的〉演劇に対して「叙事的演劇」と呼んだ。ブレヒトは、現代の世界を変革する立場に立つ場合にのみ、演劇は世界を再現できるという見解をとった。詳細は『今日の世界は演劇によって再現できるか』（千田是也編訳、白水社）参照。

このような演劇理論を作り出す契機となったのは、一九三〇年代にアマチュアを対象にした教育劇の活動だった。この時期の作品は『ブレヒト教育劇集』（改訳版、未來社、一九八八年）に収められている。本書には岩淵達治の教育劇に関する解説がある。

魂」だと鴻上はコメントする。鴻上は殺した者と殺された者に手を取り合わせている。これも下手人が「被害者」だという認識があればこそ、なのであろうが、それならばなおさら先に述べた意味での真の加害者への追及がなくてはならない。革マル派の活動家水津則子に当時恋していたという鴻上はともかくとしても、殺された川口君と思いを一つにする立場にあるはずの代島監督が、加害者（指令した者）追及をそっちのけにして、殺した側の（ゲバルトの時代の下手人＝「被害者」）の「後悔」に身を寄せるのが、私はどうしても理解できないのである。これでは川口君が浮かばれない。事件の前年、革マル派の暴力支配に対する抗議の自殺を遂げた山村政明君も浮かばれまい。

6　コメンテーターへの違和感

さらに首を捻らないではいられないのはコメンテーターの人選である。池上彰・内田樹・佐藤優・石田英敬——なぜこの四人なのか。彼らの共通点を探すとすれば、どちらかといえば政府に批判的だが、しかし、根源的な政治変革・社会変革には懐疑的で、左翼運動が低迷した原因は暴力の暴走、とりわけ「内ゲバ」にあり、左翼は終わったと漫然と考えている穏健「リベラル」の範疇に属する、ということだろう。ここから先は「勘ぐり」だが代島や樋田の立場もまたこの辺りと重なる、ということなのではあるまいか。代島の運営するスコブル工房とともに製作委員会を構成するポット出版の沢辺均もプロデューサーとして作品内容に責任を負っていると考えられる。[*5]

これは、川口君に対しても、樋田がともに闘った——非暴力か自衛武装かをめぐって対立したにしても、ともに早稲田解放闘争を闘った——仲間のすべてに対しても失礼ではないか。樋田をはじめ当時の彼らはみな、リンチ殺人に対する怒りを共にし、政治権力と、現存する社会秩序に反発し、目的を実現する手段について違いはあるものの、根源的な変革を目ざし、そのために自治会奪還闘争を闘ったのではないか。樋田は、闘った者すべてと、その目的と意思と情念を共にしていたはずだ。その全重量を受けとめるに相応しいコメンテーターが選ばれなければならなかったと考えるのは私だけだろうか。現在の立場が絶対非暴力になったからといって、かつてもそうだったことにし、それに「ふさわしい」コメンテーターを呼ぶ、というのは私には奇怪至極に思える。

まず何よりも、池上彰が再現劇の俳優たちにする講釈が最悪だ。池上は、中核派は過激な実力行動派、革マル派は地道な穏健派、と説明する。あまりにもひどいミスリードである。たしかに中核派は闘争の形態の左翼性において他派を抜きん出ようとする志向が極めて強く、激しい街頭闘争に全力を挙げた。これに対して革マル派は、黒田寛一の哲学に依拠した党派性を絶対無二とし、他党派解体を権力奪取（彼らの革命勝利）のための第一条件とし、その目的のために手段を選ばないという点で「過激」の極限にあった。大衆闘争を他党派解体の手段と考えていたのであって、「穏健」だったのではない。池上はそのことをまず俳優たちに伝えなければならない。

7　池上彰のミスリード

少なからざる読者には釈迦に説法だが、両派はともに革命的共産主義者同盟（革共同、主流派はのちに「第四インターナショナル」を名乗る）から一九五九年に分裂（「第二次分裂」という。「第一次分裂」は太田竜などの脱退）した「革共同全国委員会」派に属し、その学生組織はマル学同、青年労働者組織はマル青労同と称した。理論的指導者は黒田寛一、前衛党建設なくして革命運動なし、がこの党派の旗幟であった。共産同（ブント）の大衆運動の基盤が全学連だけで、労働運動に拠点の少なかったのと違って、革共同全国委員会は国鉄の動力車労組（動労）を拠点としていた。

六〇年安保闘争当時、黒田は、共産同が指導した全学連の激しい街頭主義を批判していた。ところが六〇年安保が敗北しブントが解体した後、ブントの多くのリーダー（清水丈夫、陶山健一、北小路敏など）が、何故か（自分たちがこの党派を「乗っ取れる」と踏んだためだろう）革共同全国委員会派に流れ込んでゆく。そして、六一年の全学連第一七回大会で、全学連の権力をブントからクーデター的に奪取し、学生運動の主導権を手に入れた。

マル学同派と対立するグループ（のちの再建社学同）の末端にいた私は、両国公会堂で、分裂する前の彼らに暴力的に会場から叩き出された。だから、私にはこの時代から、黒田哲学のいう「革命的」とは、黒を白と言いくるめるためにあらゆる手段を行使する操作力の強靱さのことにしか見えなかった。彼らが分裂した後も、しばらくの間は、ともに反スターリン主義を掲げる両派が同じ姿形の双子に見えたものだ。

＊4　絶叫する革マル派活動家のモデルは、水津則子という人物だという。早稲田の学生であったとき、鴻上尚史は水津則子に恋し、「ヘルメットをかぶった君に会いたい」という作品を書いている。七・六シンポジウムで絓秀実は、「われわれは革命をやっているんだ」と絶叫しまくる女性活動家の表象（造形）について、ユング心理学のアーキタイプのひとつである「グレートマザー」を念頭に置いたのか、と語った。ただ目を吊り上げて叫ぶだけで、抑圧と包摂の二面性がない表象では、グレートマザーに馴染まない、というのが私の心象である。

＊5　前田年昭が樋田の著作に対して行った批判に、ポット出版の沢辺均がブログで応答している（沢辺均「友人からの、本『彼は早稲田で死んだ』への批判」『ポットの日記』二〇二四年五月一四日、https://www.pot.co.jp/diary/20240514_020655.html）。前田はかつて暴力革命を称揚し、今、しれっと「非暴力」をいう元活動家を批判しているが、自分はそれに当たる、沢辺はいま、「革命ではないたゆまぬ改革・改善の積み重ねが必要」と考えている、という。半面、「非暴力」がすべてと思っていない」とも。

しかし、この党派内で、前衛党建設にも大衆運動が不可欠とする本多延嘉や、ブントから流れたメンバーの大半の見解（森茂は革マル派に行った）が多数を占めるに至って、黒田哲学による前衛党建設に純化しようとする勢力は分裂し、「革命的マルクス主義派」を名乗った。「革マル派」という名称はその縮約形である。残った主流派は「中核派」を名乗った。「中核」は元来、本多派学生組織の名称である。こうした経過から両派は初めから暴力含みの関係にあった。他党派解体こそ「革命」の途とする革マル派の、中核派をはじめ他派に対する党派性、組織統制志向は穏健どころか激烈であった。ただの穏健派が他党派や非党派の活動家に死に至るリンチを仕掛けたりはしない。

8　内田樹の欺瞞／佐藤優の無内容

また、映画のなかで内田樹は、無賃乗車をしたり、おでん屋の食い逃げをしたりした、と「過激派」のデモ隊の不作法を批判している。だが、甚だしく無作法だったのは新左翼のデモ一般ではない。七一年三月、三里塚闘争から離脱した（排除された）革マル派が、三里塚闘争を貶めるために意図的にやった「不作法」である。そして、内田はこのとき、革マル派に属していた人物である。そのことを語らないのは卑劣の極みだ。知っていて質さなかったのなら、監督の立場が問われる。

佐藤優は、リンチの自己正当化の論理を魔女狩りとして批判する。つまり、リンチの対象となる人物を拷問して魔女《スパイ》だと認めれば魔女《スパイ》だから殺す。魔女《スパイ》だと認めないならそれこそが魔女《スパイ》である証拠だと言ってリンチを続ける、というのだ。ごもっとも、その通りだろう。しかし、それがどうした。それで川口君事件について何か意味のあることを語ったことになるのだろうか。

コメンテーターたちは、暴力批判論に不可欠の標的を外しまくっている。もっとも、取材はもっと幅広く行われたようだから、映画に残された発言は、取材を受けた人々にとって不本意な些事に過ぎなかったのかもしれない。その場合は監督に全責任がある。

『彼は早稲田で死んだ』も『ゲバルトの杜』も、多くの批判者が言うように瑕疵に満ちている。私には、それらが書き手・作り手の、現在の居心地を損なわないための韜晦や記憶の修正、歴史の偽造に動機づけられているように思えてならない。

9　映画と樋田本の地平の先へ

しかし、半面、これらの「作品」は、様々な今日の問題を考える手掛かりを与え、その〈先〉の地平に、読者・観客を誘い出してくれたことも忘れてはならない。樋田の著作と代島の映画は、政治的暴力批判とは何かを問いかけている。

しかし、代島と樋田のいう絶対非暴力に私は反対である。それが人間を理不尽で強大な敵と闘えなくしてしまう思想に見えるからだ。また、それでもあえて絶対非暴力で闘う勇気ある者に対して「命を捨てる」ことを勧奨する思想に見えるからでもある。命を懸けるのと命を捨てるのは全く別のことだ。闘いの思想は、人々に命を懸けられる道を示さなくてはならない。

樋田や代島のような「非暴力主義」を社会全体に対する政治的態度にまで拡大すると、権力関係を転倒し、過去と非連続の、根底的な変革の志向の全否定に繋がる危険性がある。また非暴力主義の立場は、暴力を正当化する政治思想と党や党派とは親和的だという見立てから、党派一般を否定し無党派の非暴力による異議申し立て運動に人々を導く。しかし、直接行動を旨とし、「暴力」を辞さなかったSNCCは組織名に「非暴力」を謳っていた。彼らは銃や爆弾を使わなかったが、直接行動を辞さなかった。樋田や代島はこれらの運動も絶対非暴力の立場から否定するのだろうか。

事柄がセンシティヴであることは承知している。われわれはベンヤミンの暴力批判論という知的遺産を持ってはいる。しかし、「摂理の暴力」と「摂理」を僭称する専制の暴力の境界は滲んでいる。その境界でナチスが制覇し、それにシュミットが裏づけを与えた。この血腥さの対極には、とんだ漫画が出現する。二〇一五年の戦争法制反対闘争の折の国会前が思い出される。「暴力」による正義を掲げるセクトの隊列が機動隊に挑発的な攻撃を仕掛け、警察と非暴力派のデモ指揮者がそれを阻止しようとするというファルスのことだ。

私には〈暴力－非暴力〉という対立は偽の対立に思える。〈党派－無党派〉もまた偽の対立なのではないか。無政府主義の運動にも組織（ある意味での党派）はある。市民運動の持続を保証しているのはコアの活動家相互の信認・誓約に基づく組織性である。

10　つまらぬ二項対立を超える

重要なのは、暴力か非暴力かの二択ではない。問題は〈その時・その場〉で採るべき最も必要な手段は何か、だけである。命を懸けるか、力を温存するか、〈その時・その場〉の条件の中での判断に教条は無力である。また、党派か無党派か、ではなく、どんな集団か、どんな組織か、その絶えざる自問を方法化することだけが問題である。「党派」が教条的レーニン主義や、レーニン主義を装ったスターリンの権威主義的党組織を意味するなら、それは新たな死屍累々を再生産するだけである。

逆に運動への関与に個人以外の単位を認めないのであれば、それは、闘争の明日を個人の意思やモラルだけに委ねることを要求する、政治の放棄以外のものを意味しない。結果は運動の雲散霧消か、無党派という名のホモソーシャルな個人崇拝の人の輪による持続しか残らない。そういう運動は、よくいえばパーマネント・レジスタンスだが、悪くいえば「ヤッテル感」を反復するだけのケチツケ運動であり、「運動界」での「リーダー」の名声と居場所の確保に寄与するだけである。

無党派運動の〈鑑〉とされる小林トミたちによる一九六〇年の「声なき声の会」は、反安保だけの「一過性」の運動であるがゆえに、無党派主義の瑕疵が運動を汚さなかった稀有の例外である。壮大な「無党派の運動」と言われた六〇〜七〇年代のべ平連は、現役もしくは元党派活動家の経験の生んだ叡智と無党派活動家の横断的連合・合作によって成功した、これもまた稀有の成功例である。

現存秩序の非連続的転換によって、人間諸関係が作り出してきた事柄の総体に尊厳を奪回しようとするのであれば、過去の失敗を克服できる組織を作り出し、その組織の媒介による万人の実践をめざす以外にはない。加担する党派がなければ、当面非党派であるしかないが、それは絶対無党派とは決定的に違う。それは無効が証明された党や「無党派」に身を寄せるのではない、現実変革の運動論・組織論を模索することだ。本稿はその詳細を語る場ではないが、一般論としての結論だけを言えば、多数の陣地の、あるいは多数の陣地戦の多元的連合による運動ということになるだろう。

〈過ちに学ぶ〉というプラグマティックな方法は、その運動の要をなす。鶴見俊輔のいう「マチガイ主義」である。しかし、ここにもアポリアがある。過ちの結果の累々たる死屍に「学ぶ」という意味での「マチガイ主義」は、生き残った者の無数の死者に対する甚だしい冒瀆だと知人から教えられた。歴史のなかの過ちに学ぶと安易に言うけれど、自由に学ぶことが許されるのは、自分の犯したマチガイとそれが自分にもたらした傷に限定されていると気づくべきなのだ。過去の運動の過ちが生んだ他人の血を啜ってはいけない。死屍累々の〈過ち〉を未来に反復させてはならない。日暮れて途遠しだが、死屍累々をもたらした過ちの再発を阻む叡知の産出が求められている。正解が先にあるのではない。現実と直面する過程で、人と人との関係から生み出される衆知の集積があるだけである。

「川口君事件」をいかに「語る」か

照山もみじ（金子亜由美）
（早稲田大学非常勤講師）

1　「現代的な美しい空間」を支える監視／管理の暴力――『不遇の魔』の問題点

代島治彦監督『ゲバルトの杜――彼は早稲田で死んだ（以下、ゲバルトの杜）』が公開される約一年前の二〇二三年四月、石川瑞生による小説『不遇の魔』が風詠社より刊行された。この作品は、一九七二年の早稲田大学文学部キャンパスを舞台とした青春小説である。主人公・葛原美貴子と学友たちとの交友を中心に、革マル派の支配下にあった文学部の状況を、美貴子の視点から描き起こしている。中高時代は「六年制のミッションスクール」に通い、「共産主義や大学紛争とは縁がなかった」「都会の中流層」育ちの「平凡」な学生である美貴子は、早大文学部への入学を契機に、「大学」を「強制と脅迫の場」にしている革マル派への嫌悪感を徐々に強めていくことになる。美貴子をはじめとする革マル派に反発する「一般学生」たちの物語として展開される本作のクライマックスに置かれているのが、「川口君事件」の発生と、それに引き続く早大解放闘争の高揚である。『不遇の魔』は、樋田毅による『彼は早稲田で死んだ――大学構内リンチ殺人事件の永遠[*1]（以下、彼は早稲田で死んだ）』以後に発表された、「川口君事件」前後の「大学」をテーマとした最新の小説作品として、一定の意義を認め得る。しかし、本作における「事件」の捉えられ方、および「大学」の描かれ方は、『ゲバルトの杜』や『彼は早稲田で死んだ』と同様、問題の多いものだといわねばならない。

そうした問題の一つが、『不遇の魔』が革マル派による「リンチ」の犠牲になった「K君」（ここでは伏せ字にされているが、後の「革マル派委員長」による演説内では「川口君事件」という呼称が登場している）を「中核派」と断定していることである。「ついに革マルは一線を越えた。無抵抗な学生を、たとえ敵対する派の人間とはいえ、リンチによって惨殺させたことは〔…〕」という記述からも明らかなように、本作において、「川口君事件」は「中核派」と「革マル派」の間に生じた「内ゲバ」事件と看做されている。これが誤りであることは、いうまでもない。『ゲバルトの杜』においても、「川口君事件」を党派間の「内ゲバ」に還元しようとする傾向が窺えたが、本作に先行して発表された『不遇の魔』もまた、この「事件」を「内ゲバ」殺人一般と短絡しているのである。

「川口君事件」を「内ゲバ」へと解消することは、この「事件」を発生させた早稲田大学当局－革マル派の二重権力体制による監視／管理型の統治形態がもたらす構造的暴力への批判を欠いたまま、いたずらに現行の「大学」空間を肯定することに帰結する。樋田が『彼は早稲田で死んだ』の末尾において、早稲田における監視／管理のシステムを完成させた奥島孝康を礼賛してしまうのも、この生政治的な暴力に盲目であるからだ。『ゲバルトの杜』の冒頭にも、一見暴力とは無縁の「のどかな」[*2]学内風景が映し出されている。しかし、この「のどか」さこそが、「川口君事件」以来連綿と維持されてきた監視／管理体制の結果であることは、全く見過ごされているのである。

『不遇の魔』においては、「大学当局は、建前として各学部それぞれに大学闘争との距離を保ち、無関心、不干渉を装っていたから、大学と大学周辺には擬似的平和が作られているにすぎないのだ」という語り手の観察がみられるものの、革マル派の「強制と脅迫」による学内の監視／管理が、「大学と大学周辺」の「擬似的平和」の維持を望む「大学当局」に利用されていることを洞察するまでには到らない。それどころか、美貴子の視点に立つ語り手は、当局と革マル派の「生政治的共闘」[*3]の側面を曖昧にしたまま、「大学」を革マル派の暴力から「一般学生」を保護してくれる「完璧な安全地帯」として語り出すのである。美貴子の求める「安心、安全」は、「透明性」と「イコール」のものとされている。そのような「安心、安全」を担保する「建物」の例に挙げられているのが、「道路に面した大きなガラス」から「中が丸見え」になっており、その内側で「守り神」たる「教授」らが歓談する飲食店「高田（の）牧舎」である。ここに現れているのは、「教授」＝「大学」による、より洗練された監視／管理の統治を希求する「一般学生」の姿だ。美貴子はたしかに、革マル派による「強制と脅迫」に基づく支配に反発していた。しかし、そのような彼女の反革マル派的な心性は、「安心、安全」を保障する積極的な監視／管理を「大学」側に要請することへと容易に繋がっていく。

「監視／管理型社会は消費社会と相即的に現出している」*4 という指摘を踏まえていえば、美貴子の態度は明らかに消費者的なものである。美貴子の学友の一人である木嶋圭子もまた、「私たちは、授業料を払っているのですから、授業を邪魔されずに受ける権利があります」という学生消費者主義的な発想に基づく「権利」を主張している。ここには、「授業料」に応じたサービスを「安心、安全」――そこには当然、「人間の命を護」り、「それを脅かすものを決してゆるさない」ことも含まれる――に享受する消費者としての「権利」こそ、「学生の権利」であるという含意がある。「消費社会」下の「大学」は、美貴子や圭子のような、自分たちの「安心、安全」という「権利」の「透明性」を「脅かすもの」を「決してゆるさない」ようにせよという「一般学生」＝消費者の求めに応じ、「学生の権利」を持たぬ「邪魔」な存在と看做した者たちを積極的に排除していくことになるだろう。美貴子が「現代的な美しい空間」と感じる「二〇二二年」時の「早稲田大学のスロープ」とは、そうした監視／管理が行う排除と選別の暴力によって支えられてきた場なのである。

『不遇の魔』中で、「本来の、ほんものの大学の姿」と目されているのは、次のようなイメージである。

緑の木々の間に、文学部の大学院棟が誇らかに聳え建っていた。〔…〕しんと静まり返った緑の樹木の向こう、それほど離れていない距離の場所で叫ばれているはずの革マルのオルグの声は、この丘まではさすがに届かない。もし、タテカンの黒い言葉の総量の重みも認められない。それらの濁りが次第に蒼天に滲み拡がり、変色させていいったとしても、大学院棟は精神の透明性を自負していた。〔…〕この神社は、拝殿の注連縄や太い御神木という日本の神道の伝統と、ヨーヨーや焼きそばの匂いという身近な日常性が混じり合い、美貴子の周囲を奇妙に充たしている。〔…〕なぜか大学が美しく見える。

この神宮の丘から見れば、大学は、インテリジェンス

*1　本書第I部シンポジウム注1参照。

*2　パンフレット『ゲバルトの杜――彼は早稲田で死んだ』（二〇二四年）に採録されたシナリオより。

*3　@Pardonnez_moi_1「『ゲバルトの杜』を観てきた」『プチット・マドレーヌ』は越えたので許してほしい』二〇二四年六月一七日付。https://blog.goo.ne.jp/sashitsu/e/a78e0f33b7296a292b942cf50c03f85（二〇二四年八月二一日閲覧）

*4　絓秀実「序論　ポスト自治空間――2005年12・20早稲田大学におけるビラまき逮捕をめぐって」、絓秀実・花咲政之輔編『ネオリベ化する公共圏――壊滅する大学・市民社会からの自律』明石書店、二〇〇六年所収。

に満ちた堂々たる建造物なのだった。

ここで「大学」を「美しく」見せ、その「インテリジェンス」と「精神の透明性」の「自負」を担保するのは、「神道の伝統」と「身近な日常性」が「混じり合」うところに生じる「日本」という共同性なのである（そこには「戦没慰霊碑」の存在も、さりげなく書き込まれている）。美貴子は「日本」を象徴する「神宮の丘」に立ち、自身を「日本」に同一化することを通じて、「大学」を「余裕を持って見続ける」ことが可能となる立場を獲得する。この「神宮の丘」＝「日本」からは、彼女が「本来の、ほんものの大学の姿」と信ずる「精神の透明性」を「変色」させる「濁り」は周到に排除されているのである。

しかし、このような「大学」の「精神の透明性」を根拠づける「清冽な気が漲」った「日本」という空間は、彼女のいるこの「神社」、すなわち「穴八幡」において起こった、一つの歴史的事件を書き落とすことによってしか成立し得ない。その事件とは、山村政明（梁政明）の自死（七〇年一〇月六日）である。日本国籍を取得し「帰化」した在日朝鮮人二世であった山村は、「大学」における革マル派の暴力的な支配に抗議し、「穴八幡」境内で焼身自殺を図った。だが、『不遇の魔』「八」節の大半を占める美貴子の「穴八幡」訪問の場面では、「神社」創建以来の「故事来歴」が詳細に語られる一方で、山村の自死についての直接的・間接的な言及は、ただの一つも存在しない。本作における「本来の、ほんものの大学の姿」としての「安心、安全」に裏打ちされた「精神の透明性」、およびそれを保証する「日本」が、このような巧妙な語りの監視《コントロール》／管理によって表象＝代行されていることを、決して見逃してはならない。

2　「欠落」からの出発――中島梓と「川口君事件」

「川口君事件」をいかに表象＝代行するかという問題は、本「事件」発生直後から、極めて重要な政治的問題と捉えられていた。そのことは、早稲田大学サークル雑誌『人間』の「川口君追悼号」から、『早大生・川口大三郎君追悼集　声なき絶叫[*5]（以下、声なき絶叫）』に転載された、「まえがき」の一部および「詩」の内容を見ても明らかである。「抜粋」された「まえがき」の、「死は何も語らぬ。とりまく人間が死について語る。〔…〕語られる死人。政治的に論理をふりかざす人間。政治は、非常（ママ）だ。他人の言葉の力だ。けれど、その渦の中で斗かわねばならぬ」という箇所には、「川口君」という「何も語らぬ」「死人」の「死」について、誰がどのような「言葉」でもって「語」り得るのかを問うこと自体が、「斗か」いであるという姿勢が現れている。この姿勢は、加害側である革マル派の人間たちが、彼らの「政治」の「論理」に基づいて本「事件」を「語る」「言葉」に抵抗し得る

「言葉」を模索することを必然的に要請するものである。この「まえがき」の箇所とともに『声なき絶叫』に収められた「川口大三郎」と題された「詩」[*6]は、そうした要請に応答するべく書かれた最も早い時期の「言葉」であるといってよいだろう。この「詩」については、別の場所で詳細に検討したので、そちらを参照してほしい。[*7]改めて結論のみを記せば、本作は、「大学」に蔓延《はびこ》る生政治的な監視／管理の暴力の「論理」から、「川口君」および「川口君事件」を奪還するべく構想された「早稲田」という「詩《ポエジー》」の「論理」を表象＝代行している。この「詩」において、「死人」とされた「川口大三郎」の「声なき絶叫」は、「学友」たちに「「自由に物を言える」早稲田」という「詩《ポエジー》」の構想への参加を呼び掛ける「詩人」の象徴的な「声」として（再）現前することになるのである。

ところで、「川口君事件」発生当時の第一文学部には、村上春樹や中島梓（栗本薫）など、後に小説家・批評家としてのキャリアを築いていくことになる者たちが、学生として在籍していた。彼らもまた、この「事件」に強い衝撃を受け、様々な形で「事件」を表象＝代行しようと試みている（いた）。特に、中島梓は、第一評論集『文学の輪郭』（講談社、一九七八年）の巻末に収録された三田誠広との対談において、「川口君事件」の衝撃と、その後に生じた早稲田解放闘争からの「欠落」と「孤立」の体験が、「集団と名のつくすべてのものから拒まれてしまった」地点から、つかこうへい的な「現代の文学のパロディ」の手法に依拠して「全部を見てゲラゲラ笑う」ことを肯定するという自身の批評的な立場を決定的に規定したことを回想している。「川口君事件というのは、とにかく全然関係のない人が中核派と間違えられて殺されたという事件ですから、われわれにとっては自分自身の危険だった。だから、とにかく思想に殺されてはたまんないから結集しよう。それに入ることができなかったということは、私にとってはものすごく大きなことでした。〔…〕私だって殺されたくはないわけですよ。ところが、だめなんですね。殺されたくないために、向こうの党に石を投げたりとか、「革マル、文学部から出ていけッ」と言えない。〔…〕仕方がないから、それじゃ殺されるしかないじゃないか、殺されながらでも小説を書いているほかないじゃないかというところへ行っちゃったわけです」と語る中島は、革マル派による監視／管理の「論理」はもちろん、それに抵抗する「普通人」たちの構想する「早稲田」という「詩《ポエジー》」の「論理」からも「欠

＊5　本書第Ⅰ部シンポジウム注24参照。
＊6　作者は後藤友二（二〇一三年一一月二九日の「燻製クラウン」による mixi 日記の記事参照。https://mixi.jp/view_diary.pl?id=1916904720&owner_id=671651〔二〇二四年八月八日閲覧〕）。
＊7　照山もみじ「「川口大三郎」から「少年」へ――続・中島梓の「少年」」『G-W-G（minus）』六号（二〇二二年）。

1972年11月13日正午ごろ、早大文学部キャンパスの中庭で、革マル派自治会が川口事件について見解表明の集会を開催。座席も用意されたが、学生は着席することなく集会全体を包囲（写真上）。抗議の声を浴びせて最終的には演壇を占拠、集会を崩壊に追い込んだ。ほぼ同時刻、文学部スロープ前では、一般学生による革マル派自治会に対する抗議集会を開催。自治会再建を決議した。

資料提供：亀田博

そのころ早大本部キャンパス（政経学部前）では有志による集会に1000人が結集。文学部での革マル派集会から、一文自治会委員長・田中敏夫ら幹部6人を連行して事件の釈明や暴力否定などを要求。しかし田中（写真下、壇上左）らは沈黙を続けたため、午前0時を過ぎても2000人以上の学生が残り、徹夜で集会を貫徹。翌14日朝8時前、大学当局の要請で機動隊200人が介入、田中らを集会の輪の中から引き抜いた。

落」し、そこから遠く離れた地点で、「川口君事件」を「語る」ための「言葉」を見出そうとしていたのである。

しかし、その道のりは、困難極まりないものであった。一九七六年に栗本薫名義の筒井康隆論によって本格的に商業誌にデビューする以前から、中島は「川口君事件」と早稲田解放闘争を題材に小説を書くことを繰り返し試みては、挫折している。また、七七年に「文学の輪郭」（中島梓名義）で第二〇回群像新人文学賞（評論部門）を受賞し、七八年に『ぼくらの時代』（栗本名義）で第二四回江戸川乱歩賞を受賞した後は、本格ミステリや私小説の形式によって「事件」を書こうとするも、いずれも途絶あるいは未発表の状態で終わっている。こうした挫折の後、「事件」を「語る」形式としての「ヤオイ」を、中島がどのようにして獲得していったかについては、やはり別の場所で論じているので、詳細はそちらに譲る。[*8] 見逃してはならないのが、「事件」や解放闘争からの「欠落」「孤立」体験を書こうとする彼女の意欲が一過性のものではなく、七〇年代後半以後も持続していくことである。たびかさなる表象＝代行の失敗を経てなお、彼女は「川口君事件」という主題を決して手放さなかった。たとえば、『マンガ青春記』（集英社、一九八六年）の中で、「川口君事件」前後の学生生活を詳細に回想して、「そのころのことを私は「伊集院大介の青春」[*9] という短編にかいたけれども、ほんとうは一回キチンと長いものに書いておきたいと思っている」と書いているところからも、そのことが窺える。中島にとって、「川口君事件」は、表象＝代行することが極めて困難であると知りつつも、「書いておきたい」という欲望を触発してやまない〈出来事〉であったのである。

事実、中島は二〇〇〇年一月に講談社より刊行した『青の時代――伊集院大介の薔薇（以下、青の時代）』（栗本名義）で、「そのころのこと」を改めて書いている。[*10]「文庫版あとがき」（二〇〇三年一月）で、「このなかには、私の大学時代の思い出や、それからデビュー直後のことなどがいろいろとかたちをかえて詰まっています」と明言されている通り、本作の主人公・花村恵麻は、あきらかに中島自身がモデルであり、恵麻を取り巻く主要な登場人物たちも、中島が学生時代に関わった人々が下敷きにされている（『マンガ青春記』の記述と照らし合わせてみても、登場人物のモデルの同定はある程度可能である）。つまり、本作は本格ミステリ形式で書かれた私小説なのだ。興味深いのは、「青の時代」というタイトルの由来に言及した次のような記述である。

〔…〕私が『文学の輪郭』でデビューしたのとほぼ同時くらいに三田誠広が『僕って何』でデビューし、そしてその直前に村上龍が『限りなく透明に近いブルー』でセンセーショナルなデビューをしていたりしましたので、そのへんをなんとかひとつに「第三の新人」みたいにレッテルを貼りたい文壇の先輩諸氏が、「青の世代」なんぞと私たちのことを呼んだこともありました。定着しなかったところをみるとあんまり正解なイメージでもなかったのでしょう。でもこの作品のタイトルをつけるとき、この話を思い出し、ふと『青の時代』とつけたくなりました。

村上龍の衝撃的な文壇デビューに起因する「世代命名騒動[*11]」の渦中で、井上光晴によって提案された新人たちへの「レッテル」が、「青の世代」である（この他、小田切英雄による「空虚（凝視）の世代」という「命名」も試みられたが、やはり定着しなかった）。引用箇所で回想された「文壇の先輩諸氏」による中島らの「世代」に対する「命名」の「失敗」は、「七〇年代における世代論の失調」、ひいては「文学における「歴史の終焉」」を象徴しているが[*12]、中島は『青の時代』において、まさにこの「失調」した「世代」ならざる「世代」を総括し、「歴史」＝「時代」として「語る」ことを試みたといえよう。すでに指摘したように、『青の時代』は、本格ミステリ形式で書かれた私小説であった。本格ミステリが、「小説の言葉や事件の表面に見える事柄が、真相（深層）と〈乖離〉した状況でスタートし、その〈乖離〉が最終的に名探偵の知力によってあるべき〈同一化〉に向かうプロセスを語る、いわば言葉と現実の関係回復を描くジャンル[*13]」であるとすれば、『青の時代』の中で、「表面」と「真相（深層）」の「〈乖離〉」を象徴するのは、主人公である恵麻の周囲で発生する複数の殺人事件である。一方、それらの事件は、中島自身の経験を「かたちをかえて」――私小説的に――描いたものなのだとするなら、『青の時代』の中心に置かれた殺人事件の淵源には、「大学時代」の彼女に深刻な衝撃を与えた「川口君事件」が存在すると考えて、まず間違いなかろう。中島は本作において、「失調」した「世代」のありうべき「歴史」を「回復」させようとした。「現実」を表象＝代行するはずの「言葉」の機能が「欠落」し、両者が「〈乖離〉」した「〈失語〉[*14]」の状況を耐え忍ぶところから始まった彼女たちの「時代」の核として中島が見出したのは、やはり「川口君事件」という〈出来事〉だったのである。

＊8　照山もみじ「疎外者《アウトサイダー》の自己幻想――中島梓の「少年」」『G-W-G（minus）』五号（二〇二一年）。
＊9　『小説現代』一九八五年六月号に掲載。
＊10　『青の時代』については、注7前掲論考中の注記（41）で分析を行っている。
＊11　絓秀実「ポスト「近代文学史」をどう書くか?――「元号」と「世代」をこえて」『小説トリッパー』二〇〇一年秋季号。
＊12　注11前掲論考。
＊13　円堂都司昭「選別の中のロマン革命――中島梓・栗本薫論」（注11前掲誌）。
＊14　注13前掲論考。

3　「川口君事件」と「文学」
——第二〇回群像新人文学賞を手掛かりに

中島の「文学の輪郭」が評論部門の新人賞に当選した第二〇回群像新人文学賞では、小説部門の新人賞に当選作はなく、山川健一「鏡の中のガラスの船」[*15]と倉内保子「とても自然な、怯え方」の二作品が、優秀作に選ばれるに留まった。このような結果になった原因の一つに、前年の小説部門で新人賞を受賞した、村上龍「限りなく透明に近いブルー」の圧倒的な存在感が尾を引いていたことが挙げられる。たとえば、選考委員の一人である福永武彦は「小説の部門では山川健一君の「鏡の中のガラスの船」を強く推したが他の選者の同意を得られなかつた。村上龍君と似てゐるところがあり、それだけ損をしたのはやむを得ない」（「寸評」）と振り返っている。埴谷雄高、小島信夫も同様の指摘をしており、この回の小説部門における新人賞の選考が、村上龍というインパクトを引きずる形で行われざるを得なかったことを示している。

このように、「限りなく透明に近いブルー」と「似てゐる」と看做されたがゆえに、新人賞の当選を逃したといえなくもない「鏡の中のガラスの船」であるが、本当に重要なのは、両者が実は「似てゐ」ないことである。福永は、「村上君のセックス描写の代りにこちらは内ゲバであり、現代風俗としての材料は新鮮である」と、「限りなく透明に近いブルー」の「セックス描写」と「鏡の中のガラスの船」の「内ゲバ」を、「現代風俗」の一要素としてひとしなみに扱っているが、そのような見方は許容しがたい。なぜなら、「鏡の中のガラスの船」の中心に置かれている「J大学」で発生した「リンチ殺人事件」は、明らかに「川口君事件」を念頭に置いて書かれているからである。そのことは、たとえば「リンチ殺人事件で一般学生によるM評議会派追及の動きが目立っているJ大学」といった箇所や、主人公の「僕」（杉本浩二）が、「M評」幹部の三田村と「事件」について交わす会話の内容などからも容易に窺い知れる。「鏡の中のガラスの船」は、当時の「現代風俗」一般としての「内ゲバ」を書いたものなどではなく、「川口君事件」という大学における監視／管理の暴力によって引き起こされた特異な〈出来事〉を巡る「小説」なのである。

「限りなく透明に近いブルー」に「似てゐる」という「レッテル」を「鏡の中のガラスの船」から剝がしたときに見えてくるのは、この年の群像新人文学賞の当選作・優秀作として選ばれた全三作品のうちの二作品までが、「川口君事件」からの影響をなんらかの形で反映しているという事実である。やはり選考委員の一人であった遠藤周作は、中島の「文学の輪郭」と山川の「鏡の中のガラスの船」の中に、「ある共通したものを感じたのは面白かった」（「最後の選考会を終えて」）と述べている。この「ある共通したもの」の内実が具体的に説明されることはないが、中島の「評論」と山川の「小説」が、「川口君事件」という「共通」の圏域から出現していることを踏まえれば、遠藤の直感的な印象もまんざら的外れとはいえまい。一九七七年の群像新人文学賞は、「川口君事件」をいかに「語る」かという問いが、制度的な「文学」の場において、初めて前面に押し出された瞬間と捉えることが可能だろう。

4 「情熱」に「対抗」する「情熱」をいかに「語る」か

本稿冒頭で取り上げた『不遇の魔』の「二十二」節には、美貴子と木嶋圭子の次のようなやり取りが書かれている。

「〔…〕革マルのひとたちって、それなりにすごい情熱があるじゃないですか」
「たしかに。〔…〕あれだけのことをやり続けるのは、やはり元のところは、情熱があるわよね。〔…〕」〔…〕
「私は、あの情熱に自分が対抗できるとしたら、なんなのかと考えていて、もちろん政治ではなく暴力反対の路線で、です。〔…〕」

ここには、革マル派の「すごい情熱」に「対抗」し得る「情熱」を、各人がどのように組織するかという問いが現れている。圭子の場合は、パスカルの『パンセ』を読むことを通じて、暴力的な「政治」に「対抗」する反暴力としての宗教への「情熱」を獲得し、「修道女になる」ことを決意する。

早大解放闘争においても、革マル派の支配の「情熱」に「対抗」する「情熱」を、「運動」としていかにまとめ上げるかが問われていた。『ゲバルトの杜』で、川口大三郎の一年後輩であった吉岡由美子は、「革マル派の組織的暴力」の「結集力」と「統率力」に「ある意味で感心」しつつ、「これは私たちにはできないなと思った」と回想しているが、[*16] 吉岡のこうした「感心」に潜在していたのも、「あの情熱に自分が対抗できるとしたら、なんなのか」という問いであったと考えられる。樋田は『彼は早稲田で死んだ』の中で、中核派と戦闘する革マル派の「戦士集団」に言及し、「戦況に合わせて、どう動けば相手に最大のダメージを与えられるかが考え抜かれ」た「変幻自在」さを強調しているが、「大学」を「戦争生政治的に監視／管理する尖兵として再領土化された「戦争機械」（ドゥルーズ＝ガタリ）とでもいうべき革マル派に「対抗」する「運動の「享楽」の問題」[*17] こそ、美貴子や圭子──ある

＊15 本作は、山川が高校時代に書いた短編「痕跡のディスタンス」（未発表、一九七一年／『ぼくは小さな赤い鶏』〔三推社・講談社、一九八六年〕所収）を原型としている。
＊16 注2前掲パンフレット。
＊17 注3前掲ブログ記事。

いは、吉岡や樋田といった早大解放闘争に関与した者たち——が直面した「情熱」の問いなのである。

『不遇の魔』の「情熱」は、圭子のそれが「修道女」というイメージを媒介にキリスト教へと回収されていることから見て取れるように、あくまでも欲望の次元で処理されている。そのことは、「なんでも革マルに結びつけてしまう」ほどにまで嵩じた、美貴子の過剰な反革マル派的「情熱」にもいえる。美貴子は、墓参りに「鎌」を持参することをカレンダーにメモする際に用いた記号（「〈鎌〉と書きこみ、丸で囲んだ」）を、「鎌丸・カママル」と読むところから「バッサ、バッサと手当たり次第切っていく」「暴力」を「連想」し、それを革マル派の使用する「角棒」へと結びつけていく。しかし、彼女はその「鎌」を自ら振るうことによって「鎌を使えば容易にバッサリと伸び放題の草を始末できる」ことに気づいたところから、「鎌が武器に似ている」と「発想」したことに「すこしあわてた」。やがてこの「発想」は、「あのヘルメットに布マスクのイバッた連中の首を、鎌でスパーっ、スパーっと次々に切っていくとしたら〔…〕文学部のスロープに並んでいく革マル派学生たちの首の羅列」といった「トンデモナイ」「考え」や、彼女に絡む「革マルの女」を、たまたま所持していた「鎌」で「斬りはらう」といった「考え」に結実し、美貴子自身を「戦慄」させる。美貴子が革マル派に対する「暴力的享楽」に魅惑されていることは、明らかである。

しかし、こうした彼女の「享楽」＝「情熱」の「暴力」は、「大学にはびこった執念深い妄想と化した政治の情念」を「スパーっと切り捨て」ることで、「大学」の「元の姿」を取り戻す「爽快」さや、自身の「安心、安全」を確保するための「正当防衛という、正当行為」に還元される。「革マル派の学生たちの首」を「次々に切っていく」という「戦慄」すべき「トンデモナイ」「情熱」は、「目障りに蔓延る革マルという雑草を薙ぎ倒」すという「大学」をクリアランスする欲望に回収されることを通じて、「非常に気持ちのいいもの」へと変換される（このとき、本作の文脈上は「共産主義」を「連想」させやすいはずの「鎌」が、あえて「草薙の剣」という天皇制＝「日本」的なシンボルに結びつけられていることに注意せよ）。ここで生じているのは、「川口君事件」によって触発された学生たちの種々の「情熱」＝「享楽」を、「鎮魂」なるイメージに落とし込み、政治的に無力化する『ゲバルトの杜』と同様の事態である。美貴子の「享楽」＝「情熱」は、「大学は元の姿に戻ってスッキリ浮かび上がる」という秩序回復のイメージに媒介されることで、監視／管理型の統治に資する欲望へと馴致される。

中島や山川においても、革マル派的な監視／管理の支配の「情熱」に「対抗」する「情熱」を、書くことによっていかに組織するかが問われている。中島はそれを「《書キタイ》という、どこから来たのかいっこうにわからない、主義にも思想にも導かれていはしない奇怪なつよい欲望」として、山川は「やがては倒れる」「その時まで、走り続けること」として書いている。中島の「《書キタイ》」も山川の「走り続けること」も、革マル派の支配の「情熱」はもちろん、早大解放闘争的な反革マル派的「情熱」にも「結集」されない、無目的的な「奇怪なつよい欲望」、換言すれば欲動として現れている。「主義にも思想にも導かれていはしない」、あらゆる象徴形式を拒絶する「情熱」としての欲動に自己を委ねることは、ときに他者から罵詈雑言を浴びせかけられ、最悪の場合は自己破壊的な死に到りかねない危険を伴う。実際、「《書キタイ》」という欲動に憑かれ、「実践にかかわる政治問題」に関心が持てない「ラザロの旅路」（未発表、一九七八年）の主人公「私」は、「反・過激派勢力の中心」になっていた同級生から「アンタには自分の嫌らしさがわかってるの?」と「面罵」され、「鏡の中のガラスの船」の主人公「僕」は、ひたすら「走り続ける」ことによって「M評」の圧力を振り切ろうとするも果たせず、最終的には彼らにリンチされ、殺害されてしまう。だが、中島の「《書キタイ》」や山川の「走り続けること」としてアレゴリカルに描かれている、表象《イメージ》=代行にあくまでも抵抗する種々の「奇怪な」「情熱」=「享楽」を執拗に追求していくところにしか、「運動」が立ち上がる場は存在しないのではなかろうか。

誰のための鎮魂なのか
――川口大三郎事件と早大解放闘争は終わらない

河原省吾（京都産業大学教員）

はじめに

まず、川口大三郎さんの事件について考えるようになった経緯を述べたい。

私は連合赤軍山岳ベース事件についてかなり関心を抱いて関係する文献を読んできた。山岳ベース事件については当事者や関係者の証言などが多く出版されていて、多角的に考えることが可能だ。しかし、同じ頃に起きた川口大三郎事件についてはは本も少なく、詳しいことを知らなかった。これは、連合赤軍が二九名のメンバーのうち、一二名が山岳ベースで死亡し、残った一七名全員が逮捕されて組織が壊滅したのに対し、川口事件の場合は加害側の組織が現在も活動中であることが大きいと思う。

二〇二一年に樋田毅『彼は早稲田で死んだ』が刊行された。この本を読んで、私は樋田氏の覚悟を感じた。実際、少なくない読者が樋田氏の身に危害が加えられるのではないかと心配したようだ。

川口事件を頂点とする早稲田大学解放闘争の当事者はかなりの人数にのぼり、あとから闘争の全体像をつかもうとしても、なかなか難しい。『彼は早稲田で死んだ』を一読して、巻末の「参考文献・資料」に挙げられた文献、特に二つのウェブサイトを詳しく読んでみたいと思ったが、そのままにしてしまっていた。

二〇二四年二月になって、代島治彦監督の新作映画が『ゲバルトの杜』であると発表された。これまでの代島監督の作品は『三里塚に生きる』（二〇一四）、『三里塚のイカロス』（二〇一七）、『きみが死んだあとで』（二〇二一）の三本を観ていた。次の作品のために連合赤軍のメンバーにインタビューしているという情報もあったので、[*1]川口事件がテーマというのは意外だった。そして、彼はだんだん難しいところに入っていっていると感じた。

　もちろん、それまでの三本も難しいテーマだった。

『三里塚のイカロス』は三里塚空港建設に反対して闘った元活動家のインタビューが中心であるが、元空港公団職員にもインタビューしていた。のちに鴻上尚史はそれを高く評価したが、私は逆に違和感を覚えた。農民の犠牲の上に建設された空港である。建設した側にもインタビューすることによって空港問題を多面的に考えるつもりだったとすれば、あまりに安易ではないかと感じたのである。

『きみが死んだあとで』は羽田闘争における山﨑博昭の死について、友人など関係者にインタビューした作品だ。悲しみは終わっていないことが感じられたが、懐古的な面もあった。しかし、山﨑博昭プロジェクト[*2]は後に述べるように、懐古的な姿勢よりも「忘れない」という基調がまさっている。

『ゲバルトの杜』は二月以降、試写会を観た人々の感想が紹介されるようになった。

　私の住む所では、五月末から六月初めにならないと観ることができなかった。それでしばらくの間は、作品を観ないままにいろいろと考えていた。『彼は早稲田で死んだ』も再読した。人物の名がイニシャルだったり書かれていなかったりする箇所は、「このページのこの人はこちらのページの人と同一人物なのか別人なのか？」などというように、読み込もうとすると手間がかかるが、おかげで初読時よりも当時の早大の状況がつかめてきた。[*3]

　感じたことをツイートしていたところ、五月に思いがけないオファーをいただいた。七月六日に新宿で『ゲバルトの

＊1　次作の予定を問われて、代島は「森恒夫の秘書役と言われていた方ですが、この方と連合赤軍をめぐってひとつ作ってみたいと思っています」と答えていた（インタビュー　代島治彦「18歳の死者・山﨑博昭　われわれはそれ以後を生きている」映画芸術四七五号〔二〇二一年〕一七頁）。代島はこの後に鴻上から樋田の新刊『彼は早稲田で死んだ』を勧められ、そこから川口事件を次作のテーマにすることになっていったようだ。

＊2　10・8山﨑博昭プロジェクト編『かつて10・8羽田闘争があった――山﨑博昭追悼50周年記念〔寄稿篇〕』合同フォレスト、二〇一七年。

＊3　樋田氏と民青の関係や統一教会の早大学内での活動状況など、『彼は早稲田で死んだ』を読んだだけでは分からないこともあった。相当読み込まないと、「何が書かれていないか」は見えてこない（七月六日のシンポによって、樋田氏の記述の偏り方がいっそう明らかになった）。

杜』を批判するシンポジウムを開催するので、シンポジストの一人として参加してほしいというのだ。「主催者の方たちとこれまで何の接点もなかった私になぜ?」と思ったが、しかし同時にこれは逃げたくないと感じたのだった。

『ゲバルトの杜』に抱いた違和感

そのようにして、シンポ参加が決まってからやっと『ゲバルトの杜』を観たわけだが、やはり違和感があった。劇パートについての違和感を中心に述べる。

まず劇パートを観てすぐ、テレビの再現ドラマではあるまいし、リアリティということが全く分かっていないと感じた。

特に、加害者側の女性活動家が一人だけZと書かれたヘルメットをかぶって、川口のことを心配する友人たちの前に出てきて啖呵を切るシーンは、予告編動画でも見せ場として示されていたし、[*4]作品中でもこのシーンがフラッシュバックのように繰り返される。メイキング映像においても、このシーンの演技審査の様子が示される。

鴻上尚史がこの劇パートの監督をしている。鴻上は自身に題材をとった小説『ヘルメットをかぶった君に会いたい』(二〇〇六)の中で、古い動画の中の女性活動家に強く惹かれて探し求めるのだが、この女性が実は川口事件の現場にいた活動家だったのだ。そして、代島監督はそのことを承知のうえで鴻上に劇パートをまかせた。「鴻上さん、燃えるだろうな」と言って。[*5]これは本当に川口さんの死を描いた映画なのか? それにしては劇パートの女性活動家がヒロインであるかのような見せ方をしている。フラッシュバックの効果もあって、映画全体にわたってその存在感を大きくしている。

そして、作品のエンディングも劇パートである。現場のリーダーが川口の解放を指示した時には川口はすでにこと切れていた。それを知ったリーダーは「川口!」と叫びながら心臓マッサージを試みる。その叫びは声だけを聞いていると、まるで川口の親友が川口を死なせまいとして、慟哭しているように聞こえる。鴻上は「鎮魂歌みたいでしたね」と言っている。

樋田氏は現場にいた加害者側の一人である第一文学部(一文)自治会書記長のSにインタビューをして、その内容を著書に収録する許可は得られなかったものの、代島・鴻上両監督には伝え、それが劇パートに忠実に反映されているという。しかし、「川口の椅子は吊り上げられてはいなかった」とか「角材や竹竿だけでなく、バットも使って殴った」とかいう部分はたしかにSの証言通りかもしれないし、リーダーが川口の名を叫びながら心臓マッサージを試みたのも証言にあったかもしれないが、それは現場責任者のリーダーが川口を死なせてしまうと自分の責任になるという、保身からくる恐れや苛立ちの叫びであったと思われる。つまり、「川口!」という叫びの叫び方を鴻上・代島両監督は間違えて演出したのだと考えられる。いや、間違えたのではなく、意図的にそうしたのである。映画の後半は内ゲバの連鎖の話になり、代島らにとって、実は川口の死も内ゲバの死も同じような「無意味な死」ととらえられているからである。だからこそ鎮魂が必要とされた。だが、川口の死は決して内ゲバの死ではない。まさにシンポで前田年昭が指摘したとおり、彼は早大支配体制に屈服しなかったために殺されたのだ。

誰のための鎮魂なのか

映画のちらしには、「死んでいった者たちと生き残った者たちの、悔恨と鎮魂を刻印するミクスチャー・ドキュメンタリー」とある。しかし、「悔恨」とは誰が何を悔やみ残念に思うのか。「鎮魂」とは誰が誰の魂を鎮めるのか。まったく曖昧である。いったいこの映画で何をしたいのか。

代島は「この後もいっぱい殺されて死者は一〇〇人以上になっちゃうんだけど、そういう死者たち全部をちゃんと鎮魂してあげたいっていうか、〔…〕そういう気持ちがあって。それは革マル派に殺された人間も、中核派に殺された人間も、解放派に殺された人間も、まったく区別はない」と述べている。[*6]

鎮魂は追悼に近い意味で用いられることもあるが、追悼のほうがより一般的な言葉であり、鎮魂は「魂を鎮める」という強い意味を帯びている。典型的には祟りなど、生き残った者たちに災いの及ぶことを恐れ、亡くなった人を丁重に祀ることによってその魂を鎮めようとするものである。その心理には、亡くなった人に対する罪悪感がある。

亡くなった人の家族や友人は、「助けることができなかった」という罪悪感を抱きやすい。これは「自分たちは生き残ったのに」という気持ち、すなわちサヴァイヴァーズ・ギルトである。川口さんや山﨑博昭さんのような影響力の大きい人物の場合には、直接の知り合いにとどまらず、同時代の多くの人々にこのような心理を喚起する可能性がある。だから多くの人が「私が川口（山﨑）さんだったかもしれない」と、自分に置き換えて感じるのである。この理由による鎮魂は理解しやすいし、私も決してこの鎮魂を批判するものではない。

しかし、加害者の場合には単なるサヴァイヴァーズ・ギルトではなく、現実にギルティなわけであり、「祟りを恐れて

＊4　一九八二年に公開された映画『鬼龍院花子の生涯』で夏目雅子が「なめたらいかんぜよ！」と啖呵を切るシーンが、映画の予告として繰り返し放送されたが、それを想起させられた。当時、あの予告編を見て夏目が花子だと思い込んだ人が多かったようだ。

＊5　エアレボリューション「学生運動とは何だったのか？」二〇二四年五月二三日。

＊6　鴻上組ドラマ・パート『彼は早稲田で死んだ』出演者座談会、上映パンフレット、二〇二四年、一七頁。

魂を鎮める」必要性がいっそう身に迫って感じられるはずだ。
それでは代島監督の場合はどうだったのだろうか。代島は「悲しい新左翼の最終章」という言い方もしている。[*7] 代島は自らの学生時代（一九七〇年代末の早大）には「怯えがあった」と述べていて、内ゲバに関して「ぼんやりとした怯えと恐怖があって、その後の若者にも伝染病のように伝わっている」と続けている。[*8] 代島が鎮めたいのは、みずからの怯えなのではないだろうか。代島は川口事件の加害者ではないとしても、強く鎮魂を望む点で何か加害者に共通する心理があるのかもしれない。

後の時代の早大生にも怯えと恐怖が伝わっていったとすれば、それは早大支配体制を維持するのに利用されたことだろう。しかし、一九七七年に早大社会科学部に入学した川崎恭治は、革マルに取り囲まれたが、ゼミ仲間が「また川口事件を起こすんですか？」と叫んだために助かった体験を述べている。[*9] 川口事件の記憶が生々しく残っていたからこそ、事件の再現を防げたのである。早大解放闘争の当事者の一人である野崎泰志は、自身のブログで川崎の体験を引用し、「川口君は死してなお、そこに存在し続けている。これからも、早稲田解放闘争は終わっていない、と私たちは言い続けるであろう」と述べている。[*10]

つまり、怯えと恐怖に蓋をして早く鎮めようとするよりも、川口事件を常に現在のこととしてとらえ、早大解放闘争は今も続いているのだと言い続ける者こそ、もっとも怯えと恐怖をのりこえて前に進むことができるのである。

代島監督が『きみが死んだあとで』で描きたかったこと

代島監督の前作『きみが死んだあとで』と山﨑博昭プロジェクト（以下「プロジェクト」）の寄稿集とを比べてみると、プロジェクトの寄稿は羽田での闘いの記憶を述べたものも多く、今なお闘いが続いているかのように、書き手の「君（山﨑）のことを忘れない」という意思がみなぎっているものが多いのに対して、代島作品はむしろ家族や友人のその後の人生を掘り下げようとしているようだ。その分、映画は静かで時に沈鬱な気分もふくむ。それは映画と同名の代島の著書においても同様である。[*11] 著書は映画以上にそうだともいえる。

その原因を考えてみた。はじめ私は代島監督が長時間のインタビューのうちから、インタビューの内省的な語りや人生を回顧する話の部分を特に選んで映画に採り入れたのではないかと考えた。そうでなければ、プロジェクトへの寄稿との落差が説明できないと考えたのである。しかし、そもそもそういうシーンがなければ、選んで映画に採り入れることもできない。

時間の順はプロジェクトが先である。代島監督が佐々木幹郎からプロジェクト自体の記録を依頼されたのが、代島とプロジェクトとの関わりの始まりだった。代島はプロジェクトへの寄稿を読んで、いわばそれを前提としてインタビューに臨んでいる。代島のインタビューはかなりの長時間におよぶ。質問のしかたにもよるが、長時間話すほどインタビュイーの自己開示の水準は深まり、内省的になり、自己省察がおこなわれやすい。代島はそれをさえぎらずにじっと耳を傾けていたのではないか。代島は著書『きみが死んだあとで』において、自身の人生の振りかえりもおこなっている。インタビューの各章の間に、自身の人生を少しずつ振りかえる構成にしている。もちろん、本を編集する段階でそのようにしたのだと思うが、その姿勢や心構えはすでにインタビューの段階から少しずつあったのではないか。インタビュイーはプロジェクトに寄稿した際とは異なる意識の水準でインタビューに応じていったものと思われる。

つまり、私ははじめ代島が「新左翼の悲しい最終章」という自分のストーリーに沿ってその材料を集める編集をしたのではないかと思ったのだが、長時間のインタビューの中で「羽田での闘い」から話自体が「その後の各自の生き方」のほうに進んだのだろうと考える。代島は自身の生き方への振りかえりをするうえでも、羽田闘争における山﨑その人よりも、山﨑の近くにいた人々のその後の生き方のほうに関心があったのだ。

そのように考えると、代島監督が『ゲバルトの杜』で描きたかったことが見えてくる。代島は自身の怯えを克服するうえでも、川口事件における川口その人よりも、いわゆる内ゲバ被害者の鎮魂のほうに関心があったのだ。

喪の仕事は早く終えるべきなのか

川口さんのことを忘れずに闘うことや、反対に速やかな鎮魂を願うことを喪の仕事の観点から考えることができる。

アタッチメント（愛着）の研究で有名な児童精神科医で精神分析家のボウルビィは、愛着対象の喪失に際してなされる喪の仕事（mourning work）のプロセスを次の四段階でとらえた。[*12] すなわち、①無感覚の段階、②抗議の段階、③絶望と抑うつの段階、④離脱の段階である。

＊7　『彼は早稲田で死んだ』刊行＋『ゲバルトの杜』公開記念対談「僕たちが「あの時代」にこだわる理由《わけ》」、MARUZEN&ジュンク堂書店梅田店、二〇二四年五月一二日。

＊8　『ゲバルトの杜』上映後の樋田・代島対談、第七藝術劇場、二〇二四年六月一日。

＊9　川﨑恭治「早稲田の記憶――川口君事件・解放闘争終息以降」『情況』二〇二四年夏号、二八三－二八四頁。

＊10　ynozaki2024の日記「川﨑恭治君のこと、或いは雑誌『情況』への願い」二〇二四年九月五日。

＊11　代島治彦『きみが死んだあとで』晶文社、二〇二一年。この本には一四人のインタビューが収録されている。一四人のうち一二人はプロジェクト（注2参照）にも寄稿をしていた。

川口さんの理不尽な死に直面して、一文を先頭に一般の学生も多く立ち上がり、早大生の怒りが形となったのは「抗議の段階」である。

ボウルビィは、抗議を経て抑うつの時期をくぐり抜け、できるだけ速やかに対象喪失を受け容れていくことを考えている。しかし、これを川口さんや山﨑さんのケースに当てはめることができるだろうか。これは絓秀実が批判した加藤典洋や代島の「「絶望」と隣り合う「希望」」と同じように、絶望の段階を経て、離脱（受容）の段階に早く進むように勧めているのだと考えることができる。[*13]

ここは詳しく検討すべき点だろう。小此木啓吾は対象喪失と喪の仕事に関する展望のなかで、ボウルビィのいう抗議の段階であらわれる種々の心的機制を次の六つの点にわたって述べた。[*14]私はこれらを重要な対象（川口さんや山﨑さん）を喪失した人々が、その痛手から立ち直る過程における一種の「自己治療の試み」だと考えている。抗議の段階の六つの心的機制を一つずつ見ていこう。

①喪失を否認し、失った対象の再生と対象に対する美化ないし理想化をする心的機制。川口さんが美化され、理想化されるのは、自然なことだろう。小嵐九八郎は『蜂起には至らず』において戦いの途上で倒れた二七人の死者を取り上げているが、[*15]樺美智子を筆頭にそのいずれもが多かれ少なかれ美化されているのは当然のことである。死者が心の中で美化ないし理想化されて生き続けることは、生き残った者にとって大切な「自己治療の試み」だからである（脱理想化はもっと後からやってくるかもしれない）。

②失った対象への同一化の心的機制。失った対象と心の中で対話を続ける。これこそ、「川口事件は終わっていない」ということの本質だと考える。自分の中に川口さんは生きているという感覚が「自己治療の試み」の柱となる。先に引用したように、野崎は「川口君は死してなお、そこに存在し続けている」と述べた。

③失った対象に対する恨み、怒り、憎しみなどの心的機制。自らが相手を死に追いやった後悔の念や償いの気持ちなどが渦巻く。場合によると、亡霊とか、祟りとか、怨霊とかに取りつかれるような心理状態に陥る。これは加害者の心的機制である。加害者による鎮魂の願いという、「自己治療の試み」はこれによるものである。

④自己処罰的な試みや供養などの心的機制。川口さんに謝り続けるのも、「自己治療の試み」である。サヴァイヴァーズ・ギルトの場合も含まれる。

⑤自分に向けられる怨念を他者に向けかえて晴らし、罪悪感を軽減する心的機制。だれかを憎むことによって対象喪失の悲しみと罪悪感を軽減する「自己治療の試み」である。

⑥死んだ者は無縁のものだと考えて、「自分は生存者、相手は死者」という境界線を確定しようとする心的機制。「亡

くなった者にいつまでもとらわれず、前を向いて進もう」というのも、「自己治療の試み」である。

以上、抗議の段階の様々な心的機制が、それぞれ生き残った者の「自己治療の試み」という観点からみることができる（誤った自己治療や偏った自己治療の試みの場合もある）ことを述べた。加害者などが鎮魂をことさら望む場合には、③および⑥の心的機制が強いと考えられる。

意図的に抗議の段階を切り上げて、離脱（受容）の段階へと急ぐことはできない。そんなことをすれば、抑うつの段階が長引くだけであろう。時期が来て自然に離脱の段階へと進むかもしれないし、抗議の段階が長く続くかもしれないが、どちらが優れているとか望ましいとかいうことはない。また、対象喪失の痛手から立ち直りはしても、人々が①や②を内面化し続けることはあるだろう。

抗議の段階を十分に尽くすことによって、生き残って闘い続ける者たちのエンパワメントがなされ、喪の仕事の内実が高められていくのだと考える。

おわりに

『彼は早稲田で死んだ』と『ゲバルトの杜』がきっかけとなって、川口事件と早大解放闘争が議論しやすくなったが、これだけ批判が出てもなお同じように上映するというのは、いかがなものだろうか。

上映とセットでディスカッションをするとか、少なくとも批判も載せたパンフレットを配るとかすることによって、観客が川口事件と早大解放闘争を深く考える契機となることが重要だと考える。

「鎮魂」とは誰が誰のために必要としていると感じるか、『ゲバルトの杜』を観た人々と話し合ってみたい。

*12 小此木啓吾「喪の仕事（悲哀の仕事）」、小此木他編『精神分析事典』岩崎学術出版社、二〇〇二年、四六四頁。

*13 絓秀実「「絶望」と隣り合う「希望」とは如何なる謂か?」本書所収（初出『映画芸術』四八八号、七三頁）。

*14 小此木啓吾「対象喪失と悲哀の仕事」『精神分析研究』三四（五）号（一九九一年）、二一一−二一三頁。

*15 小嵐九八郎『蜂起には至らず——新左翼死人列伝』講談社、二〇〇三年。

暴力への想像力

大野左紀子（文筆活動家）

『ゲバルトの杜』を考えるに当たって、テロリズムについての思索は必須である。それは、この作品に登場する新左翼系党派の起こしてきた数々の事件が「テロ」と呼ばれてきたから、という理由だけではない。現在、「テロ」という言葉の示す範囲が多岐にわたり、同時に暴力発現の個別の理由もさまざまあるなかで、この映画（および原案）が取っている「暴力否定」という一見〝常識的〟に見えるスタンスについて、深く考える必要があると思うからだ。

本稿では、前半で「テロリズム」についての認識を確認し、後半で映画の構造と効果を分析しつつ、そこに見られた複数の「テロ」の様態を通して、『ゲバルトの杜』が回避した暴力の今日的意味に光を当ててみたい。

1　テロという暴力

「テロリズム」には現在非常に多くの定義があると言われるが、政治的信条に基づき目的達成のために行使される暴力、および暴力による脅迫を指すという点は、ほぼ世界共通の認識だろう。七〇年代の連合赤軍や東アジア反日武装戦線など新左翼系党派によるテロの続発、八〇年代末の朝日新聞阪神支局襲撃事件（赤報隊事件）、そして九〇年代にはオウム地下鉄サリン事件があった日本では、その後長らく組織によるテロ事件が起きていないこともあり、テロをめぐる世界情勢に対する一般の関心は欧米ほど高くはなかったと思われる。

一方で二〇一〇年代以降、従来の政治テロとはやや趣の異なる事件にも「テロ」という言葉が当てはめられるようになった。きっかけとしては、二〇〇八年に起こった秋葉原通り魔事件について、批評家・東浩紀が「一種の「自爆テロ」」（https://www.asahi.com/special2/080609/TKY200806120251.html）と評したことが挙げられる。政治的背景の感じられない突発的な無差別殺傷行為をそう呼ぶ理由として東は、容疑者の「社会全体に対する空恐ろしいまでの絶望と怒り」を指摘している。つまり、己の人生と己を取り巻く環境への解消不能な「絶望と怒り」が「社会全体」へと拡大し、無差別的な暴力となって現れたことを指して「テロ」と呼んだのだ。

　日本の特定秘密保護法はテロリズムを「政治上その他の主義主張に基づき、国家若しくは他人にこれを強要し、又は社会に不安若しくは恐怖を与える目的で人を殺傷し、又は重要な施設その他の物を破壊するための活動をいう」としている（第一二条第二項第一号）。「政治上その他の主義主張」と定義を若干曖昧にしているため、拡大解釈による恣意的な運用が懸念されてきたが、この曖昧さは奇しくも東浩紀の示した、政治性の見られない単独犯の無差別殺傷事件＝「一種の「自爆テロ」」という認識と響き合う。

　現在、「秋葉原通り魔事件」はWikipediaの「日本のテロ事件」の項目に登録されている。単独犯の無差別殺傷事件をテロと呼ぶなら、二〇一八年の東海道新幹線車内殺傷事件も二〇一九年の京都アニメーション放火事件もテロである。少なくとも市民社会の視線は、何らかの政治信条を持たなくとも殺傷や破壊活動などによって強い社会不安を引き起こす行為を、テロと見做していくだろう。

　「秋葉原」以降の日本での一連の事件について、無論暴力はいかなる理由であれ容認されないとする一方で、それぞれの個人の問題のみに帰すべきではないのではないか、といった議論は既存メディアでもSNSでも見られた。写真家でルポライターのインベカヲリ★は『「死刑になりたくて、他人を殺しました」無差別殺傷犯の論理』他の著書で、それらの暴力を生み出す構造的な要因として、深刻な家庭問題とその背後にある日本社会の閉塞的状況を指摘している。その意味では二〇二二年安倍元首相狙撃事件は、個人的怨恨が直接の動機ではあるものの、結果的として日本の戦後政治の構造を浮かび上がらせてしまった〝テロらしいテロ〟だったと言える。

　二〇二一年の京王線殺傷事件や二〇二三年の岸田文雄襲撃事件などと合わせ、二〇一〇年代以降に目立ってくる二〇代から四〇代にかけての男性単独犯による殺傷（未遂）事件は、「弱者男性」論と関連して論じられることもあるだろう。いずれにせよこれらの現象は、この数十年の間に「サヨク」嫌い、「政治活動」嫌いが若者世代を中心として進行した結果、若者の「暴力」がかつての政治テロとは異なるかたちに変形されて顕現したものだと私は考える。

　かたちは異なってもその源にあるのはおそらく、「自分も含めたすべてを破壊してみたい」という欲動である。というのは、六〇〜七〇年代に政治活動に加わった学生が全員、信条や理念のみに従って行動していたとは思えないからだ。この世界と自分の固定的な関係に対する身体衝動を伴うような破壊願望、そこにある〈享楽〉に似た強烈な〝痛気持ちよさ〟への渇望が、多かれ少なかれあったのではないかと私は想像している。それを含めて「革命」と呼んだのではないか。

ところで「テロリズム」とはもともとは、フランス革命の過程におけるロベスピエールを中心としたジャコバン体制を指しており、司法手続き抜きで「革命の敵」を暴力的に抹殺していく、権力による「恐怖政治」を意味した。それが一九世紀の終わり頃から、国家権力を象徴するものへの暴力・破壊活動を指すようになり、実行者は共産主義者、無政府主義者、ファシスト、民族主義者、イスラム抵抗組織など、それぞれの政治文脈の中で既存の体制に対抗する者たちとなった。大きく見れば一般的なテロの意味合いは、「支配・統治のための暴力」から、「抵抗・対抗としての暴力」へと移り変わった。

とは言え、前者の意味がまったく失われたわけではない。笠井潔は『テロルの現象学』の序章で、ソ連国家やポル・ポトの暴虐とともに、七〇年代に新左翼系党派の起こした数々の事件と「内ゲバ」戦争という「テロリズムの連鎖」に触れている。ここではテロの主体に国家権力、反国家勢力の双方が含まれ、テロは革命の名のもとに共同体内部を恐怖で支配する暴力であり、「革命とテロリズムの切断」の困難とその必要性が語られている。

しかし、もし仮に革命とテロリズムを切断できたとしても、市民社会を不安と恐怖に陥れるような暴力は、別の回路を通って現れてくるのではないか？　というのが、ここまで辿ってきた議論である。つまり、革命抜き、政治抜きでもテロは起こる。しかもどこで誰によってどういうかたちで誰に対して起こされるかわからない。起こってしまったテロに対して国家は厳しい制裁をもって臨むが、あらかじめテロが起こらないようにする予防策は存在しない。それこそ「恐怖政治」という別のかたちのテロリズムで不安要素を抑え込むしかない。が、対象が政治勢力とは限らない以上、国家は見えない敵をめぐってひたすら全体的な監視と管理を強めていく方向に行くだろう。現に日本の社会はそうなりつつある。「テロ」という言葉が市民社会に敵対する重大な犯罪行為を意味することを利用して、国家がその対象を拡大していく傾向には強く警戒しなければならない。しかし現にここまでテロの範囲が広げられた今、むしろ「テロリズム」という言葉を積極的に捉え直したうえで、「テロ」と呼ばれる行為それぞれの内実を注視することが肝要ではないだろうか。

敵対性を抱え込んだ人間社会において、テロという暴力が潜在するのは必然である。もっと言えば、人間存在そのもの

アルバイト情報提供
10円玉1個でOK
TEL543-5621
テレフォン情報センター

創刊10周年
記念号

早稲田キャンパス

第167号／昭和47年11月10日（金曜日）

早稲田キャンパス新聞会

学生向貸間下宿
日本信用住宅

連日、糾弾集会続く

川口君リンチ殺害事件

ルポ
川口君事件をめぐって
十一・一一〜一六

自治会執行部（革マル派）に対する糾弾の集会（16日）

第4回
キャンパス文芸賞発表

川口大三郎の密葬が行われた11月11日から連日（16日時点）、革マル派自治会に対する糾弾集会が開かれていることを報じる『早稲田キャンパス』1972年11月10日号（紙面写真は本部キャンパス３号館〔政経学部〕前の糾弾集会）。

が自己破壊も含めた暴力に抜き難く規定されている。それがある時はイスラム勢力による西洋世界への攻撃として、ある時は排外主義者による暴力・破壊行為として、ある時は社会に対する個人の怨嗟と「自爆」願望として、噴出する。無論ここで左翼・右翼といった分別は意味を持たない。

七〇年代の大学に吹き荒れた「内ゲバ」、その始まりの地点で川口君虐殺を引き起こした革マルの早稲田支配、それらに対抗し自律と自由を求めた学生たちの闘いを二〇二〇年代の今振り返るならば、以上のような視野の中で見る必要があるのではないだろうか。

2　『ゲバルトの杜』の〝暴力回避〟

映画において事実が歪曲あるいは隠蔽、無視されていることをめぐっては、すでにさまざまな批判が出ている。細かい事実検証はそちらに譲り、ここでは映画の構造といくつかの細部、それらが生んでいる効果について見ていく。

まず特徴的なのは、三つの異質な時空間で全体を構成するという形式をとっている点だ。一つめは早稲田出身の当事者や著名人のインタビューで構成された証言パート、二つめは川口君虐殺事件を〝再現〟したらしい鴻上尚史演出による劇パート、三つめはその劇のメイキングパートであり、これらがモンタージュ形式で配置されている。現代芸術においては、形式に対する内容、内容に対する形式の必然性が重要とされ

資料提供：亀田博

てきたが、ドキュメンタリーというジャンルも例外ではないだろう。しかしこの作品では、三層構造という形式を作らねばならなかった理由を内容から推し量ることができない。内容とは関係なく、こうした形式操作によって作品を〝立体的〟に見せ、それによって商業映画としての完成度を上げることが目的化されているように思われる。

時間的に最も長い証言パートには、当事者らの貴重なインタビュー証言が多数紹介されているが、最後までどこに焦点を絞っているのか今ひとつ伝わってこないもどかしさが付き纏っている（のちにシンポジウムの会場で、「四時間以上もインタビューに答えたのに大事なところが使われていない。そういう人が多い」という永嶋秀一郎氏の発言があり、もどかしさの理由が判明した）。また、四人の著名人のインタビューには特別傾聴すべき内容が見られない。「内ゲバ」体験から半世紀を経た知識人が「内ゲバってのはほんとうに不毛だ」（石田英敬）などという凡庸な結論しか披露できないことに、むしろ驚かされる。

意外に長いうえに何度か部分的に反復される劇パートは、革マル学生の単調極まりない暴力性と川口君の受動性がひたすら強調され、いかにも粗雑で「作り物」めいた印象を与える。実際、この一連の場面が現場にいた革マルの一人から原案の著者が聞き取った情報のみで作られていることが、問題視されている。ただ、延々と続く凄惨なリンチシーンにおける他のパートとのバランスを崩すほどの印象の強さは、観客の「暴力否定」感情を動員するのには大いに役立っているだろう。

さて、証言パートと劇パートとを繋ぐような体になっているメイキングパートだが、編集されたものを見る限り、池上彰や鴻上尚史が若い俳優たちの質問にまともに答えているとは言い難い。監督のメディアでの諸発言からして、この作品はかつての大学紛争や「内ゲバ」を知らない若い観客を意識して作られているようだが、彼らが感情移入しやすいであろう若手俳優の素朴な意見を入れてみた、ということ以上の意図が読み取れない。

こうしたなかで湧き上がってくる大きな違和感は、暴力を描いていながら、暴力についての作り手の思考の痕跡が感じられず、むしろそれについて考えるのを避けているようにすら見えるということだ。

作り手が意識していようといまいと、この作品に横溢しているのは、テロリズムである。早稲田を「恐怖政治」というテロで支配し、川口君を圧殺した革マル。その革マルの専制を黙認することで諸党派や一般学生の活動を抑圧していた「テロ支援大学」早稲田。革マルのテロリズムに対し、対抗的テロで立ち向かおうとした行動委員会の学生たち。激しいテロとテロの応酬となった革マルと中核の「内ゲバ」。

ここにおいてテロは、「支配のための暴力」「抵抗としての暴力」「権力闘争に伴う暴力」の三態として顕現している。川口君事件の根源にあるのが、自治会を牛耳っている革マルと早稲田大学の結託による「支配のための暴力」であることは明らかだ。責任逃れをする大学職員らを問い詰める一般学生の姿を学生が撮影した短いが貴重なフィルムからも、そのことは窺える。

しかしこの根本問題を正面から取り上げることは、なぜか避けられている。冒頭近く、「その後、全共闘の活動家を構内から暴力的に締め出した革マル派は大学当局を後ろ盾に早大を支配することになる」とのテロップを出しながら、大学当局側の事情や理由には一切触れていないのだ。したがって、革マルと大学当局の癒着を批判し、圧倒的な力の差を知りつつ「抵抗としての暴力」を示そうとした一部一般学生たちの姿勢の意味も、あれだけの証言者を登場させながら十分に捉えられないままとなっている。当然、抵抗暴力に対して原案の著者・樋田毅の主張した「非暴力」と「寛容」が、結局は「支配のための暴力」の追認となってしまっている点にも、批評的視点が及んでいない。

そうした不自然とも感じられる中途半端さがあちこちに散見されるなか、後半の内容は革マルと中核の「内ゲバ」に移っていく。だが冒頭で革マルと中核を簡単に紹介した後にテロップで示される「そんな兄弟みたいなふたつの党派がなぜ殺し合いをはじめたのだろうか」という問いは、最後まで放置されたままだ。まさにその「権力闘争に伴う暴力」をめぐって、劇を演じた若い俳優たちから素朴な疑問が投げかけられているにもかかわらず、なぜそれに正面から答えようとしていないのだろうか。

たとえば絓秀実がこれまでたびたび書いてきた、七〇年七・七の華青闘告発が新左翼に与えた影響——それ以降マイノリティ・ポリティクスの闘争に舵を切った中核と、あくまで唯一の「革命」党派としての勢力拡大に固執した革マル——は重要な参照項だろう。「内ゲバ」の要因について『対論1968』で笠井潔が簡潔にまとめている、「他党派の存在を許さない前衛党主義」「暴力の無菌状態だった戦後社会への反発」「政治カルトとしての革マル」といった説明も理解の助けになる。そこから、劇パートでの「私たちは階級闘争を闘っているんだ。革命に命をかけているんだ」という革マル〝女闘士〟の台詞の背景にあるだろう、「恐怖政治」の側の独善性と己の立場を脅かされる不安と恐怖も、想像することができたかもしれない。それこそ、若い観客が知りたいと思ったことではないか。

しかし、映画はそうした背景に何ひとつ触れていない。「内ゲバ」問題を中心に据えながら、重要なことがごっそり空白となっている。その代わり、作品の構成およびさまざまな細部は総合して、ある一定の効果を上げている。それは「正義の暴走は怖い。暴力絶対反対」、あるいは「過去にこんな酷い出来事があったことを知ることができて良かった」といった感想を生み出すような効果である。当時を知らない観客の中にそうした感情を惹起するべく、演出と編集がなされていると言ってもよい。

もっとも、映画を見た私の第一印象は七・六シンポジウムでも述べた通り、終始革マルを主体とした物語になっているということだった。逆説的だが、作品テロップの誘導に乗って「革マルと中核はなぜ殺し合ったのだろう」といった疑問のなかで鑑賞している限り、このことは見えてこない。そうした「作品内に隠されていそうな意味」から離れ、全体を一つの「劇」として眺めて初めて浮かび上がってくるのだ。ドキュメンタリーに作劇要素があるのは言うまでもない。

代島監督は当作品についてしばしば「鎮魂」という言葉を使っている。映画のキャッチコピーは「悔恨と鎮魂のドキュメンタリー」だし、作品最後の劇パートの革マル学生による「おい、川口」の連呼に対して、鴻上尚史の「鎮魂歌みたいでしたね」という言葉が入っている。映画内で「悔恨」し「鎮魂」している主体は革マルなので、革マルを免罪しているという批判が出たのだった。おそらくこの「テーマ」は比較的早い段階で設定されたのだろう。そこに着地するために、「早稲田を支配していた革マルが川口君をスパイ扱いしたうえにリンチで殺してしまい、それをきっかけに内ゲバも激化したが、最後に革マルは川口君の件について謝罪しました」という作劇になったのだと推測する。

もとより、監督に革マルを「免罪」する意識はなかっただろう。監督にとっては革マルと中核の違いなどは大した問題ではなく、かつて「革命」を目指したはずの若者たちの無惨な〝青春の蹉跌〟を描きたかったということであろうと思う。そちらに振ったほうが、当時を知らず新左翼について前提知識のない観客の心情に訴えやすいということだろう。

代島監督は一九五八年生まれで私と一歳違いだ。この世代はシラケ世代、三無世代などと呼ばれ、政治への関心を失い個に閉じていったという批判がある。外山恒一が『全共闘以後』で指摘しているように、六〇年前後生まれの世代が大学に入学した七〇年代の後半はまだ「内ゲバ」が続いていたため、多くの学生が政治的な活動に参入することができなかった。上の世代の押し付けがましく教条的な言葉遣いへの反発から、「サヨク」を忌避した者も多かったと思われる。

全共闘世代への憧憬も含め学生運動への関心を持ちながら、「内ゲバ」への恐怖から大学入学以降それを持続させることができなかった代島監督の当時の心境を、私は同世代として共有できる。ただその半世紀後の「結論」の出し方は、わかりやすさ優先だったとしてもあまりにも杜撰である。本質的な問題は「革マルの免罪」ではない。「鎮魂」という一般には受け入れやすいテーマ設定とそれに沿った演出によって、過去が現在と切り離され、作り手自らの立つ場所と暴力も当然のように切り離されている、ということだ。

　大学卒業後の代島監督は、どのような風景を見てきたのだろうか。ポストモダンと言われた七〇年代末以降、後退したと批判された若者の政治意識は、個別の小さな運動体やサブカルチャーの中に姿を変えて存在していた。だがそれらの多くは、消費文化のめくるめくスピードに飲み込まれ、あるいは〝大きな政治〟に吸収され、やがてこの三〇年あまりのうちに左翼・リベラルが陥った市民道徳的な「安心・安全」志向のなかで、思考停止や不毛な対立軸の乱立が目立ってきている。この世界の外部を想像すること、それによって自己破壊的な〈享楽〉を生きることは、もはや芸術のなかにおいてさえ忘れ去られている。こうした状況への問題意識なしに何かを作り世に問う（しかし何を？）ことがドキュメンタリー作家、いや「作り手」としてあり得る態度なのか、私には疑問だ。

●

　政治的理由にかこつけて、一人の若者が同じ大学の学生たちにリンチの末に殺されるというような出来事は、現代の日本ではもう起こらない。「革命」の夢を絶たれた新左翼系党派の内に向かった陰惨な暴力は、その後の新自由主義の勝利の中で、閉塞した若者の突発的で無方向的な暴力に置き換わっているからだ。一方で、支配や管理にどのように抵抗しどんな自律と自由を求めるかが、以前にも増してますます重要なテーマとなりつつある。もちろん「支配のための暴力」「抵抗としての暴力」「権力闘争に伴う暴力」（に、それぞれよく似た「力」）が、常に明確に分かれているとは限らない。むしろ、かつてより見分けにくくなっているだろう。そんな時こそ、自分に問うてみるべきかもしれない。私の中で点滅する、世界と自分の固定的な関係への破壊願望、そこにある強烈な〝痛気持ちよさ〟への渇望は、どこに向かっているのかと。

　ある暴力を批判しつつ、それに対する別の暴力を肯定せざるを得ない局面は常にある。自らそこに飛び込むか否かはわからなくても、そうした暴力への想像力を失ってはならないのではないか。五二年前、〝早稲田に殺された〟川口大三郎君も彼の周囲の当時の学生たちも、そのことについて考えていたはずである。

川口君追悼とは真逆の虐殺者免罪映画[*1]

水谷保孝（元革共同・一九六六年第一次早大闘争無期停学処分）

川口君虐殺死と早稲田解放闘争

代島治彦氏の新作映画『ゲバルトの杜――彼は早稲田で死んだ』は、一九七二年一一月八日、黒田寛一を党首とする革マル派が早稲田大学文学部自治会室で同大文学部二年生の川口大三郎君を拉致・監禁、八時間におよぶ集団リンチで殺害した、歴史的にも際立った革マル派犯罪を扱っている。

この問題が歴史的であるゆえんはそれだけではない。川口君虐殺に怒り、悲しみ、自らの人間的尊厳をかけて数千・万余の規模の早大生がＷＡＣ（早大全学行動委員会）を先頭に全学部で早稲田解放・革マル派暴力支配反対へ、高揚と挫折を織りなしながら一年数ヶ月にわたって運動を展開したことである。同時にその画期的な大衆運動が革マル派を暴力装置とする早大管理支配体制の構造的実態を満天下に暴いたことであった。

代島・鴻上両監督の異様な映像編集

それにたいして映画は複合的な編集手法をとっている。①代島氏の「内ゲバ＝殺し合い」「革マル派も被害者」史観による字幕、②鴻上尚史氏脚本・監督による拉致・監禁・リンチ・殺害の短編劇（一六分）、同メイキングの映像、③一文2Ｊ同級生を始め早稲田解放闘争を担った早大生たち一二人の貴重な証言、④テレビ芸術研究会が撮った早稲田解放闘争の価値ある記録映像と新聞記事、⑤池上彰氏と佐藤優氏による新左翼解説、⑥元革マル派の内田樹氏（革マル派性を隠して登場）、同・石田英敬氏（中核派に襲撃された一方的被害者として振る舞う）の語り、⑦社青同解放派（一人）の証言、⑧大友良英氏のインパクトある音楽で構成されている。

原案は樋田毅『彼は早稲田で死んだ』（文藝春秋、二〇二一年）とされているが、じつは鴻上尚史『ヘルメットをかぶった君に会いたい』（集英社、二〇〇六年／復刊ポット出版、二〇二三年）がより重要な原案なのである。「僕」が「素敵な笑顔の聡明な君」に恋し、革マル派活動家の「君」が誰なのか、どこにいるのか探し回る。ついに氏名がわかる。その名は水津則子。「早大生殺害事件」の中心にいた人物。それでも「僕」は「恋愛の対象として君に会いたい」という物語である。

鴻上氏は「ヘルメットをかぶった君」を今回、映画の中に登場させた。短編劇はかくして水津ら革マル派の立ち位置で演出された。代島氏は冒頭でその短編劇を流した後も、リンチ・殺害の場面を観る者が息苦しくなるほどくり返し映し出す。最後も同場面だ。とりわけ水津を革命の正義を実行する者として四度にわたって登場させる。

そこには、無念にも虐殺された川口君に寄り添う姿勢、革マル派支配に抗してきた川口君への共感がまったくない。

川口君虐殺は「内ゲバ」ではない

この映画の最大の問題性は、代島氏が一一・八川口君虐殺をめぐるすべてのディテールを「内ゲバ」、すなわち中核派vs革マル派戦争の枠組みにはめ込む編集をしていることである。だが川口君虐殺は中核派vs革マル派の対立構図のなかで起こったものではなかった。それは早稲田大学当局と結託した革マル派の暴力的学園支配がもたらしたものであった。革マル派vs早稲田一般学生の対立構図のなかでおこった虐殺問題であった。

そのことがわかった一般学生たちが、「川口君は中核派のスパイではない」「川口君の無念を晴らす」という強い思いを爆発させて、虐殺者革マル抗議に総決起したのだった。

その二年前、「革マル派の学園暴力支配に抗議する」との遺書を残して、在日朝鮮人学生の山村政明（梁政明《ヤンジョンミョン》）君（二文）が焼身自殺した（遺稿集『いのち燃えつきるとも』大和書房、一九七一年）。山村君の苦しみを、川口君に重ねた学生も少なくなかった。樋田著もきちんと言及している。

ところが、当時の早大生一二人がこもごも語る「革マル派の暴力的学園支配」という肝心要のキーワードが後景に退けられ、早大生たちの必死の武装自衛までが「内ゲバ」の文脈で整理されている。悪質なのは、革マル派の「中核派のスパ

＊1　『情況』二〇二四年春号、『人民新聞』同年五月二〇日号、『週刊読書人』同年六月二八日号の三つの文章を一本化、重複部分を削除、注釈を加えた。

イ」「リンチは当然」との言い分には「根拠」があるかのような演出・編集になっていることである。加えて、山村君焼身抗議自殺の事実を知りながら完全に無視抹殺している。

代島・鴻上の両監督は、なにゆえに革マル派免罪映画を製作したのか。とりわけ代島氏の意図は不可解であり、その闇は深い。

代島氏批判は視角を変えれば、私たち当時の中核派への批判、現在の私への批判となって突き刺さる。学友たちが川口君の虐殺死を風化させせない、在りし日の川口君を忘却しない、と誓って半世紀余を生きてきた姿に照らして、そうできなかった自らを深く恥じる。早大解放闘争を実現したあなたたちの川口君への追悼と復権の営みに心からの敬意を表する次第です。

虚偽と歪曲に満ちた代島「内ゲバ」史観

同映画のもう一つの最大の問題性は、川口君リンチ殺害状況を、「当時の資料をもとに」「想像力をたくましくして」(『創』五月号、代島氏インタビュー)、鴻上尚史氏が脚本・監督した短編劇である。この短編劇が映画の基軸とされ、当時の早大生の証言や、元革マル派の語りなどが配置される。

異様なのは映画の最後だ。激しいリンチを受け、息絶える劇中の川口君の姿に被せ、虐殺側の佐竹実(革マル派一文自治会書記長)の自己批判書全文の朗読音声が長々と流れる。逮捕され、ほぼ全面自供した佐竹が、警察管理下で警察の思惑に沿って書いた自己批判書。それが虐殺行為への禊ぎとされている。

だが川口君の虐殺は、革マル派中枢の根本仁(土門肇)と白井健一(山代冬樹)と藤原隆義(杜学)の指示・同意のもと、村上文男(二文)を現場責任者とした組織総がかりの所業である。同派はそれを隠し、「一部の未熟分子の行為」にすり替えた。映画の佐竹自己批判書朗読はそれを追従している。また「社会的責任」の名のもとに、労働者人民が暴力行使すること自体を否定する、警察の論理でもある。

しかもリーダー(村上がモデル)が、「おい、川口」と繰り返し叫ぶ声を、鴻上氏が「鎮魂歌みたいでしたね」と語る。それこそ虐殺の免罪ではないか。いまだに革マル派組織および佐竹、水津則子、村上ら虐殺実行者は、誰も早稲田の暴力支配と川口君虐殺への自己批判も謝罪もしていないのだ。

よって同映画は「内ゲバ検証」の映画になっていない。両監督が単に「内ゲバ」を映画の題材にし、「川口事件」をその「入口」(代島氏の言)として利用しただけだ。だがそれは実は、中核vs革マル戦争を真正面に据えていないことの証左だ。

代島氏の「内ゲバ」論は、中核vs革マル戦争の死者が出たケースだけを「内ゲバ」とする誤りを犯している。代島氏は、革マル派による数多の組織的・計画的なテロ——一九六八年秋以来の早大内での他党派・無党派活動家への数々のリンチ、六九年一月東大安田講堂防衛戦からの敵前逃亡、七一年三月の三里塚野戦病院車への襲撃、七四年一月破防法弁護団への襲撃、七〇年代から八〇年代にかけての東京・杉並区民へのナーバス作戦、国鉄当局と結託した動労革マル派の暴力支配——などを隠蔽している。

「権力は中核派の首根っこを押さえているが、わが革マル派は下の急所を握っている」（機関紙『解放』第二一九号、一九七二年一月一二日）と、警察＝カクマル連合を公言した事が不問に付されている。

革マル派の「革命」とは、「権力と闘う他党派を背後から襲撃・解体する」ことと、「永遠の今」論＝「党首・黒田寛一を神とする組織づくりの自己目的化」だ。

一九六七年羽田闘争の「十・八救援会」以来、今日も営々と活動する救援連絡センターは、革マル派を救援の対象としない。その理由を、代島氏・鴻上氏は考えたことがないのか。同映画は他面では、私たち中核派のテロル行使の必然性や幾つかの誤りの検証もやっていない。

虚偽と歪曲に満ちた代島「内ゲバ」史観は、警察の反過激派プロパガンダに似ている。

早稲田解放闘争の意義を辱め、「強者」への無力感や絶望へ誘うプロパガンダ映画

映画『ゲバルトの杜』を特集した『週刊読書人』第三五四〇号（五月二四日）は、監督の代島治彦氏と七〇年代学生運動を知る森田暁氏の対談を掲載した。森田氏が疑問と批判を投げ、代島氏が答え、あるいはスルーする興味深い展開となっている。

映画は冒頭部分で、ヘルメット姿の学生たちの写真を出し、「1972年」という字幕をかぶせる。この写真は映画宣伝サイトやシナリオ採録パンフレットのトップにも使われている。誰もが、川口大三郎君虐殺弾劾の早稲田解放闘争の一場面かと思う。だがそれは、一九六九年第二次早大闘争の機動隊導入時の写真である。代島氏は観るものを欺く映像編集手法を使う。

代島氏は、川口君虐殺一年後の一一・一九図書館占拠闘争を描いていない。そのことを対談で、「その後エスカレートしていく党派間の内ゲバを追ったため」と弁解している。当事者・早大全学行動委員会（WAC）の亀田博氏に実はインタビューしたことを初めて明かし、亀田氏の語りの一部を紹介している。そうであるなら、『彼は早稲田で死んだ』の著者・樋田毅氏らの非暴力主義と違う考え方の亀田氏を映画に登場させるべきではないのか。

亀田氏らWACは、川口君虐殺を許したことへの痛切な自己批判を共同の思いとして、革マル派の暴力に積極的な武装自衛を挑んだ。「虐殺者に決裁を迫らねばならぬ」と図書館闘争に決起した。そこには暴力の復権の思想が息づいている。

また代島氏は、映画に登場する野崎泰志氏（早大一文自治会臨時執行部副委員長）が武装遊撃隊「X団」を形成したことを初めて明かした。ところが映画に数度登場する野崎氏の語りからはX団の存在は認識しがたい。肝心の部分をカットしたのであろう。

一文での自治会再建運動は、武装・非武装を含めて渾然一体となりながら、革マル派の「殺人者の自治会」に取って代わり、人間性を尊重し、大学管理体制から自立した「自治の内実」をめざした。それは未分化ながらも、一八七一年パリ・コミューンの四原則（①常備軍の廃止と武装した人民へのおきかえ、②議員、吏員、司法職員の選挙制、責任制、随時解任制、③全公務員の労働者並みの賃金、特権の廃止、④コミューンは議会風の機関ではなく同時に執行し立法する行動機関）をも想起させる自治とプロレタリア独裁と人間解放の思想を胚胎している、と私は学ばせられた。この映画は、新しい試みとしての自治会再建運動の産みの苦しみと可能性を描こうとしていない。

代島氏は、「近しい現代史は」「球体のようなイメージで捉えられる」と語る。なるほど、そうであるならば、貴重な証言であるだろう亀田氏や野崎氏の語りの全部あるいは核心部をカットしたのだから、球体のようなイメージで歴史の多様性を捉えるのを代島氏自身が妨げたわけだ。

シナリオ採録パンフで代島氏は、〝一般学生の闘争はわずか一年で敗れ去った。その後の学生運動は敗北の物語だ。川口君の死は無意味な死だ〟という趣旨を語っている。最悪の認識である。

そこには、二年前に焼身抗議自殺した在日朝鮮人・山村（梁）君および川口君の生きざまへの想像力がゼロである。反ファッショ解放闘争の質をはらむ早稲田解放闘争への共感と学びが何もない。同映画は、川口君、山村君の無念を思い、一身をなげうち革マル派弾劾に決起した早大生たちの自己解放と勇気の物語である樋田著からも、逸脱している。

ただあるのは、〝暴力学生の跋扈がその後の政治的無関心世代を生み出した。より大きな暴力に抵抗しても負けるだけ。無駄なことはやめろ〟という、警察・マスコミのデマと同根のプロパガンダである。

樋田毅『彼は早稲田で死んだ』を鼻つまみにし、歴史のくずかごへ

前田年昭（組版労働者）

人民の戦いは政治的、経済的、軍事的（暴力的）敗北によっては、まだ真の敗北とはならない。人民の戦いの真の敗北とは、人民が戦ったこと自体に対して自負と正当性の信頼を失った時、すなわち、倫理的、思想的に敗北した時、真の決定的敗北となるのである。

（色川大吉『自由民権の地下水』岩波書店、一九九〇年）

歴史改竄とペシミズムは「内部」の裏切り者の仕業である

映画『ゲバルトの杜』に太田昌国がコメントを寄せている（公式サイト）。

現状の社会を批判し、夢や理想を語るからこそ、人びとの共感を得てきた〈革命〉の思想。いつしか、それは嘘と欺瞞に満ち、人びとの希望を打ち砕くような思想と実践に成り果てて、現在に至る――日本でも、世界でも。その腐臭に満ちた事態をもたらした根拠に迫らなければならぬ、この映画のように。〈革命〉に、本来の、真の息吹を吹き込むために。

「いつしか」「成り果てて」という言葉が端的にあらわしているように、これは批評精神の欠如と堕落以外の何ものでもない。あなたは何をしてきたのか。労働者は、闘い続けるなかで物理的に敗北しても、けっして負けじ魂まで明け渡したりはしない。あなたは「現状の社会を批判し、夢や理想を語」ったことはなかったのか。かつて、「拉致」問題で、左翼が発言の勇気と責任を失っていた時、あなたは『「拉致」異論』で批評精神のあり方を身をもって示したのではなかったのか。「人びとの希望を打ち砕くような思想と実践に成り果てて、現在に至る」という現状認識はいかなる事実を指すのか。また、「根拠に迫らなければ」というのであれば、「現状の社会を批判し、夢や理想を語」ってきた立場からの自省としてなされるべきではないのか。太田昌国のコメントが典型的に示しているように、「そんなことはやっても無駄だ」と冷笑してあきらめを強いる動きは、つねに、運動の内部から現れる。運動の内部から冷や水を浴びせかける者は随伴者ですらなく、卑劣な裏切り者である。

「殺されたのは自分かも」は、偽善、保身、無批評である

一九七二年一一月の早稲田解放闘争当時は、まだ全共闘運動の昂揚期であり、時代と歴史は「プロレタリア国際主義と革命的暴力」を肯定していた。この年八月からの相模原における戦車輸送阻止闘争は、米軍がベトナム戦争で破損した戦車を相模総合補給廠で修理して再使用すべく輸送していた戦車積載トレーラーを、実力で約一〇〇日間、止めた実力闘争である（後日、訪日したベトナム代表団が謝辞を述べている）。つまり、侵略者アメリカと抵抗者ベトナムが戦っている時、日本の労働者人民は、実力闘争で抵抗者ベトナムに連なる意志を示したのである。ここに国際的連帯における日本人民の持ち場があった。

次に、「殺されたのは自分だったかもしれない」という感じ方、見方は、つねに「被害」の側に身をおいて世界を眺めようとする奴隷精神である。第二次世界大戦を「軍国主義にだまされた」とする日本人の戦争認識もその一例であり、一度だまされたなら、次もまただまされるだろう。また、福島原発事故を起こした東京電力に対する批判もまた多くは被害者意識一辺倒であり、通常運転はもちろん、たとえ廃炉にするにしても被曝労働者の犠牲のうえにあることを決して見ようとはしない小ブルジョア階級のエゴイズム運動である。

「殺されたのは自分かも」ではなく、自分が「革命的暴力」を標榜する党派組織の一員だったとしたらどうしただろうか、と想像してみるところから考え始めるべきではないか。連合赤軍リンチ事件（七二年三月発覚）に対して、自分はそんなことはやらないという高みから「リンチ糾弾、銃撃戦支持」などと声明して恥じない党派組織が少なくなかったが、そこ

には批評精神のかけらもなかった。

川口大三郎は、けっして殺されたかわいそうな人ではない。早大当局と革マル派の共同支配に屈することなく闘いぬいたがゆえに殺された闘士だったのである。不当な暴力に対峙して、やりかえせる条件も奪われたなかで意志を曲げない者に対して、樋田毅のように「寛容の非暴力」を主張することがいったい何の力になり、誰を利するのか。不屈の闘士に対する誹謗を許してはならない。

「上映阻止」運動は、表現の権利に対する自損行為である

映画『ゲバルトの杜』の上映阻止を呼びかける意見があるが、いかがなものか。かの主張者が仮に権力をとったとすれば、当該社会では主張者の気に入らない映画や出版は〝阻止〟されるか。許せぬ。

今から二百数十年前の一七八九年、フランスで「人および市民の権利宣言」は、「すべての市民は、自由に発言し、記述し、印刷することができる」と宣言した（十一条）。印刷は、人びとが長い歴史のなかで時間をかけてわがものにしてきた本源的権利である。さらにまた、中国プロレタリア文化大革命が創造した大字報（壁新聞）は、この印刷の権利の最高表現である。文化大革命は、専門家に対する素人による叛乱であり、「目に一丁字もない」人々による学校出に対する造反だったから、大字報はたちまち広がり、壁や建物、道や車まで、街が壁新聞になった。中国の憲法は、文化大革命と一九七〇年改正草案を経て、一九七五年、「大いに意見をのべ、大胆に意見を発表し、大きな文字の壁新聞を貼る」権利を明記した（十三条）。しかし、七六年に毛沢東が死んで、中国が社会主義の旗を投げ捨てるやいなや、八〇年にはこの条項は削除され、八二年にはストライキの権利も削除された（現在の中国には表現の権利と自由はない）。

私は、「上映粉砕」「上映阻止」には反対である。誤りは批判し、鼻つまみにすればよい、そのためにも、上映はどしどしやってもらい、批判もどしどしやればいい、というのが私の考えである。

歴史改竄の根源＝『彼は早稲田で死んだ』を徹底批判する

樋田毅『彼は早稲田で死んだ――大学構内リンチ殺人事件の永遠』（文藝春秋、二〇二一年）は映画『ゲバルトの杜』（代島治彦監督、二〇二四年）の原案であり、諸悪の根源である。

樋田毅『彼は早稲田で死んだ』（以下〈樋田本〉と呼ぶ）を読んだときに感じた強い違和感と反発は今も消えない。ついで、映画『ゲバルトの杜』が公開された。代島監督は〈樋田本〉によって「『ゲバルトの杜』の恐ろしさを知っ」て、「この本を原案に」「内ゲバについてのドキュメンタリー映画」

をつくったという（公式ウェブ）。

〈樋田本〉は、川口大三郎虐殺事件を革マル派による「内ゲバ」とみる。「彼は早稲田で死んだ」という書名にあらわれている見方、捉え方は――「ゲバルトの杜」という醜悪な映画タイトル同様――、当時の早大当局（村井資長総長）の「派閥抗争」という傍観者的な見方と同じである。これは、歴史的事実なのか。否、彼の死は「内ゲバ」によるものでも「内ゲバ」に〝巻き込まれた〟ものでも断じてない。「早大当局と結託した革マル派」による学生に対する暴力支配が事件の本質であり、「彼は革マル派と早大当局によって殺された」が事実である。行動委員会（WAC）や当時の運動の歴史が、後知恵のきれいごとで改竄され、消されている（旧早大政治思想研究会有志「川口大三郎君は早稲田に殺された」〔『情況』二〇二三年冬号掲載〕を参照されたい）。これは歴史への修正、改竄であり、事実を覆い隠すものは、その事実をつくり出した犯人である、という格言はここでも見事にあてはまる。関東大震災時に朝鮮人が〝死んだ〟、という言説を想定してみれば、歴史の修正、改竄が誰を利するものか明白である。

〈樋田本〉は「不寛容に対して寛容で」立ち向かえと主張する。単行本のなかでは、七八ページ、一一五ページ、一五三ページをはじめ二五三ページにいたるまで繰り返し、書かれている。空語である。自らをジャーナリスト（奥付）と名乗るが、言葉に責を負うジャーナリスト（元朝日新聞記者）のものとは思えない。イスラエルのパレスチナ・ジェノサイドに抗議する反戦運動の全米、世界への現下のひろがりに直面した大統領バイデンは二〇二四年五月二日、「抗議する権利はあるが、混乱を引き起こす権利はない」と反戦運動への弾圧を理由づけた。逮捕者二〇〇〇人という〝混乱〟は誰が引き起こしたのか。イスラエルの侵略を後押しするバイデン自身が作りだしたものではないのか。抑圧には反抗しかない。「不寛容に対して寛容で」という主張は、「不寛容」の暴力を容認し、後押しすることに帰結する。

〈樋田本〉は、一九九四年に奥島総長によって「早稲田大学は革マル派との腐れ縁を絶つことができた」（二五六ページ）、というが、これが解決、解放なのか。私の違和感は、光州事件を題材にした映画『タクシー運転手　約束は海を越えて』（チャン・フン監督、二〇一七／二〇一八年）への違和感と通ずる。映画『タクシー運転手』を評価する人は少なくないが、反共国家韓国の現実は何ひとつ変わっていないからだ。いま、日本の大学には、自由と民主主義、自治はない。大学の構内に交番（二〇一三年、同志社大学）など考えられない事態が起きている。いったいどこに、学問研究の自由、大学の自治があるというのか。ジャーナリズム、アカデミズムは、難儀な目に遭わされている人民の、直面している問題の解決に役立ち、闘いを励ますものでなければ、その存在意義はない。本も、そして映画も、である。

自由民権運動の元闘士の、「国権」にとらわれ転向をとげ「酒肉足りて髀下見苦しく肥ゆるもの多し」という姿を見た北村透谷は「会ふ毎に嘔吐を催ふすの感あり」（「三日幻境」、一八九二年）と書いたが、半世紀前に「国際主義と暴力」を称揚しながら今、しれっと「非暴力」と言い出している元活動家に対しても、さらにその時流にのって「当時から非暴力を主張していた」と説教しに現れた〈樋田本〉を見ても、私は同じ思いに駆られる。私は〈樋田本〉を絶対に許せない。

民衆の歴史意識は「寛容の非暴力」という空語とは無縁だ

一八七八（明治十一）年一〇月二六日、神奈川県大住郡真土村（現・平塚市真土）に起こった農民暴動——真土《しんど》事件、松木騒動ともいう——は、暴力的で凄惨なものだった。以下、植本展弘「暴民哭哭」（『悍』第三号、二〇〇九年一〇月 http://www.teisensha.com/han/HAN_03_UEMOTO.pdf）による。この日深夜、村民二十数人が、有力地主で前戸長であった松木長右衛門の邸宅を襲撃した。まず手製の木砲二門による砲撃で威嚇、かつ石油をまいて豪邸を焼き討ち（一二棟全焼と伝わる）、逃げまどう長右衛門以下、家族・傭人含め七人を捕らえて各々の得物で斬殺し、四人に傷を負わせた。事情はこうだ。村人は村の戸長に土地を質入れして金を借りていたが、一八七三（明治六）年に地租改正が始まったことにより、所有権喪失を恐れて戸長に掛け合ったところ、戸長が村民六五人の質入地二三五ヘクタールを勝手に自分の名義に変えていたことが発覚。村民が訴えて裁判となり、一審では村人が勝訴したが、二審では敗訴。再審の費用のない村人は憤然と決起して戸長一家を殺害した。神奈川県令野村靖宛の減刑嘆願書が県庁に出された。嘆願運動で、近在一四〇の村の戸長・村惣代など一八〇〇人が署名し、翌年まで続いた嘆願運動で署名者は一万五〇〇〇人に達した。また、泉鏡花はこの事件を素材に『冠弥左衛門』を書き、そのほかにも小説や演劇になった。

一九六七年七月、神奈川県立厚木高校社会部は、地元で「特にこの一揆に参加した祖先を持つ人々が、この事件をどう感じ、どう受けとっているか」「現代においてのこの事件の意味、つまり人々の心にどう映っているか」を知るため五〇人にアンケート調査をした（同校社会部『社会研究（特集・真土一揆とその歴史意識）』一九六八年五月、平塚市中央図書館蔵）。事件から八九年が経過しており、対象者は一揆関係者から三、四代目の人たちである。

あなたは真土一揆の事を家族や子供らに話したことがありますか？　ある三四人／ない二六人

あなたは、この事件に関心をもっていますか　ある四六％／なし四六％

祖先の行動をどう思いますか　立派だった二六％／やむを得ない五〇％／感心しない一四％／その他一〇％

もしあなたが質入人だったらどうしますか　同じ様に一揆に加わった四八％／話し合いで解決したい四六％／その他六％

祖先の行動を四分の一が「立派だった」とし、やむを得ないの半数を加えた四分の三が当時の村人の行動を肯定しており、どうするかという問いに対して戦後教育のたてまえどおりの「話し合いで」を超える半数の人たちが「同じ様に一揆に加わった」と答えている。三、四代あとの世代に、真土一揆は正義の闘いだったと伝承されたことに民衆の歴史意識がある。闘いの伝承、革命的伝統の継承とはこのようになされていく。

さきに、ベトナム戦争における日本人民の国際的責務についてふれたが、当時、ベトナムでは村々を村落解放委員会につくりかえるなかで、抵抗と革命の伝統が語り継がれ、闘う青少年が生み出されていったという。この力が侵略者アメリカをたたき出した原動力になったのである。

早稲田解放闘争からまだ半世紀、当時の不屈の闘いに対して、後ろから水をかけるような『ゲバルトの杜』が出てくるようでは、あまりにも情けない。しかも、連合赤軍リンチ事件で、反権力運動は自壊したといわれるが、早稲田解放闘争は連赤事件のあとなのである。全共闘運動の大衆性をもっとも代表する闘いは、一九六八年の日本大学九・三〇団交であり、一九七二年の早稲田解放闘争であった。誰が「連合赤軍事件と内ゲバによって社会運動や学生運動が衰退した」という出鱈目なストーリーを言い出したのか、勝手な話をでっち上げないでほしいものである。

エンゲルスは、暴力を絶対的な悪としたデューリングを批判して、それは「悲嘆のお説教」だと断じている。つづいて、「暴力は、マルクスのことばを借りれば、新しい社会をはらんでいるあらゆる古い社会の助産婦であるということ、暴力は、社会的運動が自己を貫徹し、そして硬直し麻痺した政治的諸形態を打ち砕くための道具である」（『反デューリング論』第二篇4）と述べている。樋田毅や代島治彦から太田昌国にいたる諸先生方の「悲嘆のお説教」は、労働者人民の負けじ魂とはまったく無縁である。

過去から現在につづく労働者人民の闘いに対して、やっても無駄だとか、暴力は堕落だとか、後ろから水をかけるものは、暴力の本質を知らず、それが時代と社会によって異なる表現をとることを知ろうとしない。

民衆の抵抗の暴力は歴史に生き続ける。現代日本における抵抗の暴力の最高形態はゼネストである。

労働者人民のゼネスト万歳！

「絶望」と隣り合う「希望」とは如何なる謂か？

——代島治彦『ゲバ杜』とその言説・徹底批判[*1]

絓 秀実（文芸評論家）

1

ことは村上春樹にもかかわるので、そこから始めよう。

映画監督・代島治彦は村上春樹がかねてより好きだったという（森田暁との対談、「読書人」五月二四日号）。一九八〇年に発表された村上の中編小説「街と、その不確かな壁」（単行本未収録、ほぼ同名の長編が二〇二三年に刊行された）を雑誌掲載時に読み、「あの話が暴力の杜となった早稲田大学キャンパスの話に思えた」と言い、「ゲバルトの杜」というタイトルを思いついたと言う。いやはや慧眼だが、初耳である。代島が言っているような村上のその中編に対する解釈は、私が『対論1968』（笠井潔・外山恒一との共著、二〇二二年）で披瀝したのが活字上の最初と思っていた（そのプライオリティは私にはなく、SNS上の「燻製クラウン」、「金原甫」両氏による研究にあるとも注記した）。このことは、おおむね世間に周知されているはずだが、それ以前に代島がどこかで公にしているのなら、示してもらいたい。私が訂正しなければならない。それができないなら、最低限、私の発言を先行例として記すのが礼儀だろう。そうしなければパクリと見なしうる。私個人の問題ではないから、断固釈明を求める。なお、本稿も、『対論1968』と同様に、「燻製クラウン」「金原甫」両氏のSNS上での先行研究に負うところが大きい。

ところで、以下、『ゲバルトの杜』を、煩瑣を嫌って『ゲバ杜』と略記する。村上春樹好きの代島なら、当然、『ノルウェイの森』も念頭にあっただろう。ただ、「ゲバ杜」という場合の「ゲバ」の用法は、往時の「ゲバゲバ90分！」(大橋巨泉・前田武彦)や「銭ゲバ」(ジョージ秋山)の系列にあり、学生街の安い定食屋あたりで用いられていたかもしれぬ。「ライス大盛」の代わりに「ゲバ盛り」一丁といった類である。まさか、村上春樹の小説の登場人物が「ゲバ盛り定食」を注文するとも思えないが、代島の映画を『ゲバ杜』と呼ぶのは、さまざまな意味で妥当だろう。閑話休題。

映画『ゲバ杜』については、私は『映画芸術』四八七号(二〇二四年春号)で、亀田博、花咲政之輔とともに鼎談を行っている(本書所収)。当該映画について、概略のところはそこで述べており、繰り返さない。しかし、同じ号に掲載されている代島へのインタヴュー「内ゲバで死んだすべての死者を追悼する……「絶望」と隣り合う「希望」を描きたかった」を読んで、このギリシャ神話以来のクリシェを繰り返す騙りに、ほとんど絶望的な気分になってしまった。しかも、何千年来のクリシェだから、いかにももっともらしいのである。批判には、やや迂遠かもしれぬ多少の労力が必要となる。

そもそも、革マル派による川口大三郎虐殺は「内ゲバ」なのか。そうでないことは、先の鼎談でも言っておいたから、再説しない。「内ゲバ」なる言葉は、いわゆるブルジョワ・ジャーナリズムによって流布された杜撰かつネガティヴな言葉で、今や、それを用いないのが困難なほどブルジョワ・イデオロギーが浸透しているにしても、使用には慎重であるべきだろう。また、それに付随して、いまだ「内ゲバ」イデオロギーのカノンとしてある立花隆の『中核vs革マル』についても、批判的な検討が、今後、必要である。そもそも、「内ゲバ」は日本的に特殊な現象なのか。

川口事件について、代島を含めたひとびとがそれを、「内ゲバ」と見なすのは、両者について、何も思考しようとしていないということだ。しかも、川口事件はもちろん、「内ゲバ」も、今なお問われるべき重要な問題と信ずる。そのことは、本稿においても、その一端は明らかになろう。

端的に切り出せば、この代島インタヴューにおいて、映画『三里塚のイカロス』(二〇一七年、代島監督)宣伝用パンフに寄せた加藤典洋の言葉を引用して語っている結論部が、まず問題なのである。煩わしいが、いちおう加藤の文章を引用しておこう。

敵も味方もなくなると、あたりはぼんやりと明るくなる。映画の最後に、元中核派政治局員の岸さんが、私たちはそこで間違った、失敗したんです、という。するとその言葉が私たちに、ひとつの希望となって聞こえる事情と似ている。なぜそれが希望かといえば、どんな深い誤りも、その人がそれを誤りと認めるなら、それだけで、別のもの、未来につながる何かに変わるからだ、それは、

「絶望」、「あきらめ」と隣り合う「希望」である。

確認しておくならば、これは三里塚闘争について言われた言葉であって、川口事件でも、「内ゲバ」なるものについての言葉でもない。にもかかわらず、代島はそれを、彼の言う「内ゲバ」についての映画『ゲバ杜』の自作用宣伝解説として転用しているわけだ。私はそれが誤りだといって批判したいのではない。むしろ、ある文脈では正しいがゆえに批判するのである。

付言しておけば、「岸さん」と呼ばれている岸宏一も、加藤典洋も今は死去している（岸は二〇一七年没、加藤は二〇一九年没）。岸は『革共同政治局の敗北』（水谷保孝との共著、二〇一五年）を遺している。二人が生きていたら、代島の発言について、あるいは、私がこれから論評することがらについて、どう応接するかは、必ずしも明らかではない。ただ、私は「死人に口なし」という特権（?）に胡坐をかくつもりはない。そもそも、本稿で指摘することは、私が、彼らの生前すでにSNS上で表明してきたことが多く含まれている。

2

加藤典洋は、学生時代のある決定的な時期、革マル派であったと思われる。彼は、批評家として本格的にデビューした直後から、最晩年にいたるまで（概略、『批評へ』一九八七年～『オレの東大物語』二〇二〇年）、自らを「ノンセクト」であったと繰り返し主張してきたが、少なくとも学生時代のある時期に、革マル派系と見なさなければ平仄の合わない記述や発言が幾つも存在する。

加藤を革マル派であったと公に名指したものに、大窪一志による二〇一九年一二月三一日付のツイッター（現X）がある。大窪はそこで、その年に死去した加藤を追悼して、「宿敵革マルなれど優れた敵だった加藤典洋」と記した。大窪は東大時代は「新日和見主義」系の共産党員だが、今はアナキズムに傾斜している。しかし、決して革マル派には悪感情を持っておらず、むしろ好意的なのは、ジョン・ホロウェイの『権力を取らずに世界を変える』を四茂野修（東大革マル～JR総連副委員長）と共訳していることからも知られる。この加藤追悼ツイートもその一つであり、信頼に値する。その他、加藤が革マル派であったことの傍証は諸々ある。

では、そのことが『ゲバ杜』にかかわって、なぜ問題なのか。一つは、加藤が、今では川口事件に深くかかわっていた

＊1　本稿は、二〇二四年七月六日に行われたシンポジウム「映画『ゲバルトの杜』を徹底批判する」（新宿区角筈区民センター）で、討議のための参考資料として配布されたものに、若干の加筆訂正を加え、『映画芸術』四八八号（二〇二四年夏）で公表した。誤記その他は訂正した。

ことが広く知られる、「スローライフ」の辻信一こと大岩圭之助（川口事件当時、早大一文自治会副委員長）の、「大岩」としての存在の隠蔽に、鶴見俊輔とともに深く加担していたと思われることがあげられる。

今では、『ゲバ杜』の原案である樋田毅の『彼は早稲田で死んだ』（二〇二一年）によって知られるようになったとおり、大岩は川口事件にかかわり早稲田解放闘争に敵対した「準」主犯的存在であり、大学を無期停学になった後、米国に逃亡した。そこで、一九七九年秋から八〇年春までカナダのモントリオールの大学で講義をしていた鶴見俊輔の庇護を受けることになる。そこには加藤典洋もいた（鶴見『戦時期日本の精神史』一九八二年、参照）。大岩は鶴見から「辻信一」のペンネームを与えられ（もちろん、本名では都合が悪いからである）、加藤も、その著作のなかで、何度も辻信一を「友人」と記している。大岩は辻の名前で公に文筆活動を開始し、本名が一般に知られることはなかった。

なお、鶴見に認められた「辻信一」のデビュー論文（一九八一年）はいわゆる転向論（辻『ヒア・アンド・ゼア』一九八八年、所収）で、そのこと自体は興味深いが、多分それは彼自身の民族的アイデンティティの問題にかかわっており、そこに革マル派からの「転向」をうかがわせるものは見出しにくい。少なくとも私のアタマでは。もし大岩＝辻が、そのデビュー作を革マル派からの「転向」問題とかかわらせることができたなら、一九七〇年一〇月に早稲田の革マル派支配に抗議して自殺した「帰化」在日朝鮮人・山村（梁）政明のことに思考が及び、ひいては川口虐殺を論じることも可能だったろう。そうすることによってのみ、大岩＝辻は「研究者」として再生できたはずだ。

私が辻信一を川口事件の「準」主犯＝大岩圭之助だと知ったのは、二〇一三年頃、SNS上での「燻製クラウン」氏の精密な追跡に接した時だ。樋田毅の本の出るはるか以前である。そして、私も当時やっていたツイッターで、そのことを公にしたが、一部を除いて、誰も信じなかった。編集者のなかには、以前から辻を大岩だと知っていた者もいたようだが――。もちろん、鶴見俊輔も加藤典洋も、当初から知っていたわけである。

なぜ、鶴見はそうまでして、大岩の革マル出自を隠蔽してやる必要があったのか。そのことについては、よく分からない。ただ、鶴見と黒田寛一（革マル派最高指導者）とのあいだには、鶴見が藤田省三とともに、六〇年安保時に黒田に東海道線「こだま」転覆を依頼した恥ずべき過去――この過去に触れることは、鶴見俊輔信者のあいだでは今なおタブーである――があり（拙著『吉本隆明の時代』参照）、そのことが何らかの形で尾をひいているのかもしれない。しかも、鶴見はその「こだま転覆」計画を、吉本隆明に転嫁しているのである（鶴見、上野千鶴子、小熊英二『戦争が遺したもの』二〇〇四年）。

一般に、鶴見俊輔は育ちの良い良心的な市民派のリベラル知識人として知られている。しかし確か橋川文三はある座談会のなかで、鶴見のことをドストエフスキーの小説に出てくる子供のような、と評して別の側面を指摘していたと記憶する。モントリオールでの邂逅以来、鶴見に師事し信頼も篤かった加藤もまた、革マル派の過去を隠しておくことが好都合であり、辻との交友関係を継続するに際し、大岩としての過去が明らかになるのは、マズかったのだろう。

3

加藤典洋は、村上春樹を論じた膨大な著作を遺している。これは、一批評家あるいは研究者の一作家に対する応接としては、異例のことだ。その影響も多大である。村上春樹好きの代島も読んでいるに相違ない。しかし管見の限り、加藤が必死に口を噤んできたのが、村上における川口事件という明瞭な痕跡なのである。誰が読んでも明らかであり、知られていることだが、長編『海辺のカフカ』（二〇〇二年）には川口事件が鮮明に刻印されている。また、村上の『職業としての小説家』（二〇一五年）においても、川口事件のことが批判的に語られている（その部分の雑誌初出も二〇一五年）。にもかかわらず、村上の諸小説作品・エッセイ・インタヴューを「精読」し、微に入り細を穿ち、時には強引とも言える読解を披瀝しながら、川口事件にだけは言及しまいというのが、加藤の構えなのだ。

しかも、加藤は「内ゲバ」については、けっこう懸命に論じるのである。すぐ後で指摘するように、加藤は明らかに川口事件をも念頭に置いて「内ゲバ」を論じているが、村上において「内ゲバ」が主題化されているのが、初期の短編「ニューヨーク炭鉱の悲劇」（『中国行きのスロウ・ボート』一九八三年、所収）だと言うのみなのである（加藤『村上春樹の短編を英語で読む』二〇一一年、『村上春樹は、むずかしい』二〇一五年）。

「ニューヨーク炭鉱の悲劇」が「内ゲバ」を主題化した短編かどうかは、ここではどうでもいい。「「内ゲバ」の死者への関心」という題まで掲げられた、加藤の晩年に近いポピュラーな著作『村上春樹は、むずかしい』の一つの節を対象に、加藤が川口事件や、「内ゲバ」なるものを、どう思考しているかを見ておこう。

加藤によれば、そこで論じられる「内ゲバ」とは、「七〇年代に入り、特に革マル派、中核派といった反日共系のセクト間」の「抗争」で、「その中心をなし、革マル派の牙城といわれたのが、村上の学んだ早稲田大学文学部」だと言う。杜撰きわまる間違った説明だが、俗耳には入る。そして、ここから川口事件を想起しないのは難しい。繰り返すが、加藤がこれを書いた時点で、村上は二度も川口事件に言及しており、また、加藤が参照しているところの、立花隆『中核 vs 革マル』も、川口事件にかなりの頁を割いているからだ。

もちろん、加藤は「内ゲバ」を憂えている。そこで持ち出されるのが、一九七五年の六月と七月の二度にわたり、埴谷雄高が中心になって「内ゲバ」停止を求めて発した、「革共同両派への提言」(「両派」とは中核と革マルのこと)である。一般には「知識人の提言」とも言われた(立花隆前掲本で、その概略は知りうる)。加藤は、「それでも両派は受け入れない」と嘆いてみせる。ところが、これも歴史認識からして間違いなのである。

一九七五年三月一四日、革マル派は中核派の本多延嘉書記長を虐殺した。これが、革マル派の最高政治指導部によって入念周到に計画されたものであったことは、今日、明らかになっている(小野田襄二『革命的左翼という擬制』二〇〇三年、など)。私も後に、職場の同僚だった玉川信明(ノンフィクション作家)から、「クロカン(黒田寛一)から突然電話があってね、「山本(黒田のペンネームの一つ)です。……本多を殺っちゃったよぉ」と言うんだ」と聞いた。玉川はアナキストだが、若い頃から黒田と親交があり、晩年も革マル派に加担していた人物である。革マル擁護本の奇書『内ゲバにみる警備公安警察の犯罪――ドキュメント資料』(上下、二〇〇二年)も編んでいる。

革マル派は中核派トップを殺害することで、中核派を崩壊に追い込み、「内ゲバ」を終わらせることができると思っていたようだ。三月二八日には、革マル派は一方的にテロ停止宣言を発する。逆に、中核派の反攻が激化していくが、埴谷らの「声明」は、トップ死亡によって衰弱しているはずの中核派を包囲するための、革マル派による戦術だった。

埴谷と親しく、革マル派文化人として知られ、革マル派「内ゲバ」理論(『革命的暴力とは何か?』一九七一年)の実質的な執筆者であった高知聡(高知『孤独な探究者の歩み』二〇〇一年、参照)や、松崎明(動労=JR総連、革マル派副議長)らが、埴谷に交渉した。これらのことは、革マル派機関紙や、『松崎明秘録』(二〇〇八年)に記されており、『死霊』を中心とする埴谷の文学と思想が、黒田寛一の哲学ときわめて近いことを知れば、不思議でも何でもない。一九六二年の黒田参院選の責任者も埴谷だった。私は、このことを古くから繰り返し指摘してきた。残念なことに、埴谷に対する幻想は、今なお文芸ジャーナリズムにはあり、『死霊』を端的に下らないと言う者は、そう多くはない(近年で例外的なものに、石川義正『存在論的中絶』があるが)。なお、加藤は『死霊』を「畢生の大作」と称賛しているように、埴谷を高く評価している。

つまり、どういうことか。埴谷ら「知識人」の提言なるものが主張しているのは、中核派に対して、トップが死んだのだ、「絶望」して、革マル派へのテロを止め、組織を解散せよ。その「絶望」によってのみ、「希望」もあるだろう、ということである。もちろん、革マル派は埴谷らの「提言」を歓迎した。自分たちが使嗾したのだから、当然である。埴谷ら「知識人」は、革マル派が川口事件を「自己批判」していることも評価しているのである（第二「提言」）。冒頭に引用した「三里塚のイカロス」宣伝用パンフの加藤も、元中核派政治局員の岸宏一に対して、同じ「提言」をしているわけだ。『ゲバ杜』の最後のシーンでは、虐殺者の一人・佐竹実の「自己批判書」が朗読され、それがあたかも「悔恨」であり、川口への「鎮魂」であるかのようなメッセージが観客に訴えられている。代島もそう語っている。また、樋田毅も別の「準」主犯・田中敏夫（故人）について、そう書いている。

etc. etc.

しかし、それらは自分たちがバックにした組織の責任を全く問うていないのだ。川口虐殺の現場責任者たる村上文男（二文）が事件後に革マル派の出版社・こぶし書房から刊行した『梯明秀との対決』（一九七九年）と、それへの黒田寛一の応接を知れば、革マル派中枢が現場の「未熟さ」に責任を負わせ、逃げおおせたことが浮かび上がってくる。村上はそこで、いろいろとグチっているが、それは革マル派において自由な言論があったかのごときアリバイ工作だろう。村上の著作の異例な刊行は、村上が責任を背負ってくれたことの報償であったと考えられる。

加藤典洋の言葉を『ゲバ杜』宣伝に流用する代島はどうか。亀田・花咲との鼎談で指摘し、「読書人」前掲対談でも森田暁が映画冒頭の映像を援用して言うように、『ゲバ杜』は、現在も続く当局と革マルによる統治を、正当化している。そこでは、公然と革マル派（文連）のタテカンが中央にありながら、あたかもキャンパスが「平和」であるかのように印象づけられている（前掲対談では、代島はそれを全き平和であると信じて撮ったと言っている）。私が言う「ムーゼルマンの平和」（亀田・花咲との鼎談参照）である。そして、そのムーゼルマンの「絶望」にのみ、「希望」があると言っているわけだ。なお、『ゲバ杜』原案の樋田毅の本も、ほぼ同じことを言っている。私が絶望的になるのは、そのようなロジックが、あたかも、もっともらしく語られることである。

マーク・フィッシャーならずとも誰もがそう感じているように、もはや革命という「希望」を見出すのは難しい。しかし、その「絶望」の後に「希望」があるわけではないのだ。そういうもっともらしいロジックこそ、絶望的な反革命のロジックであることは、見てきたとおりである。

なお、本稿では、川口事件以降も続いた、早稲田における「解放闘争」の歴史に触れる余裕がなかった（ある時期までについては、私と花咲政之輔共編の『ネオリベ化する公共圏』二〇〇六年、参照）。

昂揚会・原理・早稲田リンクス

——奥島「改革」後の早大管理監視体制

花咲政之輔
（太陽肛門工房主宰／早大構内立ち入り禁止処分者）

早稲田精神昂揚会——川口・野田・西村

一度だけ、革マルに直接「川口」の名前を出されて恫喝されたことがある。

一九八八年、柏崎利之輔常任理事を授業終わりに捕捉して大衆団交に持ち込み、約五〇〇名の学生とともに学費値上げ課題につき追及した件と、学内デモの流れで「総長室に乱入」した件。

この二件を主軸として我々ノンセクトの幾つかの「破壊的行動」が問題とされ、早大当局から「学生運動史に例を見ない異常な行動」として八九年一月九日に「猛省を促すとともに強く警告する」告示が出された。

革マルがそんな我々の「跳ね上がり行為」を見過ごすはずはない。その年は学費闘争があり、全学ストライキから総長団交が行われ、入試ロックアウト直前の二月初旬に商学部の教室で学費闘争総括集会が開催された。この集会自体が民青系と我々への吊し上げの場であり、ノンセクトの先輩が野次怒号を浴びせられ追及されていた。

便所に行くため離席した私は、人影少ない場所で革マル活動家二名（文学部K、商学部H）に捕捉され、空き教室に連れ込まれた。恐怖で血の気が失せたのを今でもはっきりと覚えている。

少しの沈黙の後、Kはおもむろにこう言った。

「お前、川口って知ってるか」

もちろん知ってるに決まってるわけだが、そんなことは言えない。

「田舎帰れよ。田舎帰って百姓やれよ」

実家は農家じゃないんだけど。

いろいろ言われたが、基本は貝のように押し黙るほかなかった。唯一、私が口を開いたのは、「お前、ブクロと関係があるだろ」と言われたとき。

これにははっきり「ありません」と答えた。

もちろん、革マルに恫喝されるのはこれに始まったことではなく、折に触れて日常的に恫喝されていた。しかし、川口の名が出なかったのは、縮小された川口事件ともいうべき「野田・西村事件」が私が入学する前年である八六年に生起していたことが大きい。

革マルは恫喝するのに川口の名など出す必要はない。革マルが支配する早稲田において非革マルの立場で運動をやる限り、川口君事件のことは頭から離れることはない。

恫喝の場面で川口の名が出されることはなかったが、野田・西村の名前が出されることはあった。

八五年九月一七日午前三時四〇分頃、ある早稲田大学第一文学部学生が三鷹の下宿で中核派によって襲撃され、全治四ヶ月の重傷を負った。翌一八日には、横浜国立大学と奈良女子大学において中核派が「軍報速報」をビラに掲載して襲撃を追認した。中核派は彼を革マル派活動家（一文JAC〔全学連特別行動隊〕）とみなしているが、革マルはこれを否定し、「早大一般学生」としている。実際に彼は革マル派活動家ではなく、文連（文化団体連合会）所属のサークルに属していた程度だったようだ。

八六年一二月九日、早大社会科学部四年の野田博之さんと早大第一文学部四年の西村裕介さんが、革マル派早大支部によって「学内でスパイ活動を展開していた早大中核派活動家二名」とされ、学外に放逐された。野田さんと西村さんは早稲田精神昂揚会の幹事長と副幹事長であった。西村さんは当時大学院進学も決まっていたため、第一文学部教授会内日本共産党系教員と民青の庇護の下で試験を受けようとしたが、革マル派がヘルメット部隊でピケを張って妨害し、教室に入ることはできなかった。

下宿に待ち伏せして荷物を荷造りして新幹線に乗せてやっただの、全く笑えないドキュメンタリー・タッチのビラが革マルによって撒かれ、当時の早大生の間では有名な事件であった。

また、素人目にも野田さんと西村さんが「中核派のスパイ」とはどうしても思えず、前年九月一七日の襲撃の理由探しのために生贄になった（一般学生ですらそう噂した）としか思えなかった。早稲田精神昂揚会は第一学生会館内にあり、拠点を同じくする革マル派系学生に対して「なぜオマエらだけが泊まれるんだ！」と酔いに任せて毒づいたりしていたことも仇となった。

事実無根のでっち上げであっても「革マルに目をつけられたら終わり」であり、《国家権力－早大当局－革マル》の構造的暴力の中では「回教徒《ムーゼルマン》としての生」に馴致するしかないとの無力感を早大内に蔓延させた事件であった。その構造的暴力に異を唱えさえしなければ、大学生活をエンジョイできる。

革マル派が「中核派のスパイ」として放逐した学生が、民青でもなくノンセクト活動家でもなく、学ランを来て酒を飲み、学内や早慶戦後の新宿・歌舞伎町で「都の西北」や「人生劇場」を放吟している早稲田精神昂揚会員だったことは大きい。自分と隔絶したカルトな特殊「過激派」の世界のことではなく、身近な脅威として革マル派の統治が認識され内面化される。そして、早大原理研究会とそのダミーサークル群によって日常的に喧伝される「一般学生＝早稲田精神昂揚会員」川口大三郎がサヨク革マルによって殺されたというキャンペーンが恐怖と忌避感を増大させていた。

早大原理研究会－統一教会による川口事件の政治利用

二〇二二年七月八日、山上徹也によって安倍晋三は銃撃され殺害された。山上は、統一教会への恨みを挙げ、安倍が統一教会の「最も影響力のあるシンパ」であることを理由に安倍を標的にしたと動機を明かしている。

その統一教会の学生組織が原理研究会である。早大原理研究会はそのなかでも教祖・文鮮明も注力する重要拠点校であり、鈴木邦男が所属していたことで知られる「生長の家政治連合」（生政連）等学内右翼と連携し、学内左翼勢力に敵対していた。

早稲田精神昂揚会は当局と太いパイプを持つバンカラ系（弊衣破帽で校歌などを放吟する類の）サークルであるが、統一教会－原理研とはサークル連合を媒介に強い繫がりを持っていた。サークル連合は、一九六五年の第一次早大闘争時に当時の大濱（信泉《のぶもと》）総長－滝口（宏（考古学））学生部長（滝口は統一協会系の「勝共教授」）が文連・自治会対策として育成した右翼グループの連合組織であり、その執行部は六九年以来、原理研に牛耳られていた。

映画『ゲバルトの杜』（以下『ゲバ杜』）の原案『彼は早稲田で死んだ』の著者、樋田毅の人生の二つのテーマは「川口事件」と「赤報隊事件」だという。樋田の『記者襲撃——赤報隊事件三〇年目の真実』（岩波書店、二〇一八年）では「赤報隊事件」に統一教会の武装部隊が関わっていた可能性が強く示唆されている。樋田は、二〇二一年の川口君五〇回忌法要において早大原理研究会の元幹部三人と出会い、ともに墓参し、驚くべきことに一緒に早稲田の校歌まで歌っている。その墓参時、統一教会の元幹部は『彼は早稲田で死んだ』を複数冊所持しており、すでに川口君のお姉さんに渡していた。驚くべきは、「川口セミナーハウス事件」以降も、統一協会の元広報部長、大江益夫と川口君のお姉さんは交流を続けていたという。

村井資長《すけなが》第一〇代早大総長は七二年一一月一四日、大衆的に糾弾追及されていた革マル派学生を、機動隊を導入して救出し、その後も一貫して「早大管理監視体制」の盟友として革マル派を擁護し便宜を与えてきたが、早大原理研究会－統一教会には簡単に騙され政治利用されている。

村井夫妻および川口サトさん（川口君の母親）をはじめとする川口家の人々が早大原理研究会－統一教会に騙された詐欺事件が「川口セミナーハウス事件」である。早大原理研幹部は川口事件の約一ヶ月後、一二月初めに川口サトさん宅を訪ね、サトさんの「大学から受け取る六〇〇万円の見舞金を元手に、学生たちの憩いの場となる民宿を作りたいという夢」に付け込み、「川口記念セミナーハウス」建設のための募金活動を全国で展開した。その後、村井総長夫人を「洗脳」し、クリスチャンである村井が所持していた早稲田奉仕園の土地を使い「川口記念セミナーハウス」を私文書偽造まで行って建設した。その後騙されていたことに気づいた村井総長と夫人は「原理運動を憂慮する会」を結成し反原理の急先鋒になっていく。

一九九〇年代～二〇〇〇年代の早大学内において川口事件を執拗に政治利用し喧伝していたのは唯一、早大原理研究会とそのダミーサークル群であった。事件については、革マルは言及するわけがないし、ノンセクトも公然とは口にできない。民青はたまに言及していたが、すでに弱体化しており情宣力が弱っていた。

早大の入学式が行われる戸山キャンパスの記念会堂前で、我々「早大反原理連絡協議会」（以後「反原連」）は毎年「原理研に注意！」の情宣活動を行っていたが、そのとき新入生から我々が回収していたのが「いなほ」という早大原理研が毎年配布していたパンフレットである。

その「いなほ」には「早稲田の三匹のゴーストを退治せよ」（革マル・民青・反原連）とか「早稲田のサヨクに注意！」といった記事が掲載され、連合赤軍事件と川口君事件が並列されて「サヨク」の残虐性を強調する事例として大きく取り上げられていた。川口君が（一時期）早稲田精神昂揚会員であったことも強調されていた。サークル連合を媒介して早大原理研と昂揚会が良好な関係にあったというモチーフもあるが、川口君は「サヨク」ではなく一般学生であったということを強調する狙いがあったと思われる。そういう事情もあり、川口大三郎が早稲田精神昂揚会の会員であったことは「原理によって」早大生の間に広く知られていた。七二年一一月八日虐殺時、川口君は早稲田精神昂揚会も早稲田学生新聞（統一教会－原理研究会のフロントサークル）もすでに辞め、狭山闘争の集会に参加したり、中核派のデモや政治集会にも参加していたのだが、それを知る人間はほとんどいなかった。

有名バンカラ・サークルであり、「百キロハイク」（本庄から早稲田を経由して所沢までの一〇〇キロを歩くという行事。早慶戦・早稲田祭等と並んでこれを年間行事に組み入れているサークルは多い）主催によって一般学生にも親しまれている早稲田精神昂揚会の名前は確固としたリアリティーをそこに与えていた。「いなほ」には泣き崩れる川口サトさんの写真が連合赤軍同志殺し遺体の写真の横に大きく掲載されていた。

『ゲバ杜』のほか、『三里塚に生きる』『三里塚のイカロス』『きみが死んだあとで』と代島映画の音楽を担当した大友良英は、代島治彦との対談のなかで、「先行世代のカルト的なもの、セクト的なもの」と発言している。代島もそれを否定していない。彼らの頭の中では、オウムも赤軍も中核・革マルも統一教会も「カルト的なもの、セクト的なもの」として同じカテゴリーに入っている様子である。

樋田‐代島が英雄視する奥島総長が暴力的に放逐したものは、学内反原理勢力でもあった。九〇年代〜〇〇年代を通じて原理研とそのダミーサークル群の活動は早大当局の庇護の下で活発であり、（サークル連合の機関紙「早稲田文化」や原理研系の「早稲田学生新聞」に奥島総長も白井総長も登場している）、我々反原理活動家は日常的に勧誘の摘発放逐を行わなければならなかった。

反原理勢力が早大学内から放逐された今、学内でアンケート勧誘を行う早大原理研の姿は増殖している。「カルト的なもの、セクト的なもの」の最たる統一教会‐原理研の伸張をもたらした奥島孝康の新自由主義的早大再編をいつまで樋田‐代島は礼賛し続けるのだろうか？

「上映阻止」闘争は可能か？

原理の話になったところで、「上映阻止」闘争をめぐる論議に触れておきたい。

早大内でのイベント開催などに対し、私が関わって「実力阻止」を掲げて情宣活動を展開したことは複数回あるが、実際に物理的に阻止した（中止に追い込んだ）のは早大原理研（の組織するフロント団体）が主催した「西川りゅうじん講演会」のみであった。小沢一郎系学内右派政治サークル「鵬志会」が主催する自民党右派政治家の講演会などでは、「実力阻止」を掲げても、我々のほうが阻止される、つまり野次を発した段階で屈強なスタッフにごぼう抜きされるのが常であった。しかし本気で物理的に阻止するつもりなら可能ではあった（弾圧のリスクはあるが）。つまり後者においては我々は「大衆的に実力阻止しよう」という情宣は行うが、それが大衆的に実現しないのであれば実際に物理的阻止は行わないことを選択していたのだ。

暴力「一般」が存在しないのと同じように、上映阻止闘争

「一般」も存在しない。個別具体的に判断していくしかないと思う。身も蓋もないが、ケース・バイ・ケースである。

樋田・代島のようにすべての暴力を否定してしまうことは、構造的暴力の肯定に帰着するしかないし、すべての暴力を肯定するなどということは原理的に不可能だ。上映阻止闘争もまた然りである。

『ゲバ杜』批判シンポジウムの場で、出演者である野崎氏・永嶋氏に対して「自ら不本意な編集（映画）だと判明した段階で出演拒否をする（自分の出演場面を使わないように申し入れる）べきではなかったのか」と私は発言した。「最終段階（試写）になるまではどういう映画になるかわからなかった」との返答であった。

その後、『ゲバ杜』批判シンポ実行委員会のツイッター（現X）で、「上映阻止闘争も俎上に載せられるべき」と私は発言した。「俎上に載せられるべき」「上映阻止闘争は必要だ」という言論は認められるべきだと思うが、実際に阻止闘争を組織して物理的に阻止すべきかどうかはケース・バイ・ケースだ。そして、『ゲバ杜』上映で阻止行動を我々は組織していない。上映阻止行動は行われていないのだ。

しかし、出演したり資料を提供したりすることは積極的な協力・支援であって、自ら製作者の立場に身を置くことであり、上映阻止闘争とは明らかにそのフェーズを異にする。野崎氏・永嶋氏は『ゲバ杜』がここまで犯罪的なデマ映画であることが判明した時点で、自らの協力を引き上げる（自らのインタビューに関する上映許可を与えない）べきだったと考えるし、今からでもそうすべきだと思う。

奥島孝康総長による早稲田「解放」

『ゲバ杜』の原案『彼は早稲田で死んだ』は奥島孝康元総長への賛辞で締めくくられている。

「川口君の虐殺事件から実に二五年の歳月を経て、早稲田大学は革マル派との腐れ縁を絶つことができた。あまりにも遅かったが、奥島総長の決断と覚悟がなければ、癒着体制は今も続いていたに違いない」

川口事件以降、大衆的に高揚した（『彼は早稲田で死んだ』著者の樋田毅も当事者の一翼を担っていた）早大解放闘争は革マル派の「不寛容」な暴力によって敗北した。樋田によれば、その後二五年続いた革マル派による早大暴力支配は奥島孝康総長によって終了し、早稲田は「解放」されたというのだ。

山村政明・川口大三郎の死の背景にあった「早大管理支配体制」とは、真に自らを脅かす大衆運動の高揚を予防的に弾圧するために、早大当局が革マル派と癒着結託し、学内を「構造的暴力」によって統治していたということにほかならない。それは革マル派や国家権力の「現象的暴力」によって担保されているが、「現象的暴力」が頻繁に発動されずとも日常的な学内秩序は平和に保たれている。それこそが「生政

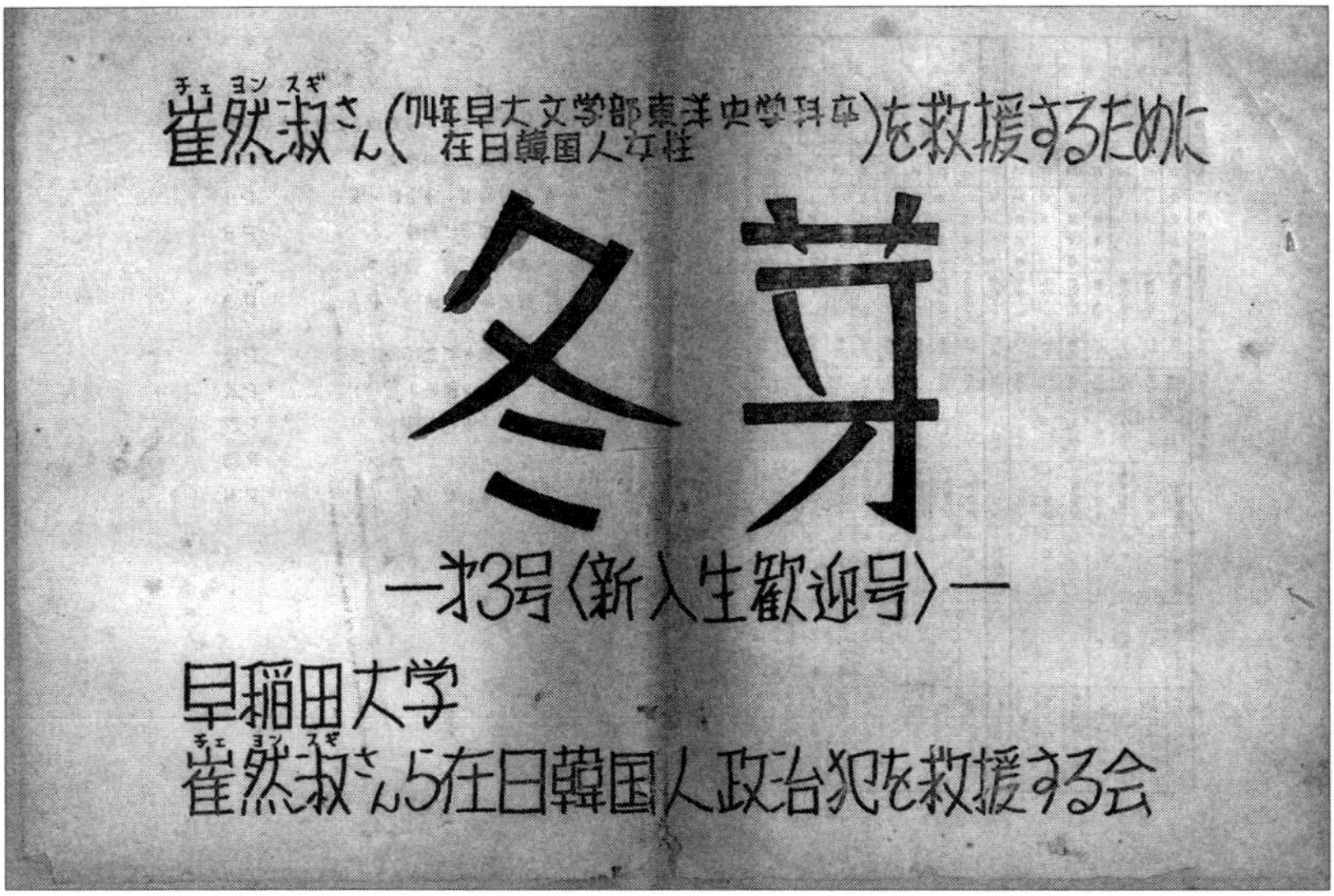

1977年４月発行の機関誌『冬芽』３号表紙。崔然淑さんから救援会に寄せられた手紙のほか、「11.22学園浸透スパイ団事件」で不当逮捕された在日韓国人、および61年以後の在日韓国人政治犯の一覧などを掲載。

治」的な統治の完成形であり、早大当局－革マルによって管理監視されている学内秩序を、「平和」を乱さなければ、楽しく自由なキャンパスライフは保証される。

『ゲバ杜』監督の代島治彦が早稲田大学政経学部に入学したのは七七年、卒業したのは八二年。田中康夫と同じ「なんクリ世代」である。代島は「しらけ世代」と自嘲的に語っている。

七七～八二年の早稲田では、当局－革マルの暴力的支配は継続していたが、「崔然淑さんら在日韓国人政治犯を救援する会」や「狭山闘争委員会」など、ノンセクト活動家が公然登場していた運動もわずかながらあったし、七八年からの反原理闘争の高揚もあった。学外に目を転じれば、七八年三月二六日には三里塚管制塔占拠もあった。「かっこいいお姉さんお兄さんに憧れていた」代島がそうした運動の存在を知らないわけはない。しかし運動には参画せず、代島は音楽サークル員として「しらけた」学園生活を過ごした。

代島も樋田同様に、奥島孝康によって早稲田は革マル派から解放され、学園に自由が戻ったと描き出そうとする。

『ゲバ杜』の冒頭シーンは現在（二〇二三年）の早大サークル新歓風景である。

〇一年七月三一日、我々はサークル部室撤去に反対し一〇〇〇名以上の結集でこれを阻止した。しかし八月一〇日早朝に警備員と多数の教職員により急襲され、暴力的に排除、部室は閉鎖され、完全当局管理の新学生会館への移行を許してしまった。〇四年からサークル新歓期間は六日から四日に短縮され、〇五年には文学部構内でビラを撒いていた人間が文学部教員の森元孝（社会学）によって「私人逮捕」され警察に引き渡された。入学式会場でのサークル新歓は〇七年から全面禁止とされ、それに反対して〇八年度入学式に立て看板を掲示しようとした学生が、学生生活課職員によって牛込警察署員に引き渡された。

　このような早大当局の暴力的規制によって縮減されきったサークル新歓風景を「「解放」された早稲田の自由闊達な姿」と代島は描き出そうとするが、さすがにそれは無理だった。異様なまでの立て看板の少なさ、学生の少なさ、活気／熱気の欠如はくっきりと映像に映し出されている。奥島孝康が行ったサークル自主自治活動の否定と破壊がもたらした惨状だ。

　川口事件以降、早大当局は革マル派との協働によって生政治的な学内管理監視体制を構築してきた。しかし九〇年代に入り、資本の論理／倫理を内面化し、その枠内で欲望し、自らを律する学生の増加によって、早大当局は革マル派との同盟を維持する必要はなくなった。

　企業が反対派対策で雇っていた総会屋を切り捨てるのと同じ構図である。反対派がいなければ、総会屋を雇うコストを支払う必要はない。奥島元総長は革マルとの同盟を断ち切り、ネオリベ的価値観を完璧に内面化した起業マインドに溢れた右派学生を活用しつつ、学生部／総務部職員・警備員・警察権力による直轄統治に切り替えた。

　それは「内ゲバの論理≒生政治」のより完成された形態であって、「内ゲバの論理」から早稲田大学が解放されたわけではない。革マル派の暴力の代わりに、学生たちは早大当局に脅え（新学生会館は監視カメラと部室のカードキーで完全管理され、当局により「逸脱行動」と判断されたサークルは部室使用停止というペナルティーを科される）、警備員と教職員に脅え（教授会の決定も経ずに教職員自ら「私人逮捕」して警察に身柄を引き渡すのだ！）、国家権力に脅え、「回教徒《ムーゼルマン》」としての生を強いられている。

　今もなお、早大新学生会館の正門玄関には私を含む二名の実名が「立ち入り禁止」として掲示されている。警備員と監視カメラによってスマートに管理されているように見える平滑空間の脆弱性がその異様な掲示からは滲み出ている。早大当局もまた来るべき闘争と叛乱に脅えているのだ。

早稲田リンクス――起業・政策コンサル・維新

　早大当局が革マル派との同盟を断ち切り、ノンセクトを放逐した後、学内統治（管理監視）のパートナーとして採用した学生群とはどのようなものか？　早稲田祭中止と復活をめぐる動きのなかからそのことを考えてみたい。

　奥島当局は不明朗な会計処理やパンフレット収入の問題を

理由として、九七年度早稲田祭の中止を決定した。要は革マル排除である。

早稲田の多くのサークルにとって早稲田祭は主要行事として位置づけられている。能や歌舞伎のサークルにとって、ジャズやロックのサークルにとって、そしてたこ焼きやら焼きそばやらを売って活動資金を賄おうというサークルにとって、実行委員会が革マルかどうかというのは大した問題ではなく、早大当局の規制を跳ね返して、内容面での制約なく大規模行事ができるか否かというところが主要な問題意識であった。早稲田祭中止は多くのサークルに深刻な問題として受け止められ、革マル系学生が呼びかけた早稲田祭復活を目指す「早稲田祭準備委員会」には雄弁会や広告研究会といった有力サークル、ニューオリンズジャズクラブ、漫画研究会など学内有力芸術系サークル、民青系学生、ノンセクト系含む広範なサークル、学生が結集していた。

紙屋（敦之〔日本近世史〕）学生部長（当時）と交渉を積み重ね、復活まで後一歩というところで、「革マル派に操られた学生と手を切らない限り、認めない」とごり押しされて頓挫した。運営はある段階までは民主的に行われており、民青系学生が「革マルを排除しよう」との発言を繰り返し、「一般」サークルから窘《たしな》められていたという。

第一期「早稲田祭準備委員会」がポシャった後、メンバーだった井出匠（早大ニューオリンズジャズクラブ代表として参加、現在福井大学教員〔スロヴァキア史〕）は革マル派系学生のI氏に「早稲田で活動的な学生／団体を集めた交流会（パーティー）に呼ばれている。井出クンも行こう」と言われ、北区王子にあるレストランバーサロン「狐の木」で開かれたパーティーに参加した。「狐の木」は、現在「社会起業家・経営コンサルタント」という肩書の藤沢烈が、一橋大学社会学部を休学して経営していた学生ベンチャーであった。藤沢は「狐の木」の経営に失敗した後、二〇〇一年に大学を卒業、経営を学ぶために外資系大手コンサル「マッキンゼー&カンパニー」に就職、その後内閣官房参事官補佐、文科省教育復興支援員、復興庁政策調査官等をつとめている。

その場には多くの「早稲田で活動的な学生」が招待されていたが、内容のある会議をやるというものではなく、「人脈作りパーティー」といった趣であったという。主催したのは「早稲田リンクス」の人脈に連なる早大生とその関係者と思われる。「早稲田リンクス」は一九九六年に設立された学生サークルで、「フリーペーパー・イベント・WEBの三媒体を用いてさまざまな情報を発信」（早稲田リンクス公式ウェブサイト）するのが主な活動だという。メルカリ創業者の山田進太郎が出身者であることでも知られる。この早稲田リンクスが中心となり「早稲田祭したくスタッフ」を結成、当局はこれを公認し、早稲田祭は五年間の休止期間を経て、二〇〇二年から復活することとなった。

「早稲田リンクス」が〇二年早稲田祭「復活」後の「早稲田祭実行委員会」のハブとなっていく（復活以降「早稲田祭実行委員会」という名称は使用されず、早稲田祭二〇××運営スタッフといった団体名になっているが、実質は実行委なので便宜的にそのように記す）。

「早稲田祭したくスタッフ」の結成に際しては、革マル系学生排除を唱えていたワセダニアン・ナッツ（早稲田祭復活のみを活動趣旨とする学生団体。昴揚会・鵬志会等右派系サークル出身者が中心）が早稲田リンクス系学生によって排除され、早稲田リンクス＋革マル派というボナパルティズム的共闘が成立していた。

この「したくスタッフ」のリーダーだったのが池嶋徳佳である。池嶋は大学卒業後、アクセンチュアを経て〇七年に株式会社リヴァンプに参画。一二年より官公庁案件の担当リーダーとして、国土交通省・経済産業省・観光庁・地方自治体におけるクールジャパン政策やインバウンド観光政策の調査、戦略策定事業受託等を行っている。

池嶋は現在、藤沢と同じ日本GR協会に所属し活動している。この協会は、行政と民間の壁を越えるために「社会課題解決のための政治行政との関係構築の手法（GR：Government Relations）」を啓発しその導入を促進していくための団体である。公共セクターを民営化し、自己責任の名のもとに人民に負担を転嫁し、資本を肥え太らせる反人民的な組織にほかならない。

日本維新の会という右派ポピュリスト政党がある。「核共有」を謳うとともに原発再稼働と再軍備の露払いを自民党の尖兵となって行い、「身を切る改革」の名のもとに公共セクターの資本への切り売りを推進している極めて危険な政党だ。この維新の国会議員二名（前職含む）が「早稲田祭実行委員会」から輩出されている。二〇二四年総選挙まで東京維新の国会議員がわずか八名だったことを考えると、これは異常に高い数値である。参院議員だった音喜多駿と東京比例区選出衆院議員の阿部司だ（音喜多は二〇二四年総選挙で衆院に鞍替え出馬したが落選。東京維新の国会議員も五名に減った）。阿部は早稲田リンクス幹事長経験者でもある。阿部は卒業後、「青山社中」という政策コンサルタントに勤務し、そこでの経験・人脈で維新から立候補することを決めている。

奥島が排除したのは革マル派ではなく、ノンセクト系学生とすべての学内自治自主活動の基盤であり、早大当局が学内統治のパートナーとして新たに採用したのは、資本の論理／倫理を完全に内面化した起業マインドに溢れたネオリベ学生群であった。池嶋や藤沢のように政策コンサルタントから政権中枢に入っていくものや音喜多・阿部のように右派ポピュリズム政治家になっていくものも多いが、何といっても彼ら彼女らに人気が高い就職先は電通・博報堂を頂点とする大手広告代理店である。「早稲田祭実行委員会」からOB・OG

も豊富に送り込んでいるし、早稲田祭という大規模イベント運営の実績は就職活動の際に大きな売りになる。

　代島治彦も早大卒業後、大手広告代理店の博報堂に就職した。

ヘルメット手ぬぐい――虐殺者による「追悼」

『ゲバ杜』製作支援クラウドファンディングの返礼品の一つとして、新左翼各派のヘルメットのイラストがプリントされた「手ぬぐい」が用意されていた。また、主要上映館でも「関連グッズ」としてこの「手ぬぐい」は販売されていた。『ゲバ杜』宣伝配給会社のノンデライコのツイッターによれば、「これから暑くなりますのでぜひ活用ください」とある。

　代島は博報堂に就職後、雑誌編集者、放送作家、広告プランナーなどを務め、ドキュメンタリー映画監督となり、現在は郷里の埼玉・熊谷に帰ってフリーライターの妻・山本ふみこと半農半映のロハスでリベラルな生活を送っている。川口事件の加害者の一人である辻信一＝大岩圭之助が提唱する「スローライフ」を地でいっているような生活だ。代島は農作業の合間にこの「ヘルメット手ぬぐい」で汗をふいているのだろうか。

　これらのヘルメットをかぶって闘った一人一人の社会変革への真摯な思いに少しでも思いを馳せていたら、とてもこんな商品を作ろうとは思わないだろう。営々と続いてきた世界の、そして我が国の革命闘争にその根底的なところで共感し、闘争を圧殺していった国家権力とブルジョアジーへの怒りを共有するものは決してこんな商品は作らない。

　代島は大友良英との対談のなかで次のように述べている。


　自らの世代は「しらけ世代」。しらけさせたのは「上の世代」の責任であるが、先行世代からのバトンを受け取らず後続世代に受け渡さなかったことに「ちょっと責任を果たしていない、逃げている」ような忸怩の念を抱いていた。「バトンはずっと地上に落ちたまま」であり、バトンを引き継が（げ）なかったのは「バトンが赤く染まっている（血塗られている）」から。


　代島の自意識の中では、先行世代の暴力的方針を総括し（バトンの血を拭い去って）、バトンを後継世代に手渡す（後継世代＝若者を政治化するため？）ために一連の闘争「ネタ」映画を製作しているらしい。そこには競技場のトラックから逃亡し、スタジアム上方から高みの見物を決め込んでいる自分の醜悪な姿への反省は全く見られない。

　小川紳介はかつて、『現認報告書』をめぐってこのように発言している。「権力との衝突の際に、（キャメラは）決して警察権力と学生の間に横位置に居るべきではなかった」

　代島のキャメラは横位置どころか大きく俯瞰に位置し対象

に近づくことすらない。代島にとっては、一〇・八羽田闘争も、三里塚闘争も、早稲田解放闘争も、手ぬぐいにプリントされたヘルメットの差異と同じ、映画商品のための興味深い意匠に過ぎないのだろう。

代島は闘争主体の暴力のみをアプリオリに「血塗られた」と全否定し、彼ら彼女らをそこに追い込んだ巨大な構造的暴力には全く言及しない。

樋田‐代島のように絶対的非暴力を主張するものは、圧倒的な暴力の独占によって担保されている平和的秩序を肯定し、その暴力を保持しているものたちを擁護する立場に身を寄せることになる。そのような言説こそが、「革マル‐当局」による「早大管理支配体制」を支えていた学生大衆のアパシー的状況を作り上げていたのではなかったのか。それは「アルアクサの洪水作戦」を否定し、イスラエルによるパレスチナ占領・構造的暴力による統治とガザ大虐殺を肯定する西側諸国権力者の論理とも酷似している。

『ゲバ杜』は代島が博報堂マインドで川口事件を「エッジの効いたネタ」として映画商品に仕立て上げた歴史の歪曲と改竄を多数含むデマ映画である。キャメラは革マル派・早大当局（奥島／村井）・国家権力の後ろに、川口大三郎を虐殺したものたちの側に据え置かれている。代島の手こそが最も血塗られているのだ。

代島は「内ゲバで死んだすべての死者を追悼する」と『映画芸術』二〇二四年春号で述べている。これを読んだときの嫌な感じと憤りは、革マル派が主催する「川口君追悼集会」の呼びかけを読んだときの感情と同じ種類のものだ。虐殺者が虐殺したものの追悼・鎮魂を口にする。

代島には追悼する権利も資格もないし、我々には彼の口を封じる責任がある。

鼎談 2024. 3. 31

虐殺者の側に立つ映画

亀田 博（アナキズム研究家）
絓 秀実（文芸評論家）
花咲政之輔（太陽肛門工房主宰／早大構内立ち入り禁止処分者）

映画で描かれなかった図書館占拠闘争

絓――この映画は代島治彦監督が樋田毅氏の川口大三郎虐殺事件を描いたノンフィクション『彼は早稲田で死んだ』[*1]を原案にして作られた映画ですが、僕なんかは樋田さんの本に対しても異論が非常にあるわけで、批判も書きましたが（『対論1968』[*2]）、しかしそれ以上に代島監督のこの映画はひどくなっているという印象を持ちました。この映画は、いわゆるブルジョア・ジャーナリズムでは、「鎮魂」とか「暴力はいかん」とかと好評をもって迎えられる映画なんでしょう。しかし、この映画をザッと見ただけでも、歴史を知れば、当然、批判的な視点が出てくると思うんです。

今日はアナキズム研究家の亀田博さんも出席されていますが、亀田さんは当時のWAC（早稲田大学全学行動委員会）のメンバーということでよろしいですか。

亀田――途中からWACの枠組みで活動していました。

絓――樋田さんの本で非難されているところの「暴力を肯定する立場」というふうに言っていいですかね。

亀田――いや、直接的な暴力肯定ということはないです。

絓――もちろんそうですが、樋田さんの本では「暴力」と「非暴力」というふうに裁断的に語られていて、その二分法を仮に受け入れるとすれば、樋田さんに対してアンチの立場で亀田さんは川口君事件のなかで行動されていた。

亀田――それはそうですね。早稲田大学に入学したのは一九七二年四月で、その年の一一月八日に革マル派（日本革命的共産主義者同盟革命的マルクス主義派）による川口君リンチ虐殺事件が起きましたが川口君は一学年上なので直接の面識はなかったのです。当時、「テレビ芸術研究会」というサークルに所属していて、川口君と同じ2J（二年J組）の級友たちもそのサークルに入っていたので、たぶん川口君も出入りはしていたと思います。そのテレビ芸術研究会の部室の前で川口君が革マル派に拉致されたのですが、そのときに樋田さんの本や映画でも証言をしている川口君の同級生の二葉幸三さんとともに真横にいました。ただ、驚いてしまって2Jの旧友たちのようには革マルに直接抗議しには行かなかったのですが、川口君事件の後に革マル派の自治会をリコールするために新自治会を結成するときに、新自治会のクラス委員に立候補して、もう一人のクラス委員の後に民青だったことが分かるNさんという人と二人で当初は活動をはじめたんです。それから川口君事件後の早稲田解放闘争が翌年四月の入学式、五月の総長団交を経るなかで、学内展開が革マル派の直接的な暴力によって活動ができないという状況に陥り、夏休みを迎えてからは革マル派と中核派（革命的共産主義者同盟全国委員会）、解放派（日本社会主義青年同盟解放派）との党派同士の直接的な衝突が多発して、早稲田のなかでも闘争から一般学生が離れていくのは必然的な状況だったのです。そういったなかで川口君虐殺事件の一周年を迎えるわけですが、村井（資長）総長が二度目の総長団交を拒否し、なおかつ大学当局が革マル派の支配している早稲田祭の実行をそのまま容認するということで、当局と革マル派による管理体制をぶち壊すために、まずは早稲田祭を潰すという意図で、七三年の一一月一九日に一四人で早稲田の本部キャンパスの図書館をバリケード占拠をしたのです。バリケード占拠が長くもてば外の行動委員会系なり、そうでない人たちも含めて大衆的な集会を持続できると思ったのですが、ただ、結果としては数時間で逮捕されて、それから裁判闘争になり（次頁、一九七四年春の「冒頭陳述」参照）、その後は学内展開ができなくなりました。

樋田の離脱後も続いた早大解放闘争

絓――映画についてはどういう印象を持たれましたか？

亀田――原案の樋田さんの本については、間違いが多いということもあって読んでいる途中で読むこと自体が困難で放り投げたくなったので、五分の一か三分の一程度しか読んでないのです。映画に関していうと、僕も代島監督から取材を受けていたのです。僕は本多（延嘉）さんとは面識はないし、中核派に入ったことはないですが、二〇二〇年に本多書記長追悼の集会に呼ばれたことがあって、

＊1　第Ⅰ部シンポジウム注1参照。
＊2　同注5参照

《資料》一一・一九図書館占拠闘争冒頭意見陳述

我々は今、大学から離れ、法廷という場において闘いを始めることを強いられている。この法廷における闘いは、われわれが昨年11月19日カクマル「早稲田祭」粉砕「総長」団交要求を目的として決行した図書館占拠闘争の敗北の結果である。

大学の学問の象徴として存在し、また過去の学内闘争においても封鎖からは無縁な建物であり、常に聖域であり続けた「大学図書館」を占拠するという闘いに大学当局は恐怖した。

それ故、彼らのシンボルである図書館が機動隊に侵されるという事態を容認し国家権力の手に我々を売り渡したのであった。そして占拠後数時間して、我々は闘う学友と見《まみ》えることなく、深夜当局によるロックアウトの中、逮捕されたのであった。

この敗北は早大闘争を闘ってきた我々が全存在をかけて表現しようとした運動におけるものであるが故に根底的なものであった。

一年にわたって闘われたこの早大闘争は一九七二年十一月八日に第一文学部の学生、川口大三郎君が文学部自治会室で革マル派の学生に虐殺されたことに端を発するものであった。

一九七二年十一月初め、革マル派による「早稲田祭」が開かれていたが、多くの早大生には虚しく、そして政治的な死の象徴としての儀式であった。

その「早稲田祭」の終わった直後の日の午後に虐殺へとつながる拉致事件が文学部キャンパスに突発的に起こったのである。

この革マル派の学生による拉致を目撃した、いや拉致されていく川口君を救うことなく、革マル派のなすがままにさせてしまったという事実が私の個人史に加えられた日でもあった。

私が川口大三郎君の文学部キャンパスでの最期の姿を見たのは午後の二時であった。ミルクホール横の階段のところで、二人の革マル派の活動家が、川口君の両腕を無理矢理に摑まえ、強引に引き摺って連れて行こうとしているところであった。

川口君は頑強に抵抗したが、暴力に手慣れているような二人の革マル派に身体の両側から挟まれては、有効な力を出し得なかった。

そして意志に反して、連れ去られ様としながらも声を発した。

その叫びは助けを求めるものではなく、革マル派の学生に対し断固として言い切ったものであった。

「話はここで、できるじゃないか!!」と。

川口君は、革マル派の学生に許しを得ようとしたのではなく、文学部学生大衆の前で、革マル派と話をする姿勢であったのだ。しかし革マル派は、それに一言も答えず、そのまま暴力的な態度で、文学部自治会室の方へ連れ去って行った。

革マル派の学生は、何を恐れて一般学生のいる中庭から、革マル派のアジトと化している自治会室へ川口君を連れ込んだのであろうか、それは川口君の話そうとする態度と、文学部大衆の存在である。

革マル派のイデオロギー闘争が、テロルとリンチ以外の何ものでないということを、革マル派の活動家自身が一番よく知っていたのである。

その時、革マル派は明らかに、初めから討論する意志などなく、イデオロギー闘争の美名の下に、そして補助的手段としての暴力と称して、川口君にリンチを加える意図であったのであろう。

暴力がイデオロギー闘争の補助的手段になるわけなどなく、凄惨なリンチが始まれば、リンチを加える者は論理的思考が先行せずに、暴力を行使することが目的になってしまうだろう。いな、リンチの場においては暴力しか生まれてこないのは明白である。そしてリンチが進行すればする程、リンチを加える革マル派の学生は興奮状態になり、リンチの場が日常的な場であっても、特殊な状況になるのは当然であろう。

そこにはイデオロギー闘争など全く存在し得ない。

川口君の遺体には全身隈なく打撲傷があった。この時のリンチがいかに凄惨で長時間であったか、昼の二時過ぎから夜の九時まで、延々と続けられたのである。長時間のリンチがもたらすのは死のみであって、リンチを加えた革マル派のイデオロギー闘争の勝利などであるはずがない。

暴力で個人の思想を本質的に変えることは不可能である。過去の歴史を見ても明らかであろう。仮に屈服しても暴力に対する恐怖に負けたのであり、思想が負けたのではない。

リンチが行われる場は、リンチを加える者と加えられる者しか存在できない空間である。そこは当然密室である。川口君が連れ去られた教室は革マル派が使用していた一文自治会室の隣の教室であるが革マル派が自治会の名によって私物化、管理していたのは公然であった。

全ての文学部学生に開放されていなければならない教室が密室化していたのである。革マル派の者ならば誰でも出入り出来たのであるが、彼ら以外の者には《大学当局者にでさえ》密室であったのである。

文学部においては自治会が多くの学生に無縁の組織であり、大学問題、社会状況、政治に関心がない学生にとっては空気の様な存在であり、積極的に関心をもとうとする者にとっては阻害物でしかなかった。

早稲田、特に文学部で政治的な活動をするには革マル派の活動家になるか、それ以外には、革マル派に抗議し焼身自殺した山村政明君、虐殺された川口君の様に自らの生命を賭けて活動しなければならない。

川口君が連れ去られた時、私も含めて、何人かの学友諸君は抗議すらできず、複雑な思いで見守るしかできなかった。一人、川口君と共にいた学友がすぐに抗議したが、別の革マル派に囲まれ殴られてしまった。

その時の私の考えとしてはリンチをされたとしても、すぐに帰されるだろうという思いだった。

この様な考えは全く安易なものであり革マル派の暴力支配に妥協したものであった。早稲田において革マル派に暴力的行為を受けた学生はかなりの数になる。私が見聞きした限りでも日共系の学生、共青の学生と革マル派との間に暴力的な状況があった。それ故一人の学生が拉致されるという異様な光景にも関わらず、阻止する行動が起こり得なかったのである。

この日以後の、私の早稲田における闘いは、革マル派による川口君の拉致と虐殺を許してしまったことの自己批判の内実としてである。十一・一九図書館占拠闘争後も真に川口君虐殺の問題が解決されるまで、闘っていくことを最後に明らかにしたい。（以下略）

川口君虐殺事件や早稲田解放闘争について語ったことがあるのです。その集会をもとに『本多延嘉――3・14虐殺死を超えて四五年』[*3]という本が編まれて、そこに図書館占拠闘争の冒頭意見陳述も加えたものが収録された、それを代島監督が映画製作を進めている途中で読み僕に取材したいということでした。取材を受ける際の条件として「代島監督は樋田さんの本にインスパイアされてこの映画を作っているということだけれども、早稲田解放闘争というのは樋田さんが離れた後も続いているわけで、そういったことも含めての映画化ということだったら協力します」ということでした。一昨年（二〇二二年）の三月に取材に来て、話は樋田さんへの批判が中心だったのですが、僕が保管していた五〇年前の映像資料と僕が預かっていた新聞のスクラップやビラを提供したりしたのだけれども、結果として僕への取材映像だけは映画には使われなかった（笑）。僕が紹介をした臼田（謙一）さんとか吉岡（由美子）さんの取材は採用されているので、そういった経緯を含めて残念という感想です。初号試写で映画を見たのですが、代島監督の描くなかでは早稲田解放闘争は七三年九月に革マル派と諸党派が全面戦争を始めたというところで切れていて、それからいきなり引っ越し作業中に中核派に襲撃されて殺された四宮（俊治）の問題に入っていくんですが、彼は革マル派なわけです。しかし、川口君は中核派の集会には行っていたようですけれど活動家ではない。それを同列に描いてしまうと問題が早稲田解放闘争とは全然違ってくると思いました。

原案に輪をかけた歴史修正反共謀略映画

絓――花咲は映画に対して、どうだった?

花咲――早大奥島（孝康）[*4]当局を礼賛して終わる原案本『彼は早稲田で死んだ』に輪をかけて最悪の歴史修正反共謀略映画だと思います。左派陣営を利する映画にはならない。これで喜ぶのは公安当局とネトウヨくらいなもんでしょう。僕はずっと早稲田のノンセクトで活動していましたが、日常的に革マル派に監視管理恫喝されていました。先輩方から聞いた話によれば、七〇年代後半は基本的には革マル派以外の諸セクトおよびノンセクトは公然登場できる状態ではなかった。完全に地下活動ですよね。ゲリラ的に深夜に忍び込んでステッカー貼ったりとか。ほとんど中退・除籍だし、集団登校／集団下校やお腹に『少年ジャンプ』やサラシを巻いて学内走っていたようです。それが八〇年代初頭の反原理運動の高揚と一九八四～八五年にかけての久しぶりの全学ストという中で、公然登場を「許される」ようになった。私は入学後、ノンセクト・グループの一員として主として教育学園課題と反原理課題をやって、樋田氏が礼賛する奥島当局の革マル派追い出しの煽りを受けたサークル部室撤去に対して反対運動をしていた絡みで、二〇〇一年七月三一日に構内立ち入り禁止の仮処分を受けました。

八〇年代後半から二〇〇一年にかけての早稲田では、革マル派－早大当局－国家権力三つ巴の暴力支配は継続されていた。その意味では川口君事件のときと何ら変わりがない。

絓――この映画は基本的に歴史認識が全く間違っていると思うんです。「中核vs革マル」あるいは「解放派vs革マル」という党派闘争を主線として歴史を語っていて、特に七〇年八月の中核派による革マル派の東京教育大学生・海老原俊夫のリンチ殺害事件を起点にした「内ゲバ」の歴史観で語っている。しかし、川口問題は内ゲバではないんですよ。ある意味では革マルが言うように、殺すつもりはなかったんだから。海老原だって中核派は殺すつもりはなかった。そういう意味では括弧つきではあれ、「事故」と言ってもいいわけです。広義にゲバルトと言うのかもしれないけれど、海老原事件は内ゲバの起点でさえない。僕の経験からいっても、六九年の第二次早大闘争の五月にも凄惨なリンチがあったし、その煽りで僕も革マルに川口君と同様の六、七時間のリンチを受けたことがありますけど、幸か不幸かショック死はしなかったですが（笑）。

亀田 博

山村政明の自死も描かれなかった

絓――それはともかく簡単に海老原事件を内ゲバの起点にすることはできない。それは革マル史観ですね。内ゲバなるものを「殺人」とストレートに考えるのが間違いなのであって、そこで考えるべきなのは、海老原事件のほぼ二ヶ月後の七〇年一〇月六日の山村政明（梁政明）の抗議自殺なんです。

亀田――穴八幡宮で焼身自殺した。

絓――そうです。山村（梁）政明は「帰化」在日朝鮮人二世で、豊かではない家に生まれて高校卒業後工員になるも退職して早稲田の二文に入学するんですが、その間にもキリスト教に入信したり民青

＊3　江村信晴編『本多延嘉――3・14虐殺死を超えて四五年』白順社、二〇二二年。

＊4　奥島孝康（おくしま・たかやす　1939‐2024）法学者（商法）。九〇年に早稲田大学法学部長就任後、九四‐二〇〇二年早稲田大学総長。〇三‐〇七年、朝日新聞社監査役（非常勤）。〇八‐一五年、日本高等学校野球連盟会長。

撮影：春日洋一郎

（民主青年同盟）に加盟したりしていた。焼身自殺の翌年には『いのち燃えつきるとも』[*5]）という遺稿集が五木寛之や李恢成の帯文つきで出版されています。要は山村（梁）政明は「在日」というあり方で差別され、民青というあり方において大学で革マル派の支配を受けていたわけです。山村（梁）については、さすがに樋田さんの本では触れられていますが、ほとんど掘り下げられていない。ましてやこの映画が特にひどいのは、山村（梁）の名前さえ出てこない。しかし、二つは併せて考えられるべきなのです。これが最大の歴史認識の間違いだと思います。川口君事件の闘争過程のなかで亀田さんたちは山村（梁）政明の名前を想起されていましたか。山村（梁）の問題というのは川口君闘争のノンセクトを含む運動内に持ち込まれていたんでしょうか?

亀田――僕自身は山村政明の焼身自殺の二年後に大学に入ったんですが、そのときも山村君の問題については、みんなかなり認識はしていました。ただ、七一年以前入学と七二年入学以降で政治的な経験に大きな差があると感じていて、記憶している範囲で言うと、入学した当時はかろうじてノンセクトのグループがまだいて朝鮮問題の研究会のサークルもありました。山村君の問題についてはビラが撒かれているなかの一つとして触れられていました。日常的に川口君問題や早稲田解放闘争の活動をしていくなかで全体の課題の一つにはなっていなかったと思います。

絓――山村（梁）政明の（抗議の?）自殺というのは、七〇年の七・七華青闘告発のわずか三ヶ月後だということを確認しなければならない。華青闘告発をスルーしたのは、革マル派（黒田寛一）と、川口闘争にもコミットした共産主義者同盟叛旗派（吉本隆明）だけです。ところが、華青闘告発に決定的な衝撃を受けたはずなのに、新左翼諸党派――ノンセクトも含めてもいいと思いますが――は、山村（梁）問題についてはほとんどスルーだった。早稲田は七〇年一〇月の段階ですでに全共闘運動がほとんど崩壊してましたから、山村（梁）の自殺に対して行動したのは、彼が一時期所属していたこともあって、かろうじて民青だけで（利用主義的な側面が強かった）、新左翼は、山村（梁）が民青だというので冷淡だったんですね。問題への早い時期での喚起を促したのは、津村喬が『日大学生新聞』（七〇年一一月一日）に書いた「梁政明の死」[*6]という文章以外にはない。優れた文章です。僕も当時は、早稲田と似た状況の学習院大学での対革マルとの緊張関係があって早稲田には直接行けなくなっていたんですが、山村（梁）政明問題については議論できた記憶さえない。入管闘とは少し話をしたかもしれませんが、他大学だから行動が起こせるわけでもない。つまりどういうことかと言うと、革マルの支配というのは「殺す」ということではなくて、「生かす」ことなんですよ。キャンパスにおいて「生きさせる」ことによって支配する。そういった「生きさせる」支配に対して山村（梁）政明は抗

絓 秀実

議をして焼身自殺をしたというふうに、後知恵的かもしれないけれども、捉えることができる。この映画には革マルによる支配とは何だったのかということに対する歴史認識が全くないんです。山村（梁）政明のことを想起せずに『ゲバルトの杜』なんていう無神経なタイトルをつけてしまうこの映画は何なんだろうという怒りがありますね。あと、樋田さんの本にしてもこの映画にしても、今の早稲田は平和になったということになっています。九〇年代の奥島総長による革マル派の早稲田大学からの括弧つきの「放逐」があって平和になってよかったねというのが樋田さんの本の大前提で、この映画でもそうなっていますよね。

ムーゼルマンの「平和」

花咲――そこが最大の問題だし、そのことを象徴的に表しているのが、この映画のプレス資料の表紙で、おもて表紙が大隈銅像あたりからヘルメットを被っている学生たちを撮った当時の写真で、裏表紙がおもて表紙と同じ構図で今の平和そうに歩いている学生を撮った写真が使われている。奥島当局の英断によって革マル派が一掃され、平和な学園が戻ってきたと言いたいんでしょうが、トンデモないことです。学生自治やサークル自治を当局のコントロール可能な領域に押し込めるために、革マル派を地回りヤクザよろしく活用していたのを切り捨てただけ。企業が、反対勢力が弱体化すると見るや否や総会屋を切り捨てるのと全く構図は一緒です。

亀田――おもて表紙の写真は当時のものではないのですよ（五五頁写真参照）。

花咲――えっ、そうなんですか。

亀田――第二次早大闘争のなかの学館闘争なのか、その時の写真のようです。モヒカンみたいなラインが入ったヘルメットを被ってる人が写ってますけど、あれはML派（共産主義者同盟マルクス・レーニン主義派）のヘルメットで、七〇年末にはML派は解散してるので、七一年以降では歴史的にありえないですから。

---

*5 山村政明『いのち燃えつきるとも』大和書房、一九七一年。

*6 津村喬「梁政明の死」『歴史の奪還』せりか書房、一九七二年（初出題「在日朝鮮人とわれわれの問題」）、本書所収。

この写真に対しては僕のまわりでも何でこんな写真を使うんだと言う人が結構います。

花咲――絓さんも『革命的な、あまりに革命的な』[*7]等で「ムーゼルマン（回教徒）としての平和」と書かれているじゃないですか。ムーゼルマンって、アガンベンが『アウシュヴィッツの残りもの』[*8]で用いた表現ですけど、アウシュヴィッツにおいて、もはや生存のみが許されて、ユダヤ人としての誇りを剝ぎ取られたユダヤ人に対する呼称で、そこから革マル派以外の学生を「ムーゼルマン」として支配するスタイルのことを「ムーゼルマンとしての平和」というふうに書いている。「早大アウシュヴィッツ体制」とよく言われますが、「革マル・（大学）当局・国家権力」の三つ巴での支配体制があるなかで、革マルが弱体化して、大学当局と国家権力の直轄支配になればいいのか。アウシュヴィッツ体制は全く変わらず、直接の看守が革マルから当局管理のガードマンと剝き出しの警察権力に変わっただけで、アウシュヴィッツが解放されたわけでは全くない。絓さんが「ムーゼルマンとしての平和」と言う意味でより支配が貫徹された状態なわけだから、むしろ以前よりもムーゼルマン的な支配が悪化している。

花咲政之輔

革マル派は今も学内に延命している

絓――山村（梁）政明は、まさに、そこを問うて自殺したと言ってもいい。これは、単に一大学の問題ではなく、「生政治」を問う普遍的な問題です。樋田さんも代島さんも前提的に間違っているのは、今は早稲田に革マル派がいないと思ってるということですよ。

花咲――大間違いですよね。全然いますよ。

亀田――括弧つきの「平和」ですよね。

絓――革共同革マル派（探究派）の北井・信弘という人のブログがあるけど、そこで革マル派が学園支配から当局との関係のなかで撤退する時の、いくつかの形を例示している。完全撤退もあるわけですが、最大拠点の早稲田の場合は「根」は残して「撤退」したという方式でしょう。

花咲――葉っぱも枝もいっぱいありますよ。

絓――数年前に俺と外山恒一が早稲田でトークイベントをやったときも、ちゃんと革マルのレポが来ていて目を光らせていた。早稲田でいわゆるノンセクトが不活発なのは革マル派が今もそうやってるからに決まってるじゃないですか。

花咲――樋田氏は奥島当局が革マル派を追い出して素晴らしいと言われていますけど、結局、それは学園祭をつぶしてサークル部室をつぶして自治会をつぶして学館をつぶして当局完全管理の新学館を作るってことでしかなかったわけだから、破壊されたのは我々のようなノンセクト・グループだけではなく、すべてのサークルを含めた自主自治活動の基盤。裁判所に仮処分まで出されて構内立ち入り禁止処分になったのは私を含むノンセクト活動家三名で革マルの活動家は仮処分どころか立ち入り禁止になったものは一人としていない。

絓――以前にも「映芸」の座談会で話したことがあるんですが、映画の『ノルウェイの森』[*9]は、六九年第二次早大闘争の「英雄」で反戦連合の高橋ハム（公）ちゃんが時代考証を担当しているから、映画に登場する各派のメットの色がものすごく正確なんですよ。でも何かおかしいなと思って見ていると、革マルのメットが一つも出てこない。もちろん舞台は早稲田だし、映画も早稲田大学でロケをしている。で、ハムちゃんから聞いたんだけど、大学当局が「革マルのメットは出してくれるな」とハムちゃんにお願いしたわけです。それで、舞台は早稲田なのに革マルのメットが出てこない奇妙な映画になっている。革マル派が今も大学にいるのでなければ、大学当局が革マルのメットを出さないでくれと言うわけないですよ。

亀田――余談ですけれど、戸山キャンパスの向かいの「あかね」の前のオーナーによると、村上春樹は「あかね」に来て『少年マガジン』をいつも読んでいたという印象が残っていたとのこと。

絓――村上春樹が現在でも六九年早稲田の反戦連合にシンパシーを持っていることは、今やわかっています。俺はこの映画は内田樹とか石田英敬みたいな元（？）革マル系文化人にインタビューするのではなく、村上春樹にちゃんとインタビューすべきだったと思いますね。可能性はあり追求できたはずで、それだったらこの映画も多少は評価しますよ。村上春樹は明確に川口君事件について『海辺のカフカ』[*10]で書いているわけですから。

元革マル派知識人によるコメントの害悪

亀田――宣伝というか、映画を広めるために有名人志向になるのはいいのですが、どうして映画に登場するのが池上彰

＊7　絓秀実『革命的な、あまりに革命的な』作品社、二〇〇三年／増補版ちくま文庫、二〇一八年。

＊8　ジョルジョ・アガンベン『アウシュヴィッツの残りもの』上村忠男・廣石正和訳、月曜社、二〇〇一年。

＊9　『ノルウェイの森』監督・脚本：トラン・アン・ユン／原作：村上春樹／出演：松山ケンイチ、菊地凛子、水原希子ほか／二〇一〇年／一三三分。

＊10　第I部シンポジウム注18参照。

とか佐藤優、石田英敬、内田樹みたいなラインになったのかというのは僕には理解できないですね。数日前にも作家の森まゆみさんがフェイスブックに投稿した『ゲバルトの杜』評が「川口大三郎君追悼資料室」に転載されていたのでSNSで話題になりました。資料室の運営者にしても著名人のコメントにしても当時の自身の立場、党派性を明らかにして語っていないですね。

絓――森まゆみが「内田樹さんの証言、『あの頃、衆を頼んで集会に行くと、電車はキセル、駅前の屋台のおでんやを襲ってただで食べ散らかす。普通のおとなしい学生がそのように豹変するのがこわかった』という言葉が、あの時代を解く鍵のような気もする」と評しているわけですが、内田が言っているのは、要するに左翼は集団になると暴徒化して、これは人間の性《さが》みたいなものだということですね。しかも、それに隣接して石田英敬の四宮事件への紋切り型の証言があり、元(?)革マル系のコンビの証言が一緒に最後のほうに使われている。しかし、あの「おでん食い逃げ」は七一年三月末の革マル派による三里塚野戦病院襲撃の折の組織的な犯行なわけですよ。つまり、三里塚反対同盟とそれを支援する新左翼の「過激派」イメージを悪くするために、革マル派がマヌーバー的におでんの食い逃げをやったわけでしょう。それをあたかも「人間って闇が深いね」みたいな、似非ドストエフスキー的一般論に流し込み、それを映画全体の結論にして、それに森まゆみも感動するというふうな流れができているのは非常にまずいと思いますね。内田樹の「おでん食い逃げ」の証言については、すでにネット上で反論が出ているみたいですけど。

花咲――元革マル系の内田樹と石田英敬の存在感が大きい。佐藤優も革マルと関係があるとの噂もある。

絓――佐藤優は、革マル派が川口君を拉致してリンチしたのは「魔女狩り」と同じなんだと発言をしていますが、何なんですかあれは。キリスト教研究の権威らしいから、何か深い意味があるんでしょうか。ましてや池上彰まで登場して、俳優たちにウィキペディア以下の革マルと中核の違いを講釈する。

花咲――池上彰は慶應大学のフロント（社会主義学生戦線）で川口君事件とは関係ないですよ。代島氏は石田英敬とか内田樹、佐藤優の素性を知りつつ意図的にやっているのか、もしくは本当に何も知らないで内田樹の「おでん食い逃げ」の証言なんかを素直にいいことを言ってるなと思ってやっているのか、そこはどうなんでしょうね。

亀田――それはわかりませんですね。

花咲――内田樹の証言を単にいい話として出しているなら、ドキュメンタリー作家として何も調査していないに等しい。

亀田――取材をするならそういう調査は絶対にやるべきです。

花咲――この映画は川口君事件を抽象化しすぎているんですよ。単なる殺人事件ではなく、反権力左翼党派が、早大構内で七二年一一月八日に一般学生を殺害

1972年11月29日、本部キャンパス構内は当局がロックアウトしたが、前日の文学部学生大会（学大）に続いて教育学部学大を開催すべく、学部の垣根を超えた多くの学生が正門前に集結。革マル派は学大阻止のために他大を含む500人を動員、大隈講堂前で待機（写真上、左下）。一般学生は革マル派を取り囲む一方、クラスを示す旗やプラカードを手にして、正門前のロータリーでジグザグデモを展開した（写真下）。

資料提供：亀田博

一般学生はジグザグデモの後、正門前で激しくマイク合戦をくり広げ、しだいに2000人の群衆となったところで座り込んで革マル派と対峙した（写真上）。
革マル派は隊列を組んで大隈講堂前からジグザグデモを開始（写真下）。

資料提供：亀田博

革マル派のジグザグデモが一般学生の座り込みに突入、暴行を加え始めたが（写真上）、機動隊が介入して、革マル派を一般学生から引き離して排除。
他学部の学生3000人が防衛するなか、教育学部の学生たちは大隈講堂脇の22号館で学大を開催、自治会の臨時執行部の選出などを行った（写真下）。

したってことが重要なのに、結局内田にしても鴻上（尚史）にしても殺人事件一般にまで抽象化してしまっていて、もう何が何だかわからない。

意図がわからない劇中劇

絓――映画のかなりの部分を占めている鴻上氏の劇中劇についてはどうでしょうか。

花咲――鴻上氏はプレス資料で、内ゲバは日本人のメンタリティが起こしたという話にしていて、お話にならないですね。

絓――鴻上氏は革マル派の水津則子（劇中劇に登場する女性活動家のモデル）に憧れていたんでしょう。水津則子は川口君事件で指名手配されて姿を消したわけですが、彼女についての『ヘルメットをかぶった君に会いたい』[*11]という小説を書いている。

花咲――僕も鴻上氏が川口君事件の映画に関わるのはそういうことがあるのかなと思っていたんですが、そのレベルですらない。鴻上氏の劇中劇のメイキングを代島氏が撮っていて、それも映画を構成する一部になっていますよね。そこでオーディションで採用された早稲田の演劇研究会（劇研）の俳優に劇研ＯＢの鴻上氏が、劇研一年生が全裸で穴八幡の交番まで走って行って大隈講堂まで戻って来るという行事についての思い出話をするんです。「もう裸で走るのはなくなったの」「ないです」「俺も走ったな」「ほんとうですか」みたいな。昔から劇研内で続いている自治的な伝統行事だった。全裸行事の背景には反権力反当局意識が存在していたし、それら圧力を一蹴して全裸行事を貫徹する劇研自治への誇りも感じられた。そういう文脈を全く知らないか意図的に無視している当該役者の「知性と教養」の退廃に対して鴻上氏は意見しないのか、という疑問がまず浮かびます。二〇〇一年のサークル部室強制撤去のときも、当局としては教育研究関連施設と課外活動関連施設の分離という建前で追い出したので、それらの施設と関係がない大隈講堂裏にある劇研の部室は残ったんですよ。でも大隈講堂裏をどうしても潰したいので、大隈講堂裏の劇研含む諸サークルに攻撃を仕掛け続けてきたという経緯がある。ところが当該役者はそういう歴史的な経緯も意義も認識せず、「（警察に）つかまらないんですか」とか嘯《うそぶ》く。樋田氏が礼賛する奥島当局に象徴代表されるサークル管理施策が内面化され完成されてしまったということですよね。この映画のテーマと関係が深いじゃないですか。その劇研役者はオーディションに受かり、革マル派の一員を演じていた。醜悪。亀田さんは代島氏から取材を受けたときに劇中劇のことなど、映画の製作意図についての話は聞いたりしたんですか？

亀田――鴻上さんを使うとか劇中劇については大まかにしか聞いていなかったのですが、僕はそういう形でしか表現できないのかなと思っていました。例えば、スペインのアナキストの（ブエナヴェントゥラ・）ドゥルティの生涯を映画化した『あるアナーキスト――ドゥルティの生涯』[*12]という映画があって、それも劇中劇のような形でやっていたので手法としては面白いなと思っていたのですけど、結果としては『ゲバルトの杜』の劇中劇は失敗だと思いますね。

花咲――リンチしてるところを撮っているだけで意図がよく分からない。

絓――「お前はブクロのスパイだな」と、ずっとワンパターンの台詞を言って殴ってるだけ。リアリズムでもなければ不条理演劇でもない。俺がリンチされた経験で言うと(笑)、リンチする側ももうちょっといろいろなことを言いますよ。鴻上演出よりはポリフォニックでした。俺が思い出してグロテスクで笑っちゃうのは(今だから笑えるわけですが)、「お前ら小ブルには組織論がない、『組織論序説』を読め!」というやつで、そう言ったのは革マルをすぐにやめちゃう奴なんですけど、そいつは読んでるわけだよ、黒田寛一の『組織論序説』を。俺は『組織論序説』は難解で分かんなかったからさ。ついでに言うと、川口君事件当時の一文自治会副委員長で、リンチの現場にいなかったということになっている辻信一こと大岩圭之助氏が樋田さんの本で対談をしていて「僕は革マル派の活動家が読んでいた理論的な本をほとんど読んでいなかった」と話しているけど、そんなのは大嘘ですよ。

花咲――大岩氏は都立戸山高校時代からの革マル派の活動家なので、もちろん熟読してますよ。

亀田――大岩氏に関しては彼が七二年四月に大学に入ったときに一文の副委員長になったから、将来は彼を全学の委員長にしてというエリートコースだったのでしょう。

絓――樋田さんの本での大岩氏への突っ込みはかなり甘いですね。

亀田――樋田さんはそういう突っ込みはできない。

革マル派のプロパガンダに寄与

花咲――亀田さんのインタビューをボツにしたことについては代島氏から説明はあったんですか? ボツにしたんだから多少の説明はあってしかるべきだと思うんですけど。

亀田――ないですね。初号試写会で会ったときに「採用しなかった」って言われただけです。樋田さんへの批判をガンガン話をしたから、絶対に使われないだろうなと予想はしていました。代島監督が樋田さんとは違う選択の仕方で早稲田解放闘争を持続したことを知り接触してきたので、取材を受けようと思いました。樋田さんが強調している「暴力と非暴力」という単純な二項対立で応答をしたら、樋田さんの本にインスパイアされた代島監督の思枠のなかにしか収まらな

＊11　第I部シンポジウム注13参照。

＊12　『あるアナーキスト――ドゥルティの生涯』監督:ジャン=ルイ・コモリ/脚本:ジャン=ルイ・コモリ、ジネット・ラヴィーニュ/一〇七分/一九九九年。

いだろうという事前のイメージを持っていましたから。

花咲――亀田さんの発言もあったほうが映画に幅が出たと思うんですけどね。

亀田――図書館占拠闘争についてかなり語った、ということもあるのじゃないでしょうか。図書館占拠闘争の話までいくと、代島さんが構想していた映画の展開に位置づけができないだろうと思いました。早稲田解放闘争は結局、「非暴力主義」の樋田氏が離脱することで分裂したと言われていますが、分裂ではなく離脱した樋田氏が見放されたと思っているのですけれどね。樋田さんへの支持というのは、一文の早稲田解放闘争参加者のなかだけでも少ないと感じていました。図書館占拠闘争をやったときのバックアップには一文のノンセクトの人も多くいたのです。取材を受けたときから代島監督は樋田路線でいくだろうという思いでした。

絓――でも、樋田路線のはずが、できあがった映画は革マル路線になってしまったという。

花咲――『三里塚のイカロス』[13]は大津幸四郎と共同監督した『三里塚に生きる』からの流れだし、『きみが死んだあとで』[14]は「10・8山﨑博昭プロジェクト」が背景にあるから製作意図が分かるけど、今回の映画は作られた背景も代島監督のモチーフも全く見えない。川口君事件の歴史修正的な歪曲と相対化（無効化）にしか結果していない。端的に言って元革マル系のプレゼンスが大きく、革マル派のプロパガンダに寄与するだけの映画とも見える。

絓――世間ではなかなかそうは見られないだろうけどね。

暴力とは何か

亀田――代島監督は大学でノンセクトだったのですか？

花咲――いや、完全なノンポリです。彼は「僕らがしらけていたせいで、今の若者は超ノンポリ化してるんだ」と「僕らの世代の責任」みたいなことを話していて、だから自分も後追いだけど前の世代のことを若い人たちにも伝えていきたいみたいなことを言っていましたね。

亀田――森達也監督も代島さんと同世代ですよね。

花咲――代島監督が一九五八年で森監督が一九五六年なので、世代は同じだと思いますよ。

亀田――「生活と自治」という生活クラブ生協の会員限定に配布される月刊誌に森達也監督が連載をしています。その最新回で桐島聡の映画を撮りたいと書いているのですが、三菱重工ビル爆破事件で死傷者が出たこと、そういう活動が今の自民党の専制的な政府を跋扈させる原因になった。それに対し桐島さんは自責の念を持たなければならなかった、と決めつけているのです。森監督も代島監督も結局はそういう発想で、六〇年代後半、七〇年代世代の新左翼運動の責任という枠組みを作りたがっているのだろうなと思いました。

絓――要するに暴力はいけないという

ことでしょう。過激派になっちゃダメだよと。

花咲———新左翼の「暴力」が悪くて、リベラル的にぬるくやっていればよかったと。国家権力の「過激派キャンペーン」と同じ。樋田氏は自衛のための暴力すら否定するけれど、圧倒的な暴力によって保たれている秩序＝平和に対して、非暴力をいうことは圧倒的な暴力を肯定支持することにほかならない。樋田氏の理屈からすると二〇二三年一〇月七日のハマスを中心とした「アルアクサの洪水作戦」は「不寛容に対して不寛容」で対峙した辛抱足りない人々ってことになる。

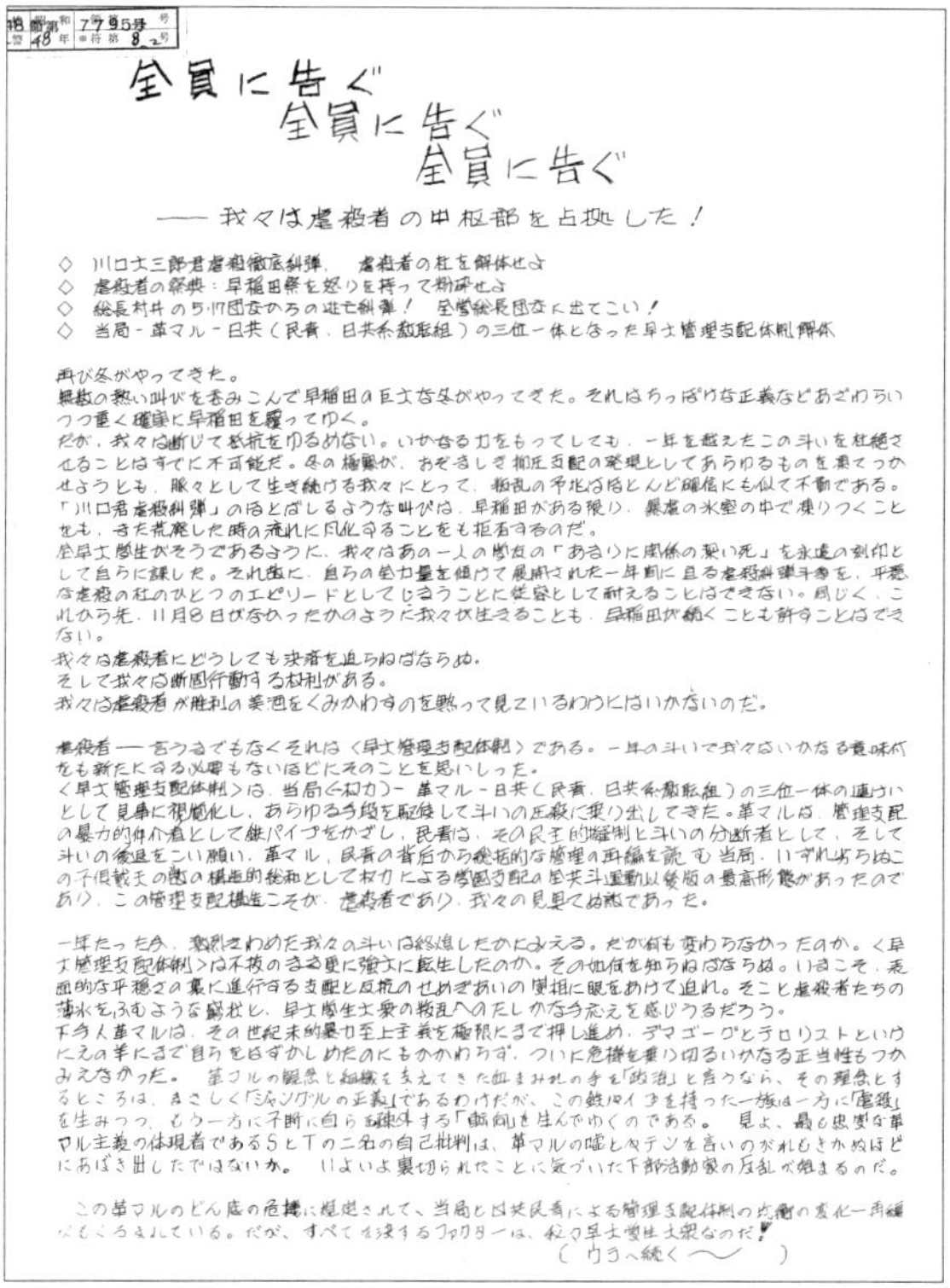

全員に告ぐ
全員に告ぐ
全員に告ぐ

—— 我々は虐殺者の中枢部を占拠した！

◇ 川口大三郎君虐殺徹底糾弾、虐殺者の杜を解体せよ
◇ 虐殺者の祭典：早稲田祭を怒りを持って粉砕せよ
◇ 総長村井の5.17団交からの逃亡糾弾！ 全学総長団交に出てこい！
◇ 当局－革マル－日共（民青、日共系教職組）の三位一体となった早大管理支配体制解体

再び冬がやってきた。
無数の熱い叫びを呑みこんで早稲田の巨大な冬がやってきた。それはちっぽけな正義などあざわらいつつ重く確実に早稲田を覆ってゆく。
だが、我々は断じて抵抗をゆるめない。いかなる力をもってしても、一年を越えたこの斗いを杜絶させることはすでに不可能だ。冬の極寒が、おぞましき抑圧支配の発現としてあらゆるものを凍てつかせようとも、脈々として生き続ける我々にとって、叛乱の予兆はほとんど確信にも似て不動である。「川口君虐殺糾弾」のほとばしるような叫びは、早稲田がある限り、暴虐の氷室の中で凍りつくことをも、また荒廃した時の流れに風化することをも拒否するのだ。
全早大学生がそうであるように、我々はあの一人の学友の「あまりに関係の深い死」を永遠の刻印として自らに課した。それ故に、自らの全力量を傾けて展開された一年間に亘る虐殺糾弾斗争を、平穏な虐殺の杜のひとつのエピソードとしてしまうことに従容として耐えることはできない。同じく、これから先、11月8日がなかったかのように我々が生きることも、早稲田が続くことも許すことはできない。
我々は虐殺者にどうしても決着を迫らねばならぬ。
そして我々は断固行動する権利がある。
我々は虐殺者が勝利の美酒をくみかわすのを黙って見ているわけにはいかないのだ。

虐殺者——言うまでもなくそれは〈早大管理支配体制〉である。一年の斗いで我々はいかなる意味付をも新たにする必要もないほどにそのことを思いしった。
〈早大管理支配体制〉は、当局（＝権力）－革マル－日共（民青、日共系教職組）の三位一体の連けいとして見事に視覚化し、あらゆる手段を駆使して斗いの圧殺に乗り出してきた。革マルは、管理支配の暴力的仲介者として鉄パイプをかざし、民青は、その民主的擬制と斗いの分断者として、そして斗いの後退をこい願い、革マル、民青の背后から総括的な管理の再編を読む当局、いずれ劣らぬこの不倶戴天の敵の構造的総和として権力による学園支配の全共斗運動以後版の最高形態があったのであり、この管理支配構造こそが、虐殺者であり、我々の見果てぬ敵であった。

一年たった今、激烈きわめた我々の斗いは終熄したかにみえる。だが何も変わらなかったのか。〈早大管理支配体制〉は不抜のまま更に強大に転生したのか。その如何を知らねばならぬ。いまこそ、表面的な平穏さの裏に進行する支配と反抗のせめぎあいの実相に眼をあけて迫れ。そこと虐殺者たちの薄氷をふむような窮状と、早大学生大衆の叛乱へのたしかな手応えを感じうるだろう。
下手人革マルは、その世紀末的暴力至上主義を極限にまで押し進め、デマゴーグとテロリストという二えの羊にまで自らをはずかしめたのにもかかわらず、ついに危機を乗り切るいかなる正当性もつかみえなかった。 革マルの観念と組織を支えてきた血まみれの手を「政治」と言うなら、その理念とするところは、まさしく「ジャングルの正義」であるわけだが、この鉄パイプを持った一族は一方に「虐殺」を生みつつ、もう一方に不断に自らを疎外する「転向」を生んでゆくのである。 見よ、最も忠実な革マル主義の体現者であるSとTの二名の自己批判は、革マルの嘘とペテンを言いのがれもきかぬほどにあばき出したではないか。 いよいよ裏切られたことに気づいた下部活動家の反乱が始まるのだ。

この革マルのどん底の危機に規定されて、当局と日共民青による管理支配体制の均衡の変化－再編がもくろまれている。だが、すべてを決するファクターは、我々早大学生大衆なのだ！
（ウラへ続く ～ ）

1973年11月19日20時ごろから亀田たち14人が早大図書館をバリケード占拠した時のビラ。６月に新執行部による早稲田祭実行委を結成したが、大学当局が革マル派旧執行部の実行委を承認したことなどに抗議。

二〇二三年一一月二八日に早大当局はイスラエル大使館と共催で企画を行い、そこに参加しようとしたムスリム系学生に対するイスラエル大使館による警察権力の学内導入を許した。そうした状況も樋田氏、代島氏は「平和な学園」として肯定するのか。またML、解放派、ブント、中核等のセクトがいないところで、全共闘運動なり教育学園現場におけるノンセクトの運動というのがありえたのかということがありますよね。早大一次闘争にしても東大・日大の全共闘運動にしてもセクトがいなければありえなかったのは事実だし、セクトの暴力によって全共闘運動は担保されていたわけでしょう。全共闘運動もセクトが支えていた部分というのはあるわけじゃないですか。

絓———それはあるし、否定できないですよ。

亀田———大学は本来、通過する場でし

＊13　第Ⅰ部シンポジウム注12参照。
＊14　同前。

資料提供：亀田博

かないわけですからね。

絓――学生運動をやってても就職したりせざるをえない。そうすると、よくも悪くもセクトが必要にはなってくるんですよね。そんなことを言ってもしかたないんだけど。川口君事件については、ずっと本も映像も含めて公には出ていなくて、俺も『革命的な、あまりに革命的な』以来、川口君事件の問題について多少は書いていますが、当時は資料がなくてね。でも、時間が経って川口君事件についてある程度は公にできるようになったんでしょうが、この映画にしても樋田さんの本にしても「内ゲバ」の捉え方が間違ってるし、川口君事件の捉え方も間違ってるんですよ。

亀田――一時期、川口君事件について書きたいという人からの接触はありました。自身で映画を作る力量はないけれど、川口君虐殺糾弾「早稲田解放闘争」に関わった参加者の多くから取材を軸にしたもう一つの映画が作られるべきだと思います。それに当時、私や知人が撮影した8ミリフィルムのサイレントの動画も組み込みたいですね（本映画にもテレビ放映された、プレス資料などでは間違ったタイトルで紹介されている、音声つきの田原総一朗の番組であるドキュメンタリーナウ！「早稲田解放戦線・虚と実」から一部が使用され、さらに私が撮影したサイレントの8ミリフィルムの動画も使われている）。その映画は商業ベースに乗らなくてもいいので、半端な「内ゲバ」論でなく川口君が虐殺されたことを問う映像表現となり得るのが望ましいですね。

（初出：『映画芸術』四八七号〔二〇二四年春号〕）

第Ⅲ部

全共闘晩期

「六八年」をめぐる個人的な抵抗[*1]

稲川方人（詩人）

二〇二四年一月二九日、神奈川県鎌倉市内の病院でひとりの男性が亡くなった。人の死はむろん平凡なことではない。しかし死を平準とせざるを得ない私たちの日常では、特定の人物でない限り死者は報道されることはない。一月二九日の鎌倉市内の病院での死者を私たちが知ることになったのは、死者が特定の人物だったからである。息を引き取る四日前に入院したその男性は、おそらく医師か看護婦かにみずからの名を名乗った、「私は桐島聡だ」と。みずから進んでそう名乗ったのかどうか、この国では、人が医療機関に関わる際にはかならず国籍確認を伴う身分証明と保険証等の有無の確認が求められるから、そうしたものを所有していなかったこの男性が、瀕死の状態にあるみずからの命を糺すために名乗らざるを得なかったと考えるのが妥当であろう。桐島聡と聞いた医師か看護婦かはその名の特定性には気付くはずはなく、単に、身分を証明し得ない特定不能な人物がやって来たことを警察機関に報告する義務があるはずの彼らの職業上の手続きによって、この男性が、一九七五年四月に起こった韓国産業経済研究所爆破事件の容疑者として指名手配されていた人物だったと認知できただけなのかもしれない。長年住んでいた藤沢市内のアパート近くの路上で倒れていたこの男性が、通りかかった近所の人によって自室に運ばれ、そこから鎌倉市内の病院に入ったという報道にも不可解さが残る。男性を運んだ人の手配によって救急車なりタクシーなりに乗ったとは報道されていず、テレビカメラの取材に応じた、男性を部屋に運んだ人物もそうは言っていない。使用に際してはなにがしかの自己証明が必要である通信機器の類は所持してはいなかっただろう足腰に力が残されていなかった末期がんの男性は、どんな手順で、近くはない鎌倉の病院にまで辿り着いたのだろう。かように、平準さからはかけ離れていたこの男性の「生と死」は、なにより彼が、一九七〇年代初期から中期にかけての対国家武力闘争を象徴するいくつかの事件に関わった「逃亡犯」だという特定性によって数日の間ニュースとなった。

指名手配以後、五十数年の桐島聡の意志的選択による異形の「生」の在り方とその終焉がもたらしたものに私は動揺した。その動揺は言うまでもなく個人的なものであり、一九七二年ないし七三年と特定できる私の「詩」の始まりが閉じられる、その閉じられ方の一端がそこに見えたのである。逃亡犯として国家から特定される桐島聡の「犯罪」と彼が属していたとされる「東アジア反日武装戦線」に注目するからではない。一九七二年の二月に顕現した連合赤軍の一連の出来事がもたらした失望（その失望が何かを問うことが以後五十数年の私の詩の必然のひとつだった）を契機に、一九六八年から続いた一人暮らしを止め、当時家族が住んでいた埼玉県の小さな町にこもることになる私の個人的な七〇年代初期の記憶に、桐島聡の死は不意に悲し気な問いを送ったのである。桐島聡の死の報道と前後して、一九七二年一一月に早稲田大学のキャンパス内で亡くなった早大生・川口大三郎の死をめぐるドキュメンタリー映画が公開されることを知って、私の記憶を揺さぶる問いはより辛いものとなった。埼玉の家にこもっていた一九七二年一一月、新聞報道で目にした内ゲバの犠牲者の名は、彼が少年期から私のよく知る名だったからだ。おそらく記憶の底に封じ込めていたのだろう、同じく川口大三郎

＊1　本稿は詩誌『静かな家』三号（二〇二四年六月刊）掲載「時評的、その三」の再録。新たに題名を付し、若干の修正を加えた。

を知る友人とともに駆けつけた伊豆・伊東の川口家の葬儀の異様な光景が、五十数年の時間を問い詰めるかのように甦った。

一九七二年前後に起こった、いわば「六八年」を終わらせるかのような負の出来事は公然の出来事だが、一般には「テロ」と称される対国家武力闘争、新左翼各々のセクト間に生じた暴力による対立、殺傷にまで至る「粛清」と称された組織内部の戦略路線対立等々の「六八年」の終焉の光景は私にとっては失望と不可解以外ではなかった。ここで無作為に「六八年」と記しても、単なる疑問を誘うだけだろうことも解っているが、「一九六八年」とは何か、と解説を重ねる多くの文献を私は嘲笑してきたので、ここでは無作為のまま「六八年」と言えばそれでよいと思う。はっきりしていたのは、それら冷静な批判すら排するような「六八年」の負の光景は、私には終わりの光景ではなかったということである。変革（として布置される革命）の像が政治的、反制度的な具象段階に留まらない、いやむしろ政治的、制度的段階には回収され得ない充分に精神的な反映だった「六八年」は、より強固な観念として「七二年以後」に繋留したからである。言うべきは、セクト間内部の「抗争」自体が政治的・制度的な「組織」の限界の露呈だったことであり、「組織」に帰属しない「繋留」がいっそう個人的な層を明らかにするとき、「六八年」はむしろ潜在化したのである。その潜在化の肯定を文学的だと揶揄することもできるが、「組織」の矛盾との対立は反権力＝反暴力の位相においてそもそも文学的な意識なのである。一九七二年二月、だだっ広い新宿の薄暗い喫茶店に据えられたテレビ中継でひとり終日見ていた、虚しい銃音が断続的に聞こえてくる浅間山荘の光景が「六八年」を私の個人的な位相に沈めたことも、テレビカメラが無造作に映し出す、山荘の壁を打ち砕いている大きな鉄球の象徴性も私には充分に文学的だったのである。吉本隆明が言ったという「戦争の不可避性と不可能性」を援用して、柄谷行人は一九七七年に、連合赤軍や内ゲバは革命の「不可避性と不可能性」の条件そのものを悲惨に露呈したと書いた（「方法をめぐって」、『反文学論』所収）。この「露呈」が「組織」と「運動」の限界と同義であるとき、そのいずれにも帰属しなかった（断じて、したくもなかった）者には「悲惨さ」に克つ方法を「文学」以外に持ち得なかったと言い換えてもよい。私が、「六八年」を語り直す多くの文献その他を胡散臭いと思っていたのは、「六八年」が稀薄な「物語」の記憶に安寧に閉じ込められることへの不愉快さからだったが、一方には、それらが提示しようとする組織論、運動論の批判・超克の可能性に疑いがあったからでもある。あえて「希望」という言葉を使うが、組織的制度的思考を超えない限り、「六八年」の希望は複製されるに過ぎない。希望の複製と再生産を拒むこと、希望の「物語」に対立することが私には詩の行為だった。希望は、まるで永久革命のように「希望」として未知であり続ける、と。だが、桐島聡の死は、あるいはその数ヶ月前に、たぶん医療刑務所においてだったのだろう、日本赤軍・和光晴生の死は、無造作なまでに、希望の未知の行程を断ち切っているように思えたのである。むろん言うまでもなく、その「切断」を私は（私の詩は）容認したりはしない。

桐島聡の屍は逗子の火葬場で荼毘に付され、どこの墓地なのか、引き取り手のない無縁仏として葬られたという。生の（人生の）影を残さない無縁の死者であること、個人という「物語」の枠組みからの解放される死者であること、それ故の悲しみが、この五十数年の私の詩を問うように思えた。

早稲田は誰に住みよいか

津村　喬
（評論家、気功家）

早稲田の文学部で、川口大三郎が革マル派によって拷問され、殺されて、ひと月あまり経った。これにたいして、いわゆる「一般学生」のあいだから予想を絶する抗議行動がおこり、十一月末の段階で、一文、二文、商、政経、教育、社会科学等ほとんど全学部で学生大会がもたれて革マル派を追い出し、それぞれ臨時執行部を樹立した。

わたしはホンの二年程前にこの一文を中退したばかりであるし、現に多数の友人が文学部をはじめ内部に居るので、半ばは責任を問われているかのような、半ば血が騒いで来るような、いても立ってもいられぬ気持で新聞を読み、話を聞きしていたのである。それでも、中で見違えるほど生き生きと動き出している友人たちに会うと、いつも別れ際には決まりの文句のように「テロに気をつけろよ、ちゃんと眠れよ」と老人めいたことばかりを言っては恥ずかしい思いをすることになる。ある距離を置かずには、言葉が出てこなくなっている。

それにしても、連日四千の学生が抗議集会をもちつづけたというのは、ケタはずれである。反戦連合＝早大全共闘のころは、千か千二百も集まれば、集めた方が度肝を抜かれたものだった。ノンセクト・ラジカルといい、ナンセンス・ドジカルといっても、「第二次早大闘争」は、根っ子のところで党派闘争だった。日大全共闘でさえも、それに至る長い地道なオルグ活動があったように、反戦連合は思いつめた陰謀集団として出発した。言語表現のレベルでは、それが「ぼくは、ぼくのコトバで語りたい」「肉体の始源からの叛逆」といった修辞を選びとったとしても、である。今度は違っていた。事態は明らかに誰の予測をもこえていた。この持続する騒乱にはまさしく、何事の起こりしやは明らかならず、というあの趣きがあった。

この「事態」を最も簡明に了解してしまうことができるとすれば、それは革マル派の説明を受けいれた場合である。すなわち、「一般学生」とは、すべて民青同盟員及び原理研究会のどちらかに属している、と考えることである。民青に四千動員が可能なら、とうの昔に革マル派は追い出され、民青の全学自治会ができていたはずではないか、という至極当り前の反論にもかかわらず、こうした見方は実のところかなりひろまっている。

手近な例を挙げれば、『現代の眼』一月号の読者論壇に載った「早稲田事件とファッショの足音」という投書がそれである。邪推とすれば大変申訳ないが、この筆者は革マル派かそのシンパではないかと思われた。はじめに、とってつけたような、ぎこちない、要するに革マル派がノンセクトを演ずるとすれば仕方なしにつけ加えるであろうような革マル派批判が述べられる。それはしかし、自分は革マル派によい印象をもっていない、というコマーシャルだけで、今度の川口虐殺については「スパイ活動が発覚したので尋問中ショック死した」という革マル派の発表を疑う材料はない、と急転し、その後は革マル派は新左翼で民青は反革命であり、民青と右翼が「一般学生」を名乗って新左翼圧殺をはかっている今度の事態にファッショの足音を聞かざるをえない、といった驚くべき結論へと話をもっていく。〈補註〉

革マル派の海老原俊夫がリンチで殺された時の、同派の「言論戦略」は、非常におしつけがましいにせよ、水際立ったものだった。中核派と同時に革マル派をも批判した梅本克己らへの糾弾キャンペインをやり、つるしあげ的な座談会をやり、さらに多数の「文化人」に踏み絵的なアンケートを発してそれを公表した。このときの諸文献、資料は『革命的暴力とはなにか』（こぶし書房）としてまとめられている。川口殺害の直後に記者会見をやって、自分たちで殺した、まだやるつもりだと悪びれずに宣言したことの、その結果はともあれ、彼らがジャーナリズムを非常に重視していることのあらわれだった。『現代の眼』の投稿が革マル派の作文だと邪推したくなるのは、それが、論理上の明らかな無理にもかかわらず、新左翼と全共闘の世代の日共憎悪の心情を、かなり巧みに、

補註　この投書の筆者が「革マル派かそのシンパ」ではないかというのは、まさに「邪推」であったことが筆者自身からの丁重な手紙によって明らかとなったことをつけ加えておく。彼は青メットをかぶったこともあるノンセクトであり、彼自身の大学での民青のファッショ的支配への憎悪の余り、早稲田の革マル批判を同様の事態と早合点して投書したのであった。

リアルにとらえているからである。寒さにむかうこの季節に、そんな大闘争がほんとうにあるのか？　という、かなり身にしみた疑心暗鬼がある。他方で、四〇議席、などと聞くと、民青も「一般学生」のふりをし切るだけの能力をもってきているのではないか、とおそれたくもなる。にもかかわらず、全共闘世代は決してあんな文章を書かないだろう。民青か革マル派かを選べというなら……といった発想をいっさい捨てたところで、あの壮大な体験はあったはずだからだ。

　いずれにせよ、こうした粗雑な主張は、いくつもの誤った仮定を前提としている。第一は、川口がスパイかどうかについては、革マル派の言明を疑うだけの材料がない、ということである。第二は、民青が今度の「一般学生」の運動の見えざるヘゲモニーをとっているということである。そしてもうひとつは、革マル派が「新左翼」だということで、擁護されるべき存在だとしていることである。事態はなおきわめて流動的であるが、現在可能な限り、これらの問題を軸に、わたしの知りえたこと、考えることを述べておきたいと思う。

　殺したのではなく、ショックで死んだのだという言いまわしは、わたしにハックスリの『死とはなにか』のどこかにあった警句めいた記述を思い出させた。痛いというのは、皮膚の痛点が痛いのか、神経が痛いのか、痛いと感ずる脳髄が痛いのか。機械的な因果論で生理現象を割り切ると、議論はかなり滑稽なことになる。死の境界決定ということについても、その「原因」といったことについても、同様である。自らの死を死なない殺人の被害者がいるだろうか？

　それではなぜこうした修辞が必要とされるのか？　それは「法の下」においてである。殺人と不法な強制によるショック死なるものとの区別が問題になるのは、いわゆる「未必の故意」をめぐる法解釈にとってのみであり、川口の母親や友人たちにとってでも、革命路線にとってでもない。革マル派の記者会見は、「調書」の文体をもってなされたのである。

　この「リンチ事件」がわれわれに与える一種の既視感《デジャ・ヴュ》は、すぐに確認が可能である。「スパイ」「尋問」「ショック死」――こうした語彙とその結びつき方において、宮本・袴田による小畑達夫殺害の調書の修辞法と、革マル派の川口殺害に関するそれとは、ほぼ完全にひとしいのである。『日本共産党の五十年』は、「警察もそれを認めた」というただ一言によって宮本・袴田らを免罪するという頽廃に身をまかせている。小畑がスパイであったか、反対派であったかの判断は、それこそ今からでは不可能である。しかしこの殺害は、「多数派」として登場しつつあった反対派にむけての、無数の魔女狩り的リンチの一環であり、その一頂点であったことによってのみ、断罪されねばならない。小畑事件そのものは偶然的な要素が強かったとしても、それは三二年テーゼという「魔女の槌」の必然の産物であり、これらのリンチ粛清は戦前におけるわが革命運動の隊列にはかりしれない損害を与えた。警察の判断が問題になる余地はないのである。同様に革マル派による川口殺害も、この意味での「必然性」を問われざるを得ない。「スパイ」と「ショック死」というコトバづかいの背後にあるのは、反スターリン主義党派が否応なしにもってしまった、もっとも「スターリン的」な魔女狩りの論理ではあるまいか?

川口大三郎がスパイであることの唯一の証拠として革マル派が発表したのは、十一月八日午後五時からもたれた同派の集会をスパイしたということだけであった。ところで川口が一文自治会室に拉致されたのは、同じ日の午後二時前後であった。してみると川口は監禁され、暴行をうけながら、どこやらの「戦車搬出阻止」集会をスパイする超能力をもちあわせていたことになる。連日の糾弾集会で、川口の属した2Jの級友をはじめとする「一般学生」は、この荒唐無稽を、さらに、自治会員をスパイとして殺さねばならない「自治」会とはなにか、ということを、痛烈に追及した。革マル派の諸君は、『全学連通信』にそう書いてあったから、という以外に、答える言葉をもたなかった。

革マル派にとっての壊滅的な不幸は、すでに習慣となってしまった脅喝的リンチが、中核派との間の「高度に政治的な」「特殊な」(同派全学連声明)緊張関係に規定された恐怖心にもとづく、ヒステリカルな誤認と結びついたことだった。わたしがある友人から聞いたところでは、川口大三郎は、中核系とも民青系とも異なる、ノンセクトの部落解放を闘うグループに関係していた。そして当然のことに、当面の課題として、狭山差別裁判闘争に最大の関心を払っていた。そしてあるクラス討論の席上、自治会幹部がそこに介入して来ていつものように革マル派の政策解説を世界の大勢から説きおこそうとした時、川口は、なぜ革マル派は狭山差別裁判問題をとりあげないのかと、詰問した(この事実関係は『朝日』の報道による)。差別の問題が革マル派の理論的支柱たる「プロレタリア的人間の論理」にとって最大のネックであったというにとどまらず、「特殊な」緊張関係のレベルでも、それは狭山差別裁判闘争を重視する中核派との基本的な争点のひとつとなっていた。そこで、このとき革マル派自治会幹部は、「新日和見主義の原型は革マル派にある」とした日共中央統制委員会と同じ類の粗雑な思考法をもって、川口を中核派のまわしものと思い込んだ。自分に反対するものはみな同じに見えてしまうというこの思考法は、「ユダヤ人」とか「アカ」といったレッテルの左翼版をうみ出す——「トロツキスト」「スパイ」等々。それは、川口が闘っていた部落差別と、思想方法において根を一にするものだった。石川青年は「部落」というレッテルによって逮捕され、しかるのち罪状が作られた。川口は「不測」にも殺されたがゆえにことさら中核派でなければならなかった。誤認ではなかったと、言いくるめねばならなかった。
　もうおおかたに忘れられてしまっただろう一人の学生の自殺がわたしの脳裡をよぎる。梁政明。日本名山村政明。早稲田の二文にいた梁は、反革マルノンセクトとして活動していた。日本国籍に「帰化」したことによって、梁は日本社会からも在日朝鮮人社会からも疎外された存在となり、「純粋日本人」たる女性との恋愛が破綻し、それに早稲田の――他大学からは想像もつかない――テロル的秩序の重みが加わって、遂に焼身自殺をした。民青は早速これを革マル攻撃に使い、「学生葬」なるものをやり「同志（!!）はたおれぬ」とうたった。梁はノンセクトであったが、民青として死んだ。梁は朝鮮人であったが、日本人山村として死んだ。梁はクリスチャンであったが、仏教のように「身を灯して」焼身自殺をした。幾重ものレッテルの彼方に、梁は葬られた。

　あのとき起ち上っていたら、川口の死は防げたかもしれないのに、という声は、今度の闘争の中でも強く出て来ている。錯綜したレトリックにおおわれた二つの死をつなげてみるとき、それがわれわれすべての中の魔女狩りとテロルの回路をはかる最良の座標軸となっていることに、われわれは気づかざるをえないはずである。

「おくにはどちらですか」と聞くように、「党派はどちらですか」といった初対面の挨拶をする習慣は、なおかなりひろく残っている。聞いてもどうということはないのだが、互いにどこかへ属していることではじめて言葉を発するための場が作れるといった心性があって、このことはおそらく、日本の近代が国体というシステムによってその内に組み込んで来た共同体の論理と深いところでつながっている。ノンセクト・ラディカルの出現はこの連綿たる継承の切断の実験であったはずであった。

　中核派の『前進』が、川口は中核派ではない、と断言したことは、当然のことながら適切なことであった。革マル派が海老原について自らやったように、川口の死を「共有財産」（洞田全学連委員長）とすることは、『前進』のあのレトリックをもってすれば不可能なことではなかったのだから。だがしかし、中核派が街中に貼りめぐらした「川口君虐殺糾弾・反革命革マル　センメツ」という対聯《ついれん》めいた二行書きのステッカーは、それを帳消しにしてしまっている。結局は党派闘争へとすべてを回収してしまっているのだ。このスローガンは、あまりに安直である。

　十一月十一日の最初の糾弾集会以降の動きについて、どのように問題をたてることができるだろうか。諸々の報道の彼方で、事態は混乱しているように見える。ブルジョア・ジャーナリズムは「一般学生」対革マル派及び当局という図式に固執し、右翼の新聞は「早大精神の発動」をたたえ、『赤旗』は得意気に革マル派の悪口を書き、革マル派は四千人も外人部隊が来たと絶叫して天下の同情を集めようとする。

大体「一般学生」という概念自体がきわめてケッタイなものであるし――わたしたちはかつて「一般暴力学生」というコトバで「一般学生」と「一部暴力学生」の区分けに対抗しようとした――少しでも「政治」を知っている者には、「ただの正義派」が出て来たなどとは容易に信じ難いことは事実である。だが、いかに信じ難くとも、今度ばかりは、「主役」をつとめているのは「ただの正義派」なのだ。

ごくおおまかにいえば、「一般学生」には三種類の人びとが含まれている。

①「ただの正義派」――今度の事件までは全く「政治」や「闘争！」に関心がないか、あっても表に出す機会がなかったきわめて多様な人びと。その多くはまさに「正義感」といったものにつきうごかされて渦中に入ったが、その中できわめて急速に政治的成熟を体験しつつある。

②旧全共闘・被抑圧（？）諸党派活動家――第二次早大闘争の敗北によって早稲田を離れるか、「じっくり勉強でも」して待機していた人びと。宗派意識が前世代より希薄で、横断的なフラクションを形成しつつ、「ただの正義派」の成長に密着して進もうとする者が多いのは、今度の闘争がもっているある厳粛な雰囲気に規定されてのことでもある。

③民青系――最初『赤旗』は革マル派の発表をウ呑みに「中核派学生殺さる」と報ずる失態をしたが、その後は必死で「誠実に」ただの正義派の動きに対応しつつ、各学部の新執行部樹立の過程で全学的なヘゲモニーを確立しようとやっきになっている。

これらの他に右翼の動きが多少あるが、現時点では問題とするに足りない。

当初、民青系と旧全共闘系（行動委系）の間には、暗黙の中立・相互不可侵協定があって、それは両者ともが、今度の闘争は「ただの正義派」が主役を務めることによってしか展開しえないことを直感的に理解していたからであったろう。「ただの正義派」の成熟が進むにつれ、旧秩序派＝革マル派＋大学当局にたいする批判はまったく性格と方向を異にする二つのそれへと分化していった。

右翼的批判――「臨執」成立の時点で、「騒乱」的闘争の段階は終った。今や生まれ出たばかりの新秩序を強化することに全力を注がなければならない。「当面の主力を自治委選に注ぎ」「規約レベルの形式的＝制度的保障」を不動のものとすることではじめて運動の持続が可能なのだ（一二・七民青早大一文班ビラ）。

左翼的批判――新秩序を当局に認めさせる？　カネのためか？　新たな癒着関係を作るためか？　運動の実質がなお弱体な現時点で「制度的保障」を問題にするのは、闘争収束の要求にひとしい。大衆がはじめて自分でうごきだし、「自治とはなにか」がこんなにも重く深く問われているときに、君たちは既成の統治機関によりかかることで満足しようという

のか!?「我々はできないことをやらなければならないのだ!」(一二・五　一文行動委＝LACビラ)

この対立・分化が一文において特に明確なため、わたしは主として一文の資料に依って来た。各学部の状況はまったく不均等であるが、「ただの正義派」の政治的未熟につけ込む右翼的批判と、その怒りの根源性に依拠しようとする左翼的批判との分化は、いたるところに見られるものである。

冬休みに入って党派はその組織力の強さを発揮し、闘争は尻すぼみになるのではないかというのが、かなり内情を知った人の間での予想であった。しかし一文行動委その他の理論合宿、土方組合――長期闘争のための資金的自立をめざした――等を中心とした越冬態勢の確立の実状はこの予測を裏切っているように思える。「反大学」という最大限綱領を掲げることなしに、「カクマルのやらなかったことをみんなやろう」といったよびかけで自主講座を組織している彼らは、「全共闘」を新しい地平に再生させ、さらに豊かなものへと乗り越えようとしているのではなかろうか。

教職員が今度の「事件」に全く反応しえていないことは、事態の本質的な特徴のひとつである。村井総長の記者会見における、「なにも革マル派に反対しなければ殺されなくともすんだのに」という一言は、一九七〇年代における「教育者」の腐敗の証しとして永遠に記憶されてよい。

この事態の本質は、革マル派という「新左翼」党派が、「ちょっとしたいきすぎ」の処理をめぐって誠実を問われているという点にあるのか? それとも革マル派という「暴力集団」「殺人者集団」がその本性をあらわしたことにあるのか? 無論、どちらでもない。事態の核心は、早稲田型二重支配体制ということにある。

戦後の「民主的」自治会の長い歴史の中で、自治会執行部に学対部を肩代りさせるという巧妙にして愚劣なことを思いつき、実際にそうしたのは、おそらく早稲田が最初である。労組なしに労務管理の貫徹は考えられないということからいえば、こうした管理形態における大学の「企業化」は妥当性をもったものであった。革マル派は「革命的利用」の名の下に学内憲兵の役割を引きうけ、その代りに莫大な自治会費の供給をうけた。広範な学生たちの抗議にたいしてとくに、十一月後半段階の革マル派が「授業の妨害はやめよう」「自治会民主主義をまもれ」という愚かしいスローガンをくり返すだけであったことは象徴的なことであった。まさに、「自治会民主主義」の名においてこそ、いっさいの自発的な運動へのテロルが行使されて来たのだ。早大反戦連合はわれわれの辞書に「早稲田型二重支配」という語彙をつけ加えたが、「ただの正義派」たちはいま「テロクラシー(テロルによる「民主主義」)」という言葉でその左翼的批判の核心をあらわしている。

とすれば、問題は単に革マル派の「失政」にあるのではない。こうした二重支配は、単に革マル派の暴力的支配によってだけでなく、「なにはともあれ新左翼」という幻想の共同性に支えられて来た。とすれば逆に、民青はもとよりすべての新左翼党派もまた、テロクラシーを排しつつ自治会運営が可能か、という極めて困難な問いの前に立たされていることになる。折からの選挙で喧伝されている「日本の夜あけ」なるものとの関連でいえば、条件はかなりちがうが、地方「自治」とはなんだ、ということにまで拡がっていく。自己権力と権力、といってもよい。

全共闘運動は「自治会解体」という最大限綱領から出発したために、その文化革命の獲得物を政治的に定着させることができなかった。とすれば、「ただの正義派」は、単に民青の新秩序強化論を排するだけでなしに、全共闘運動の欠陥を克服して、具体的に、日常性の内部からそれを超克して「ほんとうの自治」をうちたてていくという、複雑な任務を負っていることになる。今や彼らは早稲田に住まねばならない。「居住への権利」要求によって早稲田を「黄金の都市」へと変ずる錬金術を獲得しなければならない。

ここに「大衆」がいる。野呂重雄によって「見えざる大衆」とよばれたなにものかがいる。コトバの錬金術はいかにしてこの地平に達するか。

（初出：『新日本文学』一九七三年二月号、『メディアの政治』晶文社、一九七四年所収）

梁政明の死

津村　喬
（評論家、気功家）

右翼、マスコミ、権力が一体になった反朝鮮人の排外主義宣伝が、新たにわれわれの周囲をおおいつつある。われわれの日本は、かつて朝鮮、台湾を植民地領有したのみならず、その言葉を奪い、その民族としての抹殺をはかった歴史をもつわけだが、戦後二五年をへて、この「民族皆殺し」の思想が、新たな経済大国主義と結びつきつつ、復活抬頭して来た。われわれ日本人がこの「脱亜」のにがい歴史をきちんと総括することなく、それを忘却して容易なニセものの平和と繁栄を追求して来たことの報いが、このようなかたちであらわれて来ているといえるだろう。この春から夏に頻発した、右翼学生の朝鮮人高校生暴行の中では、この「朝鮮人皆殺し」のスローガンが掲げられていた。新右翼勢力の大連合の中で、彼らなりの地域闘争方針が出されたことによって、彼らはナチスばりの、在日朝鮮人虐殺突撃隊へと転身しようとしている。

政府もまた、その出入国管理行政において、排外主義をむきだしにしつつある。在日米国人ロナルド・マクリーンにたいする「在日外国人に基本的人権はなく、反戦の意思表示をするなら在留許可できない」という法務大臣の主張は、次国会に提出されようとしている新入管法の先取りとして注目される。在日朝鮮人、中国人の国籍選択の自由にたいする政治的干渉、日本に生活基盤をもつ在日朝鮮人が一時帰国ののち再入国することを許可しないこと、各国留学にたいする繰返される弾圧、をつら抜いているのはまさしくこの「煮て食おうと焼いて食おうと自由」という思想である。日本帝国主義のアジアへの進出に伴って、解放闘争をたたかうアジア人民と日本人民とのいっそうの分離＝敵対を狙ったこうした潮流と行政とに、いま全面的に対決していくことができないとすれば、われわれは侵略者軍隊としてしか、あるいは「自警団」としてしか、再びアジア人民、朝鮮人民と出会うことはできないだろう。われわれの「近代」が抜き差しならぬ形で、問われている。

早稲田で一人の在日朝鮮人学生が焼身自殺した。梁政明。姓を山村と変え帰化し、日本人になろうとしてなれず、キリスト者となるも祈れず、変革の途を索めつつ日本の左翼総体に絶望して、死んだ。

「とうとう来るべきものが来ましたね」と私の会った一人の在日朝鮮人は言った。「帰化したことで、朝鮮人同胞からは裏切り者として切られる。ぼくでさえ、君のような日本人と接触しすぎたということで朝鮮人社会から放逐されるかもしれない。そして日本人の中へ入って、誰に話が通じますか……」

ひとりの異邦人の死が、われわれ自身が日常とっている彼らへの態度を凝縮させて照らし出す。民青と革マルは、ともにお前らが殺したのだとキャンペインを行い、特に民青は彼が朝鮮人であることをかくして図々しくも、「同志はたおれぬ」などうたった。この政治の質、このいやしさに私はほとんど絶句する。そして彼の周囲は失恋自殺という類型をあてはめ、安心する。この政治状況、この「質」の中に、われわれは居る。われわれの生活と闘争の「質」。

私はひとりの華僑青年、李智成の、入管法にたいする抗議自殺にうちのめされ、入管闘争の戦線をなんとしてもつくらねばならないと、早大闘争の退潮過程から唐突に身を引いた。私の早大闘争の中での位置は客観的にいってそれほど大きなものではなかったが、提起された反大学運動をどうしていくかについては重い責任をもっていた。私はいちおう論理の上で大学解体＝教育解体と在日朝鮮人からの情報の逆流の問題をつなげたところで、その実体化を追求することをせずに、早大闘争から逃げ出した。大ゲサにいえば、反大学の新しい質の定着ができぬままに中核の決戦路線に早大闘争を売り渡した。そして早稲田に、私のいた第一文学部と梁政明のいた第二文学部に、入管闘争の戦線をつくることができなかった。孤立無援で梁政明は死んだ。

入管闘争の抽象性、その言葉だけの性格を、梁はあらためて照らしだした。私の参加して来た入管闘争、ささやかな「支援」とカンパニア闘争、この七月以降、政治主義者によって神秘化され制度化された限りではやりものとなり「秋のモード」となった入管闘争——われわれはこの意味では、革共同の入管決戦の叫びに、われわれ自身のたたかいの戯画を見なければなるまい。

入管闘争が法案の問題ではないこと、したがって、国会上程をめぐっての「決戦」などありえないこと、「決戦」をいうならその主戦場はわれわれ自身の、そして日本民衆総体の日常生活であるということは、朝鮮問題・入管問題を政治主義的でなくうけとめようとする新たな闘争主体にとって、いわば共通の了解事項であった。しかし梁の問題は、それが言葉でいうことはたやすくとも、どれほど困難なことであるかを私に、われわれに教えた。

入管闘争は形式であった。その内容をわれわれはわれわれの勝手なイメージの彼方の在日朝鮮人・中国人におしつけてきた。われわれ自身の内実をもたず、むしろそれを放棄するところに戦線をつくろうとした。在留を一応かちとった劉彩品さんが総括としてわれわれにつきつけたように、たたかう在日中国人・朝鮮人がいなければ、われわれは入管闘争をやらないのか、ということである。支援闘争その他を通じて、われわれはまたいつしか、彼らと通じあっているのだという幻想を育てていた。もう「入管闘争」などとも、いいたくない気もする。われわれは何をしてきたのか？　李智成を救えなかった「プロレタリア国際主義」は、いままた梁政明を殺した「プロレタリア国際主義」である。われわれのたたかいは空転し、そして支配階級の攻撃は着々とすすんでいる。われわれはどこへ行くのか？

東大阪市役所占拠闘争、あるいは大阪市役所前でのハンスト（いずれも国籍記載変更を要求しての、日本人の）が問題にしていたのも、このわれわれのたたかいにおける、政治生活と日常生活の分裂のことであった。彼らは「肉体を賭ける」ことで、存在そのものがたたかいであることを強いられる在日朝鮮人に接近しようとした。それをも、多くの朝鮮人は嘲笑した、われわれの具体的状況を知らずに、と。そして確かに、われわれの「具体性」からいっても、肉体即生活というわけではない。われわれはここ当分の間、さまざまの意味をもった嘲笑をあびつつ、ささやかなりともわれわれ自身の喪われた歴史をとりもどしていく仕事を、実践の中でおしすめるしかないのだろう。「二〇年間放っていた入管体制が、そんなに簡単に何か変ると思いますか」と私の会った朝鮮人青年はいうのである。

（初出：『日大学生新聞』一九七〇年一一月一日号、『歴史の奪還』せりか書房、一九七二年所収）

山村（梁）政明の闘争と抵抗

小泉義之
（立命館大学教員）

抗議の焼身自殺

一九七〇年一〇月六日、早稲田大学文学部キャンパス向かいにある穴八幡神社の境内で焼身自殺を遂げた第二文学部学生・山村政明（梁政明《ヤンジョンミョン》）について、一九七二年一一月八日に革マル派によって殺害された川口大三郎をめぐる記録である樋田毅『彼は早稲田で死んだ』には、次のような記載がある。

> 一人で背負うにはあまりにも重すぎる民族の問題、それが原因になっての恋愛の破局、革マル派からの度重なる暴力、負傷による経済的破綻……。様々な苦悩に打ちひしがれた山村さんは、肉親への遺書と「抗議・嘆願書」を残して、二五歳で自ら命を絶った。〔…〕
>
> 山村さんの焼身自殺の後、学生たちの一部は自由の回復を求めて立ち上がったという。革マル派の暴力によってキャンパスに入れなかった数十人の学生たちも一斉に授業に出て、クラス討論を提起し、革マル派を追及するデモも組織された。しかし、半年ほどで革マル派の暴力が復活し、学生たちは再び沈黙していった。*1

革マル派の暴力の復活、学生たちの沈黙、そうしたことがまた自殺を促すことにもなり、ひいては、その二年後に殺人を許すことにも繋がることになったというのである。

ところで、樋田毅の著作を「原案」とする映画化と銘打たれてもいる『ゲバルトの杜――彼は早稲田で死んだ』は、山村政明の焼身自殺については言及するところがない。そこで本稿では、いまやほとんど想い起こされることもなくなっている山村政明焼身自殺の経緯を述べておくとともに、あわせて一九七〇年代初頭の学生運動・政治運動の意義について少し考えておきたい。[*2] まず、焼身自殺直後の新聞報道を引いておく。

『朝日新聞』一九七〇年一〇月七日付朝刊

見出し：「落着く場所はどこに／早大生、抗議の焼身／朝鮮系二世 学園紛争と人種差別」

リード文：「六日未明、早大生が焼身自殺した。アパートに死ぬ直前に書いた「抗議・嘆願書」が残されていた。そこには、日本に帰化した朝鮮人二世としての悩み、第二文学部（夜間）学生としての経済的苦しさ、そして紛争にからみ暴力の横行する学園への怒り、がつづられていた。」

本文：「革マルの学園暴力支配」と、「反動的」大学当局に対するバリケードストライキに触れた後に、「セクト間の対立」で特に激しい対立が「代々木系」と革マルの間にあり、山村政明は「はっきりとした代々木系であるかどうかはわからないが「反革マル」であった」がために暴行を受けていた、とまとめている。

『毎日新聞』一九七〇年一〇月七日付朝刊

見出し：「「革マルに抗議する」／焼身自殺の早大生に遺書」

本文：文学部では「革マル、民青両派の対立がとくに激しく」、山村政明は「民青系活動家として目のカタキにされていた」。なお、「山村君が属していた第二文学部民主化会議（民青系）」と誤記され、その議長・島田幸一の談話が掲載されている。

『赤旗』一九七〇年一〇月七日付

山村政明は、クラス委員を務め、「大学立法」反対の「第二文学部有志連合」の代表に。学生大会議長に四回選ばれる。[*3] 二十数回の暴行を受け、とくに六九年八月には大隈講堂前で襲われ頭を七針縫う負傷、高田馬場駅前や早稲田駅前でも暴行を受け、一年ほど登校できない状態に。山村と「一緒に活動してきた島田幸一」の、「仲間としてかれをささえることができなかったのが残念だ」との談話が載る。

『赤旗』一九七〇年一〇月八日付

10月7日の「追悼集会」の報道。主催は「早大全学連絡協議会」と「第二文学部民主化会議」。

焼身自殺の動機・理由・原因について、『朝日新聞』は「抗議・嘆願書」を参照して複数の事情を列挙してはいるが、その『朝日新聞』本文も含め『毎日新聞』も『赤旗』も、革マル派と民青の「セクト対立」に起因する、革マル派による山村政明に対する一連の暴行が主因としている。そのような見方自体は間違いではないが、一面的である。焼身自殺の意味するところを一面的に捉えているからというだけではなく、当時の学生運動・政治運動をセクトのそれ、しかもセクトの組織的行動様式の一面に還元するという点で一面的である。さらに、『朝日新聞』は「代々木系」であったかはわからぬが「反革マル」と記載し、『毎日新聞』は「民青系」と記載し、『赤旗』は、第二文学部民主化会議・議長の島田幸一の「仲間」と記載し、民青（系）のシンパとして記載しているのであるが、そのような記載の仕方もまた、そのことにリアリティがあるのは認めながらも、無党派学生を「セクト対立」の図式に位置づけるだけのものとなっており一面的であると言わざるをえない。[*4] 要するに、山村政明が求めた闘い方・生

＊1　樋田毅『彼は早稲田で死んだ――大学構内リンチ殺人事件の永遠』（文春文庫、二〇二四年）三七－三八頁。

＊2　学生運動・政治運動の経験を想起するとき、当時、どのような大学・学部に在籍し、どのような党派の所属か／所属でないか／シンパであるか、どのようなノンセクト／「一般」学生であるのかといったことが大きく影響する。加えて、六八年から七〇年代初めにかけては、毎年・毎月、運動・組織の状況が変化しており、いつ入学し、いつ卒業したかも大きく影響する。それこそ学年が一つ違うだけで経験も状況も変わってくる。そのため一方では書き手の当時の立場を明示しておく必要が出てくるし、他方ではそのような限定的な立場を離れた論述を心がける必要も出てくる。前者の点をこの註で簡単に記しておくなら、私は一九七〇年四月に札幌南高校に入学、その六月に高校が安保破棄／廃棄も掲げる無期限ストライキに入る（全党派が賛成）のを機会に民青に加盟、一〇月の山村政明焼身自殺の際には高校内で革マル派と一定の応酬を経験している。その二年後、七二年には高校班キャップとして多少の新日和見主義批判を受けるが、一二月の一八歳誕生日に共産党に入党。その直前の一〇月に川口大三郎殺害が起きている。この年度には高校内には革マル派活動家はおらず、新左翼系活動家もほとんどいなくなっていた。そして一九七三年四月に東京大学教養学部に入学。その後、駒場キャンパスではいわゆる内ゲバで革マル派二名が殺され、鉄パイプ武装の解放派が入構してもいる。また私の知る限り、その時以外では中核派や解放派の学生は入構できずにいた。そのようなことを近くで見ながら七〇年代を通して共産党員として活動した。

＊3　これは「議長団」の一人として選ばれたということのようである。

＊4　次の書は巻末に山村政明の遺稿を収録し、編集者はそのリード文にこう書いている。「友人たちの話によると、政明君は、革マルには同調せず、民青とも一線を画して、ノンセクトの立場から学園の正常化をめざし、努力していたようである」（宇佐美承・大江健三郎他『日本の中の朝鮮――シリーズ・日本と朝鮮4』太平出版社、増補版、一九七一年）二六二頁。

き方を、そして革マル派と大学当局によって潰された闘い方・生き方を見ていないし見ようともしていないのである。

在日二世の闘い方と生き方

山村政明の遺稿集『いのち燃えつきるとも』は焼身自殺の翌年、一九七一年に刊行されているが、[*5] その序文として、李《イ》恢成《フェソン》が「二つの祖国所有者の叫び」を書いている。そこで李恢成は「死者にムチ打つ心ない仕業」を書きつけている。

> 死者をいたむ気持は、ぼくを憮然とした想いに誘いこむ。なんと未熟な死なのだ、という感があるのだ。〔…〕
> もし彼が、奪われた自己の主体性の復権をめざして、「ブルガサリ」のようにもしぶとくおのれを鍛えていたら――。朝鮮戦争のさなかに死んだある作家、かつて日本で作品を書いたこともあるその作家は、「ブルガサリ」という鉄を溶かして飲むという想像上の虫をテーマに、不死身の民族魂を書こうとしたことがあった。伝説にあるこの強靭な虫に託して、彼は日本総督府時代に生きる朝鮮人のパルチザン精神を暗にしめそうとしたのであろう。じっさい、この「ブルガサリ」のごとく、朝鮮人は生きてきたのであった。〔…〕
> 自殺しない民族ともいわれるのは、自殺の美学を理解しえぬからでなく、自死を拒む楽天的な美学を死の淵から生み出してきたからとみるのが楽しいのである。
> 自民族のこういう緊張した生命力を、もし梁政明が体得していたら。こう想うのは、死者にムチ打つ心ない仕業であろうか。[*6]

李恢成は、日本総督府時代の朝鮮人を在日二世と比較しているが、少なくとも「祖国」や「民族」を政治的に捉えるなら、そのように簡単にはいかない。当時、韓国は朴正熙《パクチョンヒ》政権であった。今日、朴正熙は「漢江《ハンガン》の奇跡」を実現したとして歴史修正的な評価を受けてもいるが、しかし一九六四年から南ベトナムに派兵し、当時の反帝国主義運動の側から見るなら、いわばベトナム民族を抑圧する国家として立ち現れており、一九七一年には「在日韓国人二世」の徐勝《ソスン》などを北朝鮮工作員として逮捕し、一九七二年には十月維新を引き起こしていく。これに対し、当時の朝鮮共和国（北朝鮮）は相対的にマシと見なされてはいた。そして、将来の南北統一を見据えた「朝鮮」という名が、戦後日本での「朝鮮籍」の意味も含めて、重要であった。[*7] 当時の在日「朝鮮」人、少なくとも反帝国主義を生きようとする在日「朝鮮」人にとって、一方の祖国はもはや不在であり、そうであるがために祖国は取り戻すべきものとしてあったはずである。他方で、日本国内における在日朝鮮人の生は苦しいものであった。山村政明の「抗議・嘆願書」の書き出しはこうである。

人騒がせなことをして申し訳けありません。しかし、これは、被植民地支配下の異民族の末えいとして、この国の社会の最底辺で二五年間うごめき続けてきた者の、現代日本に対するささやかな抗議でもあります。

　私は在日朝鮮人二世としてこの国に生を受けた。在日朝鮮人の存在そのものが歴史の非条理だ。その上、自らの意志によらずとはいえ、自民族と祖国を裏切り、日本籍に帰化したことは苦悩を倍増すること以外の何ものでもない。[*8]

　そうであるなら、李恢成が言うように、「現代日本」のただ中で「ブルガサリ」のように生きてほしかったし生きるべきでもあったと言えるかもしれない。[*9] 実は当時の私も同じような仕方で考えてもいた。山村政明が民青「系」であったのならなおさらのこと、どうして民青に加盟するなりいずれ共産党に入党するなりの生き方を選べなかったのか、[*10] また、どうして彼の「仲間」は彼をオルグできなかったのかと考えていた。しかし、それもまた、考え違いである。間違えたムチの打ち方である。当時の共産党・民青にあって、在日朝鮮人にとっての政治課題を「当面」の組織的政治課題として位置づけることはなかった。端的に、在日朝鮮人を抑圧する「この国の社会」「現代日本」に対して闘うことができない政治組織であったのであり、それを言いかえるなら、共産党・民青の側に死者をムチ打つ資格はなかったのである。そして、それは当時の旧左翼と新左翼の諸党派のほぼすべてに言えることである。この点を当時指摘していたのが津村喬である。

　津村喬は、山村政明の焼身自殺の前年、一九六八年に強制送還に抗議して焼身自殺した韓国人の金賢成《キムヒョンソン》、さらに一九六九年に出入国管理法案・外国人学校法案に抗議して服毒自殺した華僑青年で奈良県立医大生の李智成について、次のように書いていた。


　李智成の自殺は、われわれ日本人への告発である。「階級視点」の持主たちは、こうしたいいまわしに反対するかもしれない。〔…〕日本政府がこのような反動的な立法を堂々と推進しうる根拠は、われわれ内部の〈異邦

＊5　山村政明『いのち燃えつきるとも——山村政明遺稿集』（大和書房、一九七一年）。
＊6　同書、七－八頁。
＊7　ただし山村政明の両親は、その経緯の詳細は不明だが韓国籍だったようである。同書、九四頁、一〇〇頁を参照。
＊8　同書、二二八頁。
＊9　その後、李恢成は、もちろん政治情勢の変化もあり、一九九八年に至って韓国籍を取得するが、そのとき金石範《キムソクポム》との論争も起こっている。
＊10　焼身自殺以前にも以後にも、私は何人かの在日二世の学生の共産党員を知っていた。

人〉差別意識にある。それはしばしば無意識的であるために、きわめて根強く、わが近代の、「戦後民主主義」の、一貫した深層構造をなしてきた。〔…〕

李智成の自殺は、われわれの日中友好運動に対する告発である。[*11]

その津村は、山村政明の自殺について、加えて、李智成の自殺をいかに受けとめたのかについて、次のように書いていた。

早稲田で一人の在日朝鮮人学生が焼身自殺した。梁政明。姓を山村と変え帰化し、日本人になろうとしてなれず、キリスト者となるも祈れず、変革の途を索めつつ日本の左翼総体に絶望して、死んだ。〔…〕

私はひとりの華僑青年、李智成の、入管法にたいする抗議自殺にうちのめされ、入管闘争の戦線をなんとしてもつくらねばならないと、早大闘争の退潮過程から唐突に身を引いた。〔…〕早稲田に、私のいた第一文学部と梁政明のいた第二文学部に、入管闘争の戦線をつくることができなかった。孤立無援で梁政明は死んだ。〔…〕

入管闘争が法案の問題ではないこと、したがって、国会上程をめぐっての「決戦」などありえないこと、「決戦」をいうならその主戦場はわれわれ自身の、そして日本民衆総体の日常生活であるということは、朝鮮問題・入管問題を政治主義的でなくうけとめようとする新たな闘争主体にとって、いわば共通の了解事項であった。しかし梁の問題は、それが言葉でいうことはたやすくとも、どれほど困難なことであるかを私に、われわれに教えた。[*12]

津村が書いたように、梁政明が「左翼総体」に絶望していたこと、言いかえるなら、「左翼総体」が梁政明の求める闘い方と生き方をもたらすものではなかったことは確かである。そのことは、入管闘争を政治課題に押し立てることだけでは叶えられないことでもあった。だから「梁の問題」を受けとめるべき「新たな闘争主体」は、少なくとも、自らも属している「日本民衆総体の日常生活」を変えようとする主体でなければならなかった。それは途方もなく困難な課題であった。しかし（と繋げておくが）、他方で、山村政明は、あくまで学生運動・自治会活動に献身する「闘争主体」であった。それは、大学立法に反対する課題を掲げる点で政治的で左翼的ではあったが、決して反大学・大学解体を掲げるものではなく、その限りでは津村喬にとっても、当時の党派配置においては民青系と批判され揶揄され無視もされるところであり、しかもまさにそれがために革マル派の暴行を被る「闘争主体」であった。こう言いかえておくが、山村（梁）政明は、いわばラディカルではないノンセクト、左翼シンパである一般学生、学生運動・自治会活動を通して政治変革や社会変革に乗り出そうとする主体であった。そして、こうした観点から見返すなら、革マル派の暴行は、自治会執行部を奪取せんとする共産党・民青系に対する反撃という名目の下にではあるものの、「日本民衆総体の日常生活」を批判し変革する質を有することを志向する学生運動をあらかじめ圧殺するものであったのだと事後的には言うことができる。以上に関わる点を、山村政明の「断片＝Rの手記（I）――六九年夏」を通して確かめておこう。

学生運動・自治会活動への献身

党派への遠近、党派の区別にかかわらず、当時の学生が学生運動と自治会活動に賭けていたもの――それは学生運動と自治会活動には担いえないものであったかもしれぬが、そうであるからなおさら、そうであってもなおさら、それに賭けていたもの――を山村政明に即して見ていきたい。

六八年春。ぼくが学生運動とその基盤としての自治会活動に異常な熱意を抱いた動機は何であったか？　それは一つに、我が同胞の暗い歴史を知る故にであった。日本社会において広範な国民が社会、政治の動きに正当な関心を有していたなら、日本の軍国主義化、そのアジア侵略は制せられた。そして多数のアジア民族は植民地支配と戦争の惨禍から免がれ得たろうし、我が同胞もこの国における非条理的存在に至る不幸をみなかったろうと考えたからであった。

今一つの動機は、キリスト教の真理が現実とかけはなれたところにおいてのみ語られるのでなく、社会現実の中に生きて働くべきだと考えたからである。*13

---

*11　津村喬「或る《異邦人》の死」（初出一九六九年、『われらの内なる差別』より、絓秀実編『津村喬　精選評論集――《1968》年以後』論創社、二〇一二年）一八‐一九頁。この「われらの内なる差別」という措辞については、高校民青班内部でも話題になったが、どう受けとめるべきか戸惑ったことを覚えている。結局、それは内面（だけ）を問題化していたわけではないにもかかわらず、「主観的観念論」、たかだか「客観的観念論」にすぎぬとして、「階級視点」もあって問題提起を回避していた。

*12　津村喬「梁政明の死」（初出一九七〇年）、本書一六九‐一七〇頁。キリスト者の側から、梁政明の死を重く受けとめ自らの生き方を変えていった人の文書がある。中村敏「日韓併合一〇一年に生きる日本人キリスト者として」（『福音と世界』編集部編『時代のように訪れる朝を待つ』新教出版社、二〇一一年）。「私にとって大きなショックだったのは、彼（山村政明）が私のよく知っている高田馬場の教会に通い、洗礼まで受け、一時は献身まで考えていたという事実であった。何故信仰が彼を自死から救い得なかったのか、それほどまでに差別というものが重かったのか、そうした問いがずっと離れなかった。そしてこの私自身も、彼を死に追いやった日本の社会を構成している一人である、ということを否定できないこととして考えるようになった。この事件が、私が韓国問題に関わるきっかけとなった」（五九‐六〇頁）。

続けて、学生運動への接近が語られる。当時、多くの学生にとってそうであったように、何かを変えたいと、何か活動をしたいと考えた学生は、まずは所属学部の学生自治会活動に、言いかえるなら、そのとき自治会執行部を主導する左翼党派の政治活動に接近したのであり、山村政明もそうであった。「学生運動に関して既成知識の少なかったぼくは自治会執行部を握る革マル派の学友に最初近づいた」。それは具体的には、「沖縄デー等の街頭デモ」において、どの党派のデモに出るかといった選択であり、その際、山村政明は「彼らとスクラムを組んだ」。しかし、まもなく革マル派への「強い批判を覚えた」。その次第はこう書かれている。

しかし、総長選の闘いの過程においてぼくは彼らへの強い批判を覚えた。彼らは地道な民青系学友の闘いを破壊してその成果を横取りしようとした。その頃のぼくは両派の対立の沿革を十分には知らなかった。けれども、他セクト故に暴力的に抹殺しようとする革マル派にぼくは怒りを覚えた。[*14]

そして、自身の活動についてはこう書いていく。「ぼくはキリスト教的思想を基盤とした独自な方針でクラス活動を指導し、自治会活動に対応していった」。[*15]その過程で、革マル派と「激論」をたたかわし、「断絶は深まるのみだった」。さらに「執行部批判のクラス決議ビラ」も配布し、「学生大会で反執行部的発言」を行い、再三殴られるようにもなる。しかし一九六九年春、「大学当局の機動隊導入」を契機に、学生運動は「燃え上った」。そして「クラス」で、また「二文有志」で、ビラ・立て看を出す。このとき革マル派は「無期バリスト」を提起。これに反対するとともに、「ゲバ棒」を振るう活動は「有害無益」と考えるようになる。

ぼくの考えは民青系の学友と一致点を多くみるようになった。しかし、ぼくは模範的クリスチャンではないがキリストを信じていた。ぼくの内部における葛藤は一段と激しくなっていった。少女との交際も順調にはいかず、精神的苦悩の中に、ぼくは二文における学園闘争の表舞台に立たねばならなかった。[*16]

具体的には、クラスで反スト決議をあげ、他クラス他学年にも働きかけた。五・一九学生大会で、執行部の大会運営の横暴に怒りを覚え、「突然、議長選に立った」。そして、「良識的な一般学生、民青系学生」の奮闘で無期バリは否決の方向に向かう。ところが「惜しむらくは、反戦連合、反帝学評の文学部襲撃によって流会せしめられた」。ついで、六・五学生大会では革マル派執行部によって「長期」スト方針が出され、それが可決される。しかし、スト突入後のクラス活動などで、「それまで全面的に信頼をよせてくれた級友間にも分裂が生じた」。クラスは反執行部の拠点クラスとみなされたため、「何人かの級友が暴力的恫喝を受け、闘争を放棄していった」。そして山村政明自身も、「少女との交際が暗礁にのりあげたこともあり、深い挫折感を覚え始めた」[*17]。

闘う必要はないのか？　俺は闘わなくてよいのか？　適度にレジャーを楽しみ、自分の生活を守っていけばよいのか？　級友の大半も散って行った。みんないい連中なのに、多くはマイホーム主義者。〔…〕

展望は開けない。闘う仲間も脱落していく。反動政府は強行採決する。俺たちの闘いは無力なのか？　新聞はまじめなデモはとりあげない。ピエロ集団のはね上がりのみをよろこんで報道する。闘う仲間も疲れている。焦っている。活動費はすべてなけなしの自腹だ。今日もまたメシは一食……。民青系学生はいい連中ばかりのようだ。しかし、彼らの理想も結局、バベルの塔なのか？[*18]

そして山村政明は、「自分が疲れきってしまい、生を嫌悪するあの忌わしい感情」がよみがえってくると書きつける（自殺を「過去二度企てたが果たせなかった」とある）。続けて、この手記は、「苦学の限界」、「民族の宿命」、「美しい少女」、「背教の苦悩」の節が続き、最後に「断片」と題された節があり、そこから引く。

民青の学友たち。はじめは警戒したんだが、みんないい連中ばかり。もっと早く、君たちと出会っていたら、ぼくの人生も変わっていたろう。でも、もう遅い。期待に

＊13　山村前掲書、一六頁。

＊14　同前。

＊15　先の「キリスト教の真理」についても、ここでの「キリスト教的思想」についても同書ではこれ以上の記述はないが、推測はつくであろう。

＊16　同書、一七－一八頁。ここで「民青系」とあるのは、おそらく、第二文学部民主化会議のことである。それは東大闘争における民主化行動委員会に相当する民青系組織であるが、おそらく一九六九年春以降のこの時点では、もちろん自治会執行部を取っていなかったことや、早大の学内情勢にもよっているが、正当防衛を掲げての実力・武力行使を組織的に行う方針は持っていなかったと思われる。そして山村政明が立つ「表舞台」は、「二文有志連合」である。全学連中央機関紙「祖国と学問のために」早大総分局・'72年「革マル」暴力事件被害者林君の告訴を支援する会『早稲田の自治と民主主義』は、「大学民主化の斗いの先頭に立っていた二文民主化会議」と、「大衆的な組織として広範な学生を結集しとい《ママ》た二文有志連合（山村政明君が議長）」とを区別している（三二六頁）。

＊17　自身のこれらの活動は「ノンセクト活動」（山村前掲書、三〇頁）と書かれている。また、交際の暗礁は、遺稿集の限りでは、「少女」側における民族差別・結婚差別の故である。

そえなくてすまない。
闘い。民族の宿命。朝鮮人としてのコンプレックス。反撥と闘い。個人的能力による優越。カベ……。心ある人々の理解……カベ。キリスト教による平等の観念……カベ……。〔…〕
思想的迷宮、もとのクリスチャンに戻るか？　革マルと妥協するか？　民青に入るか？　ノンセクト連合を追求するか？　一般学生として傍観するか？　ああ、どれもできない！　とにかく、つかれきってしまった。[*19]

この挫折について、挫折して転向しようにもその行き先もないままの挫折について、「Rの手記（Ⅱ）——四五年・初夏」では、こう書かれている。

冬の始まり……。勝利の展望は余りにも一時的であった。それはもろくもついえ去っていった。三度目の決戦にぼくらは手ひどい敗北を蒙った。危機を悟った敵の権謀術策は想像を絶した。それに比してぼくらは余りに正直すぎた。狂暴な「勝利者」の追い打ちは陰険であった。かつてない暴力支配の暗黒時代が到来した。ぼくらはキャンパスのみか、早稲田一帯においてさえ、身の安全を保障されなかった。悪どい弾圧に対して反撃体制の確立は遅れた。ぼくらは地下深く潜行し、レジスタンスを展開せねばならなかった。[*20]

続けて山村政明＝梁政明は、こう書いている。「「祖国と学問のために……」。これは活動家仲間のスローガンだ。しかし、ぼくにとって祖国とは何か？　ぼくはこの日本のために情熱を捧げることはできない」[*21]。この「祖国と学問のために」というスローガンは、全学連（民青系）の機関紙の名である。学生運動・自治会活動の全国組織、すなわちいわば労働組合のナショナルセンターに相当する全国組織が、まさに「全国」「ナショナル」である限界を殊更に表すかのように「祖国」を政治的ユニオンの理念として掲げているわけである。そのことは、山村政明＝梁政明が追い求めた闘い方と生き方を当時の学生運動・自治会活動も左翼諸党派も提示できない歴史的な限界を示していた。そして、ここまで想起してきたような闘争の主体を、大学内部から排除する役割を果たしていたのが早大文学部においては革マル派であった。山村政明（梁政明）の「抗議・嘆願書——とりわけ早大二文当局およびすべての二文学友に訴える」が主として革マル派による暴力支配に向けられたのは当然のことであった。

私は学問、真理の探求を志して、早大に入学した。しかし、そこで見い出したものは、反動国家権力、独占資本に迎合した非人間教育でしかなかった。私は何人かの勇気ある仲間たちと共に、学園変革の闘いに参加していった。そのため、反動教授の指弾を受け、反民主主義、反革命、暴力学生集団革マルの数度にわたるテロ、リンチ等により、いく度か傷つき、登校の自由は奪われ、生活の破算、挫折を余儀なくさせられた。

私と同様に革マルの学園暴力支配により、退学に追いこまれつつある学友は少なからぬ数にのぼる。彼らの多くは、貧しい家庭環境に育ち、血のにじむ努力を積み重ねてこの学園に入学してきた。学園における目に余る不正矛盾に抗して立ち上り、闘いを敢行した故に、弾圧を受け、学生としての諸権利を抹殺されている彼らの心中は悲憤やるかたないものがある。

死を目前にした私が、最も切実に望むのは次のことである。革マルの暴力支配と、大学当局の冷淡な措置により、経済的困窮の中で留年、退学に追いこまれながら苦闘を続けている学友たちに明るい光のさすことである。彼らが、暴力支配による身体生命の危険、経済的な生活破算から免がれ、学生としての正当な権利を回復することである。

二文のすべての教職員の方々、及び学生諸君、彼らの正当な闘いに理解と支援を与えて欲しい。暴力を一掃し、よりよき学園を建設していって欲しい。[*22]

＊18　同書、一九頁。ここに「活動費」はすべて「自腹」とある。「東京にいても仕事につく気力、体力もなく、半病人の状態で、情ない話ですが、民青とクリスチャンの友人たちのカンパでようやく生き延びてきたようなものです」(同書、一二五頁)ともある。ビラ・立て看の費用も自腹であると示唆しているように見える。そのことは、山村政明が民青などの政治組織に属していないことを示唆している。大石啓子宛て書簡(一九六九年九月五日)には、「思想的混乱、一時は背教して、マルキシストになるべきだと考えたこともありました」(同前)とある。「一時」は、民青ないし共産党に入るべきだと考えたことはあると示唆しているように見える。ただし、小説習作の「帰郷」では、その主人公・英正が革マル派(文中では「△△派」)に暴行を受けたとき、「二十名近い〇〇派学生」が「正当防衛権」行使の方針にもかかわらず、あまりにもふがいなく「くもの子を散らすように」逃げ去ったことについて、「強い不信感」を抱いてしまい闘争にも「懐疑的」になっていき、「組織活動にあっても、根深く残っている異端者意識が強く頭をもたげたのであった」と書いている(同書、二三六頁)。少なくともその英正は民青に所属しているかのように、民青が正当防衛権を行使しなかったことに失望して離れることになるかのように描かれている。なお、本稿の準備過程で、いくつかのルートでこの点に絞っての証言を得ようとしたが、確証を得ることができなかった。

＊19　同書、三六‐三七頁。

＊20　同書、一八三頁。

＊21　同書、一八九頁。なお、山村政明が疑問視した「祖国」の名を掲げた組織による編集であるが、彼とその「仲間」に加えられた革マル派による一連の暴行の記録は、先に挙げた『早稲田の自治と民主主義』が詳細である。

川口大三郎殺害以後

冒頭に指摘したように、映画『ゲバルトの杜』は山村政明に触れるところはない。それ自体は別に問題視するほどのないことかもしれぬが、しかし津村喬が川口殺害後の闘争について述べるように、「あのとき起ち上っていたら、川口の死は防げたかもしれないのに、という声は、今度の闘争の中でも強く出て来ている」[*23]のであった。ところが、それ以降、一九七〇年代の大学での闘争のことを、革命幻想を抱き続ける諸セクトの対立、諸党派・諸組織のゲバルトの応酬、新左翼諸党派の内ゲバとして想起し叙述する歴史観だけが蔓延してきた。それが正史の位置を占めるまでになった。映画『ゲバルトの杜』はその一例にすぎない。

別の例もあげておく。水野直樹・文京洙『在日朝鮮人——歴史と現在』は、金嬉老と並べて山村政明の焼身自殺のことを「暴走」と評している。もちろん暴走と言ってもかまわないが、問題は二人が語るその内実である。

戦後二〇年を経てもなお、日本社会は、自らの歴史が産み落とした民族的少数者の存在を、「禍根」や「異様」としてしか見なしえず、在日朝鮮人は弛まない差別や同化への圧力に直面していた。その一方で、日韓条約は在日社会を深く引き裂いた。韓国か北朝鮮か、民族への帰属か日本人への同化か、本名か通名か、さらには組織か個人か、青年期を迎えた多くの在日二世たちは、そういう問答無用の択一的な問いの前に立たされつづけ、精神の座標軸を見失って暴走する在日朝鮮人も少なくなかった。[*24]

暴走と言うからには、二人は暴走とはならぬ正しい走り方を弁えているのであろうか。あるいはまた、二人は現にそのように走って生きていると誇れるのであろうか。要するに、二人による暴走なる修辞は、金嬉老や山村政明が他者に対してであれ自己に対してであれ、暴力的な振る舞いを、非合法的な振る舞いを慎めばよかったと言っているにすぎないのである。

しかしそのことは、第一に、それぞれの暴力や武力の行使について政治的倫理的に吟味することもないまま、あたかも左翼の学生運動や政治運動を暴力や武力の行使だけでもって否定し去ることができるといった次第になってきた。非暴力なる道徳でもってすべてを思考停止にする次第になっている。もとより絶対的非暴力主義を掲げることは正しいとしても、絶対的非暴力主義者であればこそ暴力の政治性・歴史性を思考しなければならぬはずなのに、それを放棄しているのである。そんなことでは暴力・武力の停止などを実現すべくもなかろう。第二に、これを本稿では強調したいのであるが、当時の学生活動家がいかなる闘い方・生き方を追い求めていたのか、その点において当時の、そして現在の政治にいかなる希望と限界があるのかということについてまったく思い至ることができなくなっているのだ。山村政明の手記には、早稲田大学ロシア文学科を志望した理由も含め、こんな一節がある。「ロシア。あのドストエフスキー、トルストイの文学を生み、最初の社会主義革命をなし遂げた大いなるロシア。ぼくは限りないあこがれを抱いた」[*25]。現在の若者には一読しただけでは意味不明な言説であろうが、私を含む当時の新旧左翼の学生にとってそれはリアルな感情であったし、そうであればこそ、いつでも種々の限界を抱えざるをえない闘争や運動であってもそこに賭けていったのである。例えばそのような主体のあり方、そのような主体の歴史に、昨今の正史は思い及ぶことすらない。第三に、川口事件を防げたかもしれないということ、また、川口事件後の闘争を成功させられたかもしれないということについても、言うまでもなく、反暴力を貫けば成功したということにはなるはずもない。この点で、映画『ゲバルトの杜』は結局のところ樋田毅に従って大筋では、ノンセクト・一般学生内部における実力行使の賛否に分かれたことをもって不成功の説明としている。しかし、あくまで大学内部のいわば政治力学に即してすぐに指摘できることであるが、(反)民青・(反)共産党の動向を欠落させている。また、いわゆるポツダム自治会をめぐる諸党派の方針の違い、ノンセクト一般学生と無関心一般学生の態度の違いを考慮に入れていない。実力行使とゲバルトの違い、実力行使の内実の違いについて考慮していない。そして、大きく言って、当時の左翼運動が抱える、当時の左翼用語で言うなら、各「戦線」・各「大衆組織」についての方針と活動を、当時の主要な政治課題との関連で位置づけることができなくなっていた限界、具体的には山村政明にあっては在日朝鮮人の運動、川口大三郎にあっては部落解放の運動を学生自治の活動としても位置づけることができなくなっていた限界がたしかに指摘されなければならないが、そのようなことに考え及ぶこともできなくなっている[*26]。

＊22 同書、二二九頁。なお、同書所収の大石啓子「想い出」によるなら、自殺直前に大石啓子宛てに「最後の手紙」を出しており、その一節には、「大好きな信州上高地で眠りにつきます」とある(同書、二九二頁)。ある時点では、上高地で死ぬつもりであったのかもしれない。

＊23 津村喬「早稲田は誰に住みよいか」(初出一九七三年)本書一六四頁。

＊24 水野直樹・文京洙『在日朝鮮人――歴史と現在』(岩波新書、二〇一五年)一六五頁。

＊25 山村前掲書、二〇頁。

＊26 絓秀実が指摘する、革命・反資本主義を目指す左翼諸党派と「マイノリティーの諸闘争」を同時に、同じ闘い方・生き方として追求しがたい「ディレンマ」の現れの一つである。絓秀実「解説」(前掲、絓秀実編『津村喬 精選評論集』)三八九頁。

六八年以後の闘争を扱う作品や研究の多くは粗雑であり、『ゲバルトの杜』はそのタイトルにせよ劇中ドラマにせよ愚劣極まりない。証言の多くも、それはまさに統治者や権力者の側の歴史観であるわけだが、闘争をゲバルトや非合法へと還元する見方に取り込まれたものにしかなっていない。どうしてそうなってしまうのか。現在と当時の闘う者の立場に、闘わざるをえない者の立場に、自らを滅ぼす危険や殺される危険にさらされながらも闘う者の側に、しかし遂には〈歴史的〉状況のために挫折せざるをえない者の側に立ってはいないからである。

なんとなく、カクマル
――「暴力批判論」のために

長濱一眞（批評家）

0

SNSにおける係争やなんらかのグループ内部の紛糾などひとからげに内ゲバと称すごとき、人口に膾炙してやまない用法を非歴史的で杜撰と断じざるを得ないのは、かつて「内ゲバ」と呼ばれたかの事態――それを連合赤軍事件と同一視する愚を犯さなければ――にまで至るその端緒にあって、革マル派の統治とこれにいかに抗うかとの問題及び課題が生じていたからで、そもそものことを積極的に捨象する「内ゲバ」――「過激派」同士の暴力沙汰――なる杜撰極まりない名称が事態を幾重にも不鮮明とするのだが、とまれあれもこれも内ゲバと皮相な嘲笑に安んずることはその端緒を糊塗する身振りであると同時に問題の延命に加担することともなる。

銘記すべきは、「内ゲバ」が止み「過激派」が退潮しつつある（?）現在、大学に限らぬ公共圏において、革マル派がかつて大学当局と結託し主導した統治の手法がある種の洗練を経て横領せられていること――統治者の意識や党派所属の経歴有無問わず、またむろん革マル派が裏で糸を引く等々の陰謀論も必要なく、それが安全な監視管理体制の常套として一般化したこと――だ。端的にその統治は、反／非‐全共闘たる、すなわち他党派を「過激派《ブランキスト》」と唾棄して解体に至らしめみずからのもとに服せしめんとの目的意識に貫かれた革マル派よろしく、管理体制の一元的支配を脅かす言動、とりわけそれが集団性を成すのを妨害阻止し、それを疑う異質なものを排除することを第一とする。平和を管理する一元的な統治に逆らわない限りで生かさず殺さず放任しておく――けれどもその生はあらかじめ規制せられており、決定は専断的に既定事項として下るもので、管理統治を巡る話し合いの場や団交に碌に応じない者が責任者や指導者などを名乗る。当局が保障する安全と平和に言葉を挿む者は問答無用で不審者、というか異常者か犯罪者ですらあり、管理もしくは一掃すべき対象と見做される。むろんこの統治に疑念を覚える者は都度現れざるを得ない。だとすれば、例えば早稲田大学で「革マル支配」がかつてよりは減退したとしても、広義に「内ゲバ」はいまなお広範に自明のごとく続いており、敢えていえば日本において革マル派的なものは緩やかに勝利し続けている。当然ながらこの問題は必ずしも特殊日本的でありえず、例えばイスラエルによるパレスチナの長期にわたる隔離管理さらには虐殺にまで及ぶものの、本稿はそこまで論及しえない。

　とまれ平和を享受する日本の大学にあって、もっぱら統治の「ゲバルト」は当局の「御用」教職員や軽々な警察／機動隊の随時導入などで時折顕在化するものの、しかしこのみやすい「ゲバルト」のみならず、現在、立て看板やビラ撒き、演説その他の政治活動が公共圏から排除され不在と化しており、それが極自然に常態化していることそのもの、かつこの常態化が平和と見做されていることとそのものが、革マル派的管理の革マル派以上に理想的な達成の光景であって、この平和なるものを成り立たしめる権力関係が問われなければならない。いまや「内ゲバ」はその革マル派的な「ゲバルト」の側に限って、治安のための措置として通用し、ひたすら不問に付せられるべきものと化した。この事態に抗する「暴力批判論」がいまこそ必要であり、本稿はその議論に寄与すべく書かれることとなる。

1

　さて、『ゲバルトの杜』におけるインタビュイーのひとりは最初の単著の「あとがき」に次のごとく記している。「この本で主に批判の標的にされているのは、フェミニストとポストモダニストである。しかし、それは彼らが私にとって最大の敵であるからではなく、一番近しい隣人だからである。私は自分の中にフェミニズムに深く共感するものを感じ、ポストモダニストの語法に自分と共通するものを感じる。〔…〕だから、どうかあまり怒らないでほしいと思う（たぶん読まないと思うけれど、万が一読んだ場合は、どうかあまり怒らないでほしい）。ピース」。さしあたっては「批判の標的」なるものの具体や批判の妥当性にかかずらう必要なく、なんとなれば挙げられた二者をそれとまったく内実が異なる彼是と置き換えてもかまわない。とりいそぎ確認したいのは、この「あとがき」を付した書籍に収録されている文章ではその「アンチ」とまで自称し宣言する対象を指して「自分と共通するもの」があり「深く共感」する「一番近しい隣人だから」ことのほか「標的」に据えるとの理路を自然に採用するこの一節が罷り間違っても穏当な物言いでないことだ。否むしろ、人間の顔をしているとしても、それ故にこそ、あたかも抑圧も禁止もせず、歓待をも辞さないかのごとき寛容で柔和な面を晒さんとしているからこそ、極めて抑圧的で不寛容にこの言は機能する。

とは、このとき「標的」とされた者が「私」を「敵」と見ることを、「私」は明言することなく――「私」はみずからの「批判」を「隣人」に幾許かの挨拶《ピース》を送ったにすぎないかに演出し、これに対し先方は互恵的に「私」を「一番近しい隣人」として遇すことを正しい「マナー」として要請せられる以上――「ルール違反」に設定しており、と同時に、後半に二度繰り返される「どうかあまり怒らないでほしい」なる懇願はあらかじめ先方がこの挨拶に「怒る」と予期しえていることを示しているが、にもかかわらず、まただからこそ、みずからをその「怒り」を不当にも引っ被る――「怒る」がいかなる言動を謂うのかは「あまり」がどの程度と想定されているのかと同様読者にとって不明瞭で未規定のままであるが故に、挨拶でなく「怒ら」れたとの判定を「私」は一方的に下すことができる――立場へと置いておくしぐさであり、一見したところ下手で丁寧な姿勢は悉く「私」の独善性から発している。「標的」がこの挨拶を仇で返し「ルール違反」を犯したと「私」が受け取った場合、次のごとき嘆息がおのずから流露するのを、引用した一節を支える論理に則して引き留めるものはなにもないのではないか?――「私」は貴方を「一番近しい隣人」だと思っているのに、「私からの異議を聴きとる対話的知性が備わっていると信じている」のに、貴方には「深く共感」すらしているのに、斯様な「私」の言動に「怒」り「私」を「敵」扱いするのであれば――それは「私」でなく貴方が始めたことだ――残念ながら、貴方の「知性」は「私」の期待以下だし、貴方は「ピース《平和》」の壊乱者たらんとしていると見做さざるを得ない、――哀れ「ピース」は裏切られた!

なるほどこの挨拶は明示的に敵対的でも強圧的でもないし、それよりは諧謔の調子の方が強調せられている。しかし、ために「隣人」と呼びかけられた「標的」は、「私」を黙認するか、その「ルール」に不承であれ従ってみるか、または積極的に賛同して「私」と同じ位置に就かんとするか、いずれにしろ、ありうべきポレミックを曖昧になしくずす方向へ仕向けられるし、間違いないのは、ここで対手の「異議」をポレミックとして引き受けるのを「私」が先方に対する誘導を以て回避せんとしていることだ。そして、「標的」が「隣人」たることを肯う限りで「ピース」は防衛せられ、「マナー」を解さず、または意図して誘導に従わず「隣人」たることを瞭然と突っ撥ねるなら「ピース」は崩れるものの、このとき

「違反」したのは「隣人」であるべき対手なのだから、「私」は必然的に「ピース」の守護管理人の地位を保ち、ために決して敗北しない。「私」は「ピース」に与し服する「隣人」に対しても、「私の異議を聴きと」らず「ピース」を解しない無法者に対しても、この「ピース」の言説を取り仕切る者として、つねに上位にあって対等にならぶことはない。だがまた、ひとつ注記を加えれば、「たぶん読まないと思うけれど」との若干の自己卑下と諧謔が看取しえないでない一句を挟みながらも繰り返される「どうかあまり怒らないでほしい」なる懇願には、ここで「怒る」が——相変わらずその内実は定かでないながら、少なくとも——「ピース」を破壊する行為、すなわちある種広義の暴力《ゲバルト》とも無縁でないとするなら、ひそかに高みに立つ独善的な「私」は実のところ「標的」から暴力を揮われることを怖れており、その怖れる暴力にあっては「あまり」に含意される——それを超える——質もしくは量こそが重要らしいことが窺われもする。以上は、引用した「あとがき」の一節のみから充分に分析しうることだ。

　他方で、「標的」の「語法に自分と共通するものを感じる」云々があながち為にする修辞だけでもないのは、「私」を名乗るこの著者によれば——ここでその批判内容の若干の確認に入る——、同書に収録された幾つかの文章を読むなら、「フェミニストとポストモダニスト」に共通する「審問の語法」にみずからが学生時かかわった党派と同種のものを見出しているのを容易に読み取りうるからだ。「標的」となった二者はいずれも、例えば女性差別や日本の被侵略国に対する戦争責任などの、ひろくマイノリティからマジョリティへの告発ないしそれを支援する活動を担う人々を指し、「アンチ・フェミニズム宣言」と題された文章においてそれらは「正義の人」と総称せられる。この文章は次の冒頭を持つことで、とりわけ「あとがき」の一節と呼応するものと考えられる。「私は「正義の人」が嫌いである。／「正義の人」はすぐに怒る。「正義の人」の怒りは私憤ではなく、公憤であるから、歯止めなく「正義の人」は怒る。／「正義の人」は他人の批判を受け入れない。「正義の人」を批判するということは、ただちに「批判者」が無知であり、場合によっては邪悪であることのあかしである」。前半は俗に「正義の暴走」なる揶揄の言葉でいまや大勢が述べて久しい如何様にもいえる一般論にすぎないが、後半についてはさらに後段で「男性は『男権主義イデオロギー』にどっぷり漬かっているが、女性は抑圧される側なので、かかるイデオロギーからは自由であり、それゆえ男性よりも世の中の仕組みがよく分かる」との理路の原型をジェルジ・ルカーチに求めていることを踏まえれば——著者はその語を用いていないものの——疎外論に拠った「正義」への批判に通ずる。ところで、この「論法」に初めて「私」が触れたのは「マルクス主義者たち」からだった——

そのころの私は〔…〕退廃的な生活をしていた。するとマルクス主義者がやってきて、実にあっさりと私を「プチブル享楽主義者」というものに分類してくれて、私がいかに無知で、いかに徳性を欠き、いかにして「体制」に奉仕しているのかを理路整然と教えてくれた。私は〔…〕その批判を受け入れ、自らを「プロレタリア的」に形成しなおすために、さっそくマルクスなどを読みはじめた。

〔…しかし〕なぜ青年カール・マルクス一人はドイツの経済的下部構造によってもその意識を規定されず、つねに上空飛行的な俯瞰を行い得たのであろうか。〔…〕

そのうちエンゲルスが『資本論』の序文に「マルクスが彼の時代のイデオロギーから自由であったのは、彼が天才だったからである」と書いてあるのを見つけた。

これは悪魔のごとき知略である。なるほど、「マルクスは天才であり、他の連中はバカである」ということをまず前提にしておけば、他の人々が間違っていることは「論証」の要もなく、自明である。しかしこれを論証といってよいのだろうか。

私がそう言ってマルクス主義者におそるおそる反論を試みたら、「マルクスを疑ってかかるということが、まずもっておまえが『プチブル』である動かぬ証拠である」と叱られてしまった。〔…〕そう言われては私も立つ瀬がない。そこで私はマルクス主義者に別れを告げたのである。

むろん、その文章の調子に鑑みても、そのほかの回想と照合しても、これは戯画的で相当に簡略化した回想だろうし、また最後の叱言は必ずしも疎外論に依拠するとは限らないが、なにより、「正義の人」の「語法に自分と共通するものを感じる」と書かれた「あとがき」を考慮するなら、「私」は「正義の語法」と一時的にしろ同化しなかったわけでなく、ましてやこれと直面したことが「マルクス主義者に別れを告げた」理由でもないだろう。

2

ところで、ここまで論述の対象としてきた件の「あとがき」は『ためらいの倫理学』*1に付されたもので、その著者は内田樹の名で知られている。この単著以来内田は毎年数点の著書を刊行し多くの読者を得るが、その述べるところの基調は「なんリベ」*2——小谷野敦『反米という病——なんとなく、リベラル』に由る——の範疇にあり、これを広範に浸透せしめ

*1　内田樹『ためらいの倫理学』冬弓舎、二〇〇一年／角川文庫、二〇〇三年。
*2　小谷野敦『反米という病——なんとなく、リベラル』飛鳥新社、二〇一六年。

たひとりと目して大過ない。「なんりべ」とは左右の経歴問わず、憲法九条の防衛や天皇制擁護または容認などを軸にゆるく同調しあう思潮で、概して偏向している――「過激派」！――と見做されるのを忌避し、平和な日常を愛する「普通の日本人」――これもいまや偏向を意味する蔑称に用いられるほどに「アップデート」が為されてはいるが――として、「国を壊す」ものを呪う傾向にある。例えば二〇一五年に公開された「あるインタビューから」[*3]で内田は、いま「国会内では年寄りの過激派たちが殴り合」う――もちろんこれは与野党政治家のことを謂う――一方で「国会外では保守的な若者たち」が「過激派」の「暴走」を「停止」せんとしているとして、当時脚光を浴びたSEALDsを高く評価しているが、これなどはその典型にあたる。

さて、「転向について」と題された文章では[*4]、自身の学生運動について内田は先の回想より踏み込んだことを書いており、そこで「七〇年代の初め頃に左翼の運動から「足を洗う」」まで――内田は七〇年から東大駒場に通っている――「その綱領や党派の名において何人かの人々を罵倒したり、傷つけたりした」――この「罵倒」において「プロレタリア的」な(!?)「正義の語法」が用いられていなかったとは到底思えない――とも回顧している。「左翼の運動」や「過激派」等々とあくまで所属党派の明言を避けているものの、徹底して秘匿するつもりもないことは同文でみずから党派離脱後も「けっこう仲良くやっていた」「活動家の旧同志たち」――そのうち、稍して姿を消す二名、すなわち七三年九月に死亡する「いちばん仲の良かった金築寛君」と、「殺人謀議で指名手配」を受け逃亡生活に入る「フラクの「上司」だった蜂矢さん」――の名を挙げていることで了解せられ、このことから内田は革マル派だったと確認できる。金築については、『ゲバ杜』でもその「内ゲバ」における死亡を伝える顔写真入りの新聞記事が挿入されており、恐らくインタビュイーの依頼もこの記述が大きな要因だったのだろう。蜂矢については詳細は不明だが、「東大駒場のカクマルのキャップ」で「ノンセクト恫喝の総司令官」(森田暁氏の教示に由る)として外部から認知されており、内田は恐らく日本マルクス主義学生同盟革マル派の下部大衆組織にあたる学生会議やあるいは全学連フラクあたりに所属し、蜂矢と「ノンセクト恫喝」などをともにしていたと思われる。

これまでの内田の読者の大勢は――ちなみにこの論考は、このたびの執筆の構想を練る最中Wikipediaで『ためらいの倫理学』の「あとがき」に眼が留まり、確認のため初めてその書籍を手に取った者の手による――その「過激派」経歴を読んで知ってはいても、転向済みであることを理由に等閑視してきたのだろう。なるほど例えば「アンチ・フェミニズム宣言」における疎外論から行使せられる「正義」の批判は、事実革マル派は疎外論に依拠しているのだから、めぼしいものでないにしろ革マル派批判として読むことは可能だ。けれども――「七〇年代の初め頃」との暈した表記や「一九七三年の冬」を既に離れていた時期として記していることなどから推して、内田が革マル派を離脱したのは七二年から七三年の前期ではないか――、内田が挙げる転向の理由のひとつ――「私は身体的な暴力に対して異常に弱い。拷問にあったら、拷問者の靴を舐め、ぺらぺらと仲間を売るようなタイプの人間である。〔…〕わずかな物理的暴力に屈服して、自分が最低の人間であることを思い知らされるというのは、痛いことよりもさらに気分が悪そうだ[*5]」――は、奇妙にも川口事件への連想を、すなわち中核派のスパイの嫌疑で川口大三郎をリンチに掛け「幹部」の名などの自白を強要し、死亡後も革マル派は川口「有罪」の証拠を握っていると主張し続けた七二年一一月の事件への連想を促す。とは、他党派が革マル派と同様の「拷問」をみずからに科すとの想定のもと、その際には極度の苦痛を与えられても数時間「自白」を拒み続けたらしい川口と比して、早々に屈服すると予期しそのことこそ耐え難いと思い至り、かくなる醜態を晒す前に降りた、と読みうるのだ――『ゲバ杜』には内田が川口事件について答えた映像はない――。内田の正確な離脱時期は私見のかぎり不明だが、このとき内田はみずからが「拷問」に遭う危機に少なからず怯えたわけで、その現実味を相応に考慮しても不思議でない状況下だったのだろうし、およそ内田が怯えた「拷問」のイメージを最も喚起する身近な事例は川口事件を措いてほかにない――ついでながら、中核派が革マル派をリンチのすえその意図なく死に至らしめた海老原事件が起きたのは七〇年八月で、むしろ内田が革マル派に入ったと推定せられる時期の方に近い――と考えられる以上、川口事件後急速に激化しだす「内ゲバ」からの逃走が内田の転向の無視しえない理由だった蓋然性は決して低くないのではないか。

　いずれにしろ、離脱後の内田の「思想」が革マル派の理論と直ちに一致しこれに典拠を求めるものでないのはことさら確認を要すことでないとしても、しかしとりわけ、これこそ「代替不能の使命」と見定めて為したと誇るエマニュエル・レヴィナスの翻訳紹介や、「自らの死を代償に殺人を犯すムルソーと、殺すことを断念したタルー」との分裂とその背反――「殺したいが殺せない、あるいは、殺したくないが殺せる」――を生きる「反抗的人間」をアルベール・カミュに見出す「ためらいの倫理学」などにおいて「内ゲバ」がなんら念頭に置かれていなかったとは考え難く、だとすればその際

＊3　内田樹「あるインタビューから」二〇一五年一二月六日、『内田樹の研究室』ブログ。
http://blog.tatsuru.com/2015/12/06_1134.html

＊4　内田樹『「おじさん」的思考』晶文社、二〇〇二年。

＊5　同前。

その「倫理」にあって「内ゲバ」がいかに捉えられており、それが「内ゲバ」に対しいかに機能するかは他日――できうれば内田のかねてからの読者の手で――検討されなければならない。内田が没歴史的な一般論のごとく「思想」を語りだす度合いを増していくとしても、また仮に元革マル派であることや「内ゲバ」の影が内田の読者に意識されてこなかったとしても、「「支配的なイデオロギー」」とは、その人がそれなしには思考しえないような仕方で、その人「の中に」組み込まれているもの」だと内田自身述べているのなら、意識的か否か問わず、この類の言説が内包する「支配的なイデオロギー」は問われて然るべきなのだ。

3

それにつけても、学生運動からただ離脱するに留まらず、革マル派をも含めた「正義の語法」にことのほか批判を差し向ける一事に少なくとも確認できるともかくもの距離を、内田はいかに確保しえたのか？　そしてそれはいかなる関係なのか？　「私以外の誰によっても構想しえず、私がいなければ決して実現できず、私が完全なる熱狂をもってそのために死ぬことができるような政治行動[*6]」の有無を問うていたかつてのみずからを「ガキ」だったと振り返る内田は、「「大人」になること」なる本題を持つ文章[*7]のなかで、「私だけの、私に固有の、微細なる感情と思考の運動」――蓄積された知識や文化資本なども含む――を「内面」と呼び、しかしそれはひとを利己的な計略に奔る矮小な自我へと赴かせるもので、そのあり様は「子ども」にすぎず、むしろ「内面のない青年」こそが成熟した「大人への階梯」をのぼると述べる。例えば「内面のない青年」は「子ども」と違い、「メッセージの「内容」によってではなく、メッセージを差し出すその「マナー」」――「内容的にはほとんど無意味」な挨拶――を腹蔵なく送ることで、レヴィナスの謂う「コミュニケーションのコミュニケーション」を贈与しえ、場合によっては「内面」からの解放を与えることとなる。

けれども、その挨拶の送り手を対面する者が即座に信用しそれに続く言葉を「丸呑み」するほど円滑に事態が進行するならともかく、対手がこの贈与を拒んだ場合はいかにすべきなのか。このとき対手は「内面」に凝り固まった「子ども」と見做されるわけだが、いずれにしろ「子ども」は「大人」の導きなく「大人」にはなれないとして、内田はある種の師弟関係の必要を説き、その一例に、テレビ番組で放送された、ラーメン修業に際して技術的なことを一切教えないまま、師が弟子に幾度も作らせてはひたすら理不尽に否定し罵倒するばかりで弟子を混乱と屈辱の果ての自失へ追い遣っていく企画を紹介している。この類の「しごき」は徒弟修業に限らず、現在では資本主義企業の自己啓発的な研修――上場企業から新興宗教やアイドルまで――で採用され時折見世物化すらしている手法にあたるとして、内田によれば、この「しごき」における目的とは「ガキ」に「マナー」を習得せしめることであり、そのためには「まず自分の知っているすべての技術や情報をいったん「リセット」して、師から伝えられることを受け容れることのできる「タブラ・ラサ」の状態」を作り出すこと、「師は弟子からは及びもつかない遥かな境位に位置しており、師から授与されるスキルと情報は弟子にとって「無限」である、という「物語」を受け容れることである」。

　だが、ここで気づかざるを得ないのは、内田が提示するこの正しい教育の極意こそまさしく革マル派――「マルクス主義者」と表記されていたが、正確を期す――が鋭意実践していたことであって、とは、マルクス――というかむしろ、黒田寛一または革マル派――は「「天才であり、他の連中はバカである」ということをまず前提にしてお」き、「革マル派を疑ってかかるということが、まずもっておまえが「バカ」である動かぬ証拠である」とその「バカ」が捻りだした意見を悉く全否定し疑念を放棄せしめることと、「ゴミ知識とゴミ・スキルを量的に拡大することを「学ぶこと」だと思っている」愚かな「ガキ」を「師は弟子からは及びもつかない遥かな境位に位置して」いると承服するまで理不尽に叱責面罵することとを峻別するのは難しい。のみならず、革マル派は他党派やノンセクトの学生などに対し「自己批判」を要求し以て革マル派のもとへ下らしめることを統治の一環として党是に掲げ続けたことで、新左翼のなかでも極めて特異な党派だったのは知られている。「自己批判」は川口事件におけるリンチの必要と正当性を訴える――「死亡」については「一部の未熟な部分」の過ちと認めつつ――ために革マル派が事件後の声明でも用いた語であり、また極一部の例外を除き他党派に対する「内ゲバ」の暴力も、「赤子《ガキ》の尻叩き論」に確認できるとおり「自己批判」と同様の教育的措置で、「革マル派はそれ以外からは及びもつかない遥かな境位に位置しており、革マル派から授与される知と規律は革マル派以外にとって「無限」である、という「物語」」――事実、革マル派は「無限」の未来に正しく革命を終えた理想社会を設定し、現時において唯一革マル派のみがそれと通ずることで過たぬ正統性を確保しているとの「物語」に真の前衛党たる根拠を求めている――を滑らかに「受け容れ」ず拒否する度し難い「ガキ」を躾ける教育なのだ。

　だとすれば、近年いかなる教育論を語っているとしても、内田自身初めて徹底的な「教育」を受けたのは東大駒場においてであり、件のテレビ番組に内田が再認したのはひろく社会に拡散した――もちろん「革命」なる「物語」は否定しながらの――革マル的教育法にほかならない。内田の回想を信

＊6　同前。
＊7　同前。

ずるなら、いまだ「内面」を拗らせ苛まれていたのが革マル派離脱のひとつの理由だったにしろ、革マル派的な「教育」はいつのまにか「大人」を自認したらしい内田にあって改めて再肯定せられている。先達て、察するに川口事件における「自己批判」と同様の「教育」が他党派からみずからへと矛先を変えて行われるとの想定で、その「物理的暴力」による「拷問」に一瞬たりとも耐ええないだろうことが耐え難く、内田は革マル派から離れたのではとの仮説を述べたが、ところがその内田は「「大人」になること」では「なかなか教育的な番組」における「しごき」を「精神的拷問」と規定のうえ大いに肯定しており、詰まるところ「ガキ」には「拷問」が不可欠なのだ。でなければ「大人」らの成熟した平和――そこでは「内容的にはほとんど無意味」な「コミュニケーションのコミュニケーション」が取り交わされ、安心が確かめられる――は保障せられない。

かくして『ためらいの倫理学』の「あとがき」から読み取りうる先述の独善性に、「「大人」になること」との相同性が見出される。すなわち、挨拶《ピース》を内田または革マル派が送って寄越せば挨拶《ピース》を返す限りで、おなじく「隣人」として迎える限りでここに「敵」は不在だと確認せられるものの、それは対等でなく上位にあって正しい内田または革マル派からの挨拶――「異議」であれなんであれ――をそれ以外が「丸呑み」することであり、別言すればあくまで内田または革マル派がつねに「大人」で、「ガキ」か「大人」かを判定せられるのはそれ以外で逆は認められていない――例えば『ためらいの倫理学』のなかで内田は「私は論争しない。フェミニストが論争をしかけに寄って来たら裸足で逃げ出す」と諧謔気味に宣言しているが、それは「無駄なこと」だからであり、フェミニストが「ガキ」で「大人」な内田にしてみれば対等でありえないからであって、「異議を聴きとる」べきなのは内田の「標的」だけなのだ――。内田が学生時のごとく「ガキ」に「物理的暴力」を揮うことはもはやないと思われるが、それは恐らく「フェミニズムが歴史的使命を終えるとき」を迎えて久しいと信じているのと同じに、「大人」の前に「ガキ」は――「歴史の必然性」によって、あるいは歴史が下す「拷問」によって（？）――滅びると信じているほど立派に「大人」だからだろう。加えて、本稿冒頭で触れた、現在の公共圏における統治、したがって平和《ピース》を管理する一元的な統治に逆らわない限りで規制しつつ放任しておくあり様ともこれらが通底していることも、いまやみやすい。かつて学内で革マル派が学生に強要した「自己批判」は、いまや革マル派以上に効率的に、大学に留まらず社会のなかで不断に成就せられつつあり、公共圏において平和に消費を享受だけして済ませず自治やポレミークを担わんとする者は「マナー」を知らない「ガキ」――「こいつは殴っていい」――と見做され、締め出し、晒し、屈辱を与えるべきと煽られるし、統治者や利用者に危険を及ぼす犯罪者として、大人しくしていれば潜勢的なものに留まる（?）「教育」的な「ゲバルト」――「なんリベ」以降顕著な「お巡りさんありがとう」の風潮を中核派に倣い「K＝K連合」と野次ってみるのは戯言としても――の「標的」ともなる。内田が「大人」の勝利を確信していられる所以かもしれない。

　ところで、既に察しうるごとく、「内面のない青年」は愚かな「ガキ」でなく、挨拶《ピース》に叩けば響くごとく挨拶《ピース》を返すノリで管理者を支持し、「ルール」と「マナー」に従順に統治の安泰に貢献するとしてもまだ成熟した「大人」とは呼びえない。むしろ管理に甘んじる「回教徒《ムーゼルマン》」に近く、さらなる成熟（!）のためには「大人」の「先生」とのある師弟関係に入ることが不可欠なのだ。興味深いことに、その理想的な例として夏目漱石の『こゝろ』の読解――「私」は「先生」に師事する以前から「内面のない青年」なので「拷問」の必要はないとの前提で――を内田は行なっている。しかしそれはほぼ――ここでも――革マル派と重ねられており、とりわけいうなれば「革マル派と私」について率直に語った文章として読みうるし、これまでの論述に鑑み読むべきと考えられる。

　既に引用した革マル派――金築寛だろうか――との接触の際の回想――「するとマルクス主義者がやってきて」……――のほかに、『若者よ、マルクスを読もう』最終巻でも[*8]学生運動時に「プロレタリア的自己形成ができていない」云々と詰められたと回顧し、優れた人員でなかったと彼是の言い回しで示唆しているものの、このことは内田が革マル派に所属しながら実質的にそれとは相容れない者だった傍証などでない。『こゝろ』を参照するなら、むしろ逆に――露骨すぎるためか、内田はこの台詞の引用を恐らく意図的に避けている――「精神的に向上心がないものは馬鹿だ」とKから「やり込め」られた若き「先生」がそれ故にKと相容れず疎遠な青年にすぎないどころか、Kと欲望を介しあう同類にほかならなかったのと同断で、だから内田は漱石に倣い、次のごとき回想も書きえたはずだ――「金築は昨日自分の方から話しかけた革マル派の黒田寛一の事について、私が取り合わなかったのを、快く思っていなかったのです。精神的に向上心がないものは馬鹿だといって、プロレタリア的人間を主体化していないものは馬鹿だといって、何だか私をさも軽薄もののようにやり込めるのです」、と。「やり込め」られた後、内田が「その批判を受け入れ、自らを「プロレタリア的」に形成しなおすために」革マル派に入ったのなら、この金築《K》と内田の関係においては黒田ないし革マル派こそがその「向上心」をそれに向け滾《たぎ》らせるべき「お嬢さん」にほかならない。黒田あるいは革マル派の理想を「無限」に仰ぎながら「精神

＊8　内田樹・石川康宏『若者よ、マルクスを読もう』最終巻、かもがわ出版、二〇二三年。

的に向上心がないものは馬鹿だ」と「やり込める」者はなにも金築に限らず、それこそが教育方針だった以上事欠かなかったのは疑いなく、つまりは――金築のみならず本尊の黒田寛一まで頭文字がKだからではまさかあるまいが――革マル派はほぼKだらけだったわけだ。

既述のとおり、金築は「内ゲバ」において死亡する。七三年の九月一四日深夜、革マル派約一五〇名が神奈川大学で宿泊していた社青同解放派約五〇名を夜襲、四時間にわたり「教育」に掛け、その大勢を病院送りとする過程で、当然ながら反撃する解放派に二名が捕縛されており、金築はそのうちのひとりだったとの経緯については、内田は決して――著述でも『ゲバ杜』でも――言及せず、「敵対党派のリンチにあって死んだ」等々と――まるで川口事件を反転させたことが不幸にも金築の身に降りかかったかのごとく――記すのみだが、とまれ、革マル派的に「向上心」を抱く「いちばん仲の良かった」同志はその理想に殉ずるかに、別言すれば、あたかも「拷問」が始まるや否や「ぺらぺらと仲間を売る」だろうみずからの姿に耐え難く逃げだした内田に代わり、だが醜態を晒さず死を選んだかにして絶命し、「馬鹿」な内田は取り残される。けれどもこの金築《K》の死を以てむしろ内田はある転回を経験したのではないか？　そのことが内田による『こゝろ』読解のかなめにある。

まず――なんら目新しい見解でなく、とうから常套の説ではあるが――若き「先生」の欲望がKの欲望、すなわち「他人の欲望」にすぎず、それ故「先生」は「「お嬢さん」が「何の役にも立たないし、それが本当はどんなものなのか考えたことのないもの」であったことに結婚したあと気づいた」と内田が強調していることに注意したい。「結婚したあと」とはKの死後でもあり、「お嬢さん」を欲望するKの欲望をそれと知らず欲望していた若き「先生」はKの消失により、「お嬢さん」を欲望するその欲望の源泉を失い、ためにみずからの欲望の対象が「お嬢さん」のなかになかったことを知る。Kの死に内田は、いうなれば「先生」がそこに固有の価値があり自身はそれを直接に欲望していると錯覚し囚われていた「お嬢さん」が無であると知る契機を捉えるのであり、それはそこを仰いで「向上心」を滾らせるべき黒田あるいは革マル派の「精神」なるものがK《金築》なる「他人」を欠けば無にすぎないと内田は知ったことをも示す。だとすれば、もはや「内ゲバ」激化を察知してか早々に革マル派を離脱したことにも、そもプロレタリア的人間の主体化がたりていなかったことにも自己卑下に陥る必要はなく、さらには「馬鹿」に比してほかでもない「天才」たる師が「及びもつかない遥かな境位に位置して」いると畏怖することもなく、かくなる「無限」は幻想だと認識するにも至る。つまり内田の場合、K《金築》に対する深刻な呵責や悔恨よりもむしろ、革マル派離脱後も溶けなかっただろう負い目――「馬鹿だ」――からの解放に重点が置かれており、このことをまた、死を賭す闘争において奴の位置に決定していた内田が、主たる金築が事実死んでしまったことで奴の位置を失い、解放を覚えたと言い換えてもよい。この解放に確信を得るべく、以後内田は「過激派」のくだらなさを罵りもするだろう。

内田の革マル派との距離と映るものはここにおいて確保せられる。以降、「正義の語法」はあたかもKなしに欲望の対象とみずからに固有の「こゝろ」が直接に結ばれているとの錯覚に溺れながら、死を賭す闘争において「精神的に向上心がないものは馬鹿だ」と息巻いている――ありもしない欲望の対象を幻想する以上永遠に欲望は充足せられず、しかしそれ故にこれを無限に追い求めるのと同様の「向上心」で以て、欲望の対象に無限に恥じ入ることもある――粗忽かつ傲慢な者の言の謂いとなる。内田によれば、欲望について知悉した「先生」にあっては「その欲望を模倣する他者はもう」おらず、「欲望しないことを欲する」人間」と化したうえで「私」の前に現れ、ために優れた「内容のない先生」となるのであって、みずからの可謬性や有責性についての自己認識を持つのが「大人」の条件だとの内田がしばしば繰り返す見解も、「欲望の詐術に対する苦い幻滅」――と同時に解放――を知った「淋しい人間」こそ「先生」たりうるとの理路に起因もしくは収束するだろう。だが、この無欲の欲は、若き「先生」がともかくも「お嬢さん」を欲望したのと逆に、かつての「お嬢さん」と「私」の欲望を一身に――「無媒介的に、ダイレクトに、「私」の敬意は「先生」にまっすぐ捧げられている」以上、Kの媒介もなく――絡め取る「穴」だと想定されており、ひとり「一望俯瞰的な視座」を可能にする権力としての「空虚な中心」でもあるのだ。

しかし内田はこれに関してはその機序を明瞭に論述しえていないので、ここで雑駁ながら触れておく必要がある。欲望はすべて「他人の欲望」であるが故に既につねに虚偽であり自己欺瞞であるほかないが、正しい小説は欲望に関して可能な唯一の「真理」たるこの認識へと最後に辿り着いて終わると主張するルネ・ジラールと概ね同様に、内田は『こゝろ』を読解してきた――そしてこのジラール的な「真理」に依拠して初めて革マル派及びその他の「正義の人」に対しその正義は虚偽であり自己欺瞞だと「異議」を訴えることが可能になる――として、このとき欲望の否定は「他人の欲望」の否定であり「他人」なる虚偽の淵源――ないものをあるかに錯覚せしめる――の否定を意味する。「「欲望しないことを欲する」人間」において「他人」はかくして否定せられ、または消失しており、そのことを示すため、したがって「他人」など無であり、みずからに「他人」はおらず、だからまたみずからも無でしかないと示すために、「先生」は唯一可能な欲望――無欲の欲――として「それが意味するものの取り消しを求める」。すなわち、みずからを欲望の対象として、そこに欲望に値する尽きせぬ意味があると錯覚してそれを欲望する者に対し、その欲望を遮り、ここにそれはないと「自白」する。けれども、「先生」が「貴方が私に向ける欲望は他人の欲望であり、虚偽にすぎない」と否定するその「取り消し」の身振りによって、なるほどその否定は確かに「真理」であるが故に、その否定された欲望――無の奥に虚偽でない「真理」があるかに錯覚せしめるのだ。「取り消し」の要請はここにあるのは虚偽であり無だとアイロニカルに示すものの、だからこそその無に、虚偽を超えた「真理」――虚偽たる「他人」のものでなくオリジナルの、内田の言い回しを流用すれば「私が完全なる熱狂をもってそのために死ぬことができるような」(!?)――に通ずる「穴」を見せる。かくして、Kの媒介を経て若き「先生」を欲望せしめた「お嬢さん」よりも強固に、ただひとり「空虚な中心」と化し、ほか二人を掌中に収める「無限」の「暗闇」を蔵する「先生」が生まれる。

K《金築》なる「他人」の死を以て「先生」こと内田はもはや「お嬢さん」もとい革マル派を欲望せず、そうしてなにもかも虚偽で本当のことなどなにもないとの否定の果てに、「無限」を見誤らせる「穴」、最も成熟した「先生」としてただ君臨する。内田の諧謔らしき言辞が「取り消し」の身振りなのは強調するまでもない。だが、これは革マル派批判たりえているだろうか。否定だとして、それは止揚《アウフヘーベン》よろしく再び本来的なものに回帰する継承――Kが「お嬢さん」を「先生」に譲り、また「先生」がその遺書で欲望の機序を明かしてさらに「私」へ譲る、つまりは若き読者へ流布するかのごとき――ではないのか。革マル派とK《金築》の否定ないし止揚が両者との「なんとなく」な距離を内田に得さしめ、それが革マル派など「物語」――つまり虚偽――だと疎んじ、縁遠いかに振る舞うことを可能とし、だが他方でその「物語」を「丸呑み」し「受け容れる」こと――不合理ゆえに吾信ず!――が成熟に至る「教育」の始まりだと説き、「ピース」を管理する上位にあって「ルール」や「マナー」の違反を取り締まり、これに従順に服せしめるべく「隣人」を「教育」することをも可能とする。このとき、現存する真の前衛党なる矛盾を内包した組織集団――当然ながら過ちを抱えうる実体――はあるいは敬遠せられ、否定せられ、ただ私的かつ全体的な、すなわち個々の「こゝろ」とそれらを「無限」に超えた「真理」との「ダイレクト」な結合の「物語」にまで洗練せられもするし、それを信ずる担保は脅かされてあり保守すべき「ピース」だろうが、この止揚そのものがあくまで、あまりにも革マル的なのだ。

「とにかく革マルは罪悪ですよ、よござんすか。そうして神聖なものですよ」と若輩に諭したか否かは知らず、いずれにしろ革マル派を「罪悪」と捉えると同時に「神聖」と捉える「一望俯瞰的な《奥が深そうな》視座」から発言する内田の自己形象が、戦後民主主義――『こゝろ』を国民文学に仕立てた――を体現する「正しい日本のおじさん」だとして、これに拠って立つ内田がマイノリティ運動を「ガキ」と見做して憚らないのが、かつて華青闘告発の意義を一切認めなかった革マル派を継承する身振りにあたるなら、「正しい日本のおじさん」とは止揚せられた、または人間の顔をした「プロレタリア的人間」にほかならない。時代錯誤の――というか、ありもしなかったつねに不在の――理念型を自負しこれを「永遠の今《ピース》」として、以て現時に対し決して敗北しない「無限」の正統性を有しうるとの「物語」にひそかに拠っているのではと疑われる「正しい日本のおじさん」は、「国を壊す」もの、「怒る」者や「ピース」に異議を持つ者をひとからげに「過激派」と見做す杜撰さで――実際、内田は新左翼についてほぼ無知で革マル派とそれ以外との区別すらできないと思しい――、内ゲバなる不明瞭な語を追認しつつ、内ゲバに呆れてみせ、「内ゲバ」にあって等閑に付された一方の「ゲバルト」、「ガキ」を「隣人《ムーゼルマン》」化する「尻叩き」こそ「内ゲバ」を最終解決へと導き「過激派」を一掃しうる正しい教育的措置――まさしく革マル派的な「革命的暴力」の継承――だと是認する。斯様に、その他の彼是をすべて革マル派と同じ「過激派」――疎外革命論？――に括り纏めたうえで、無にひとしいとその意味を「取り消す」ことになり、内ゲバを嗤いながらの「内ゲバ」の永続化に資することとなり、また、内田のほか著者の経歴問わずこれに類する「なんとなく、カクマル」な――かつての対立党派に所属した者すら包含し止揚する――言説が浸透するのと併行するかにして、革マル派的統治は公共圏を管理する当局や資本により継承拡張されていく。付け加えるなら、内田の仄めかされた革マル派の過去を「大人」の「マナー」であるかに曖昧にしおくことが、ひいて「なんとなく、カクマル」な人々を、本当は語りえないらしい「暗闇」――私的かつ全体的な「穴」――からなにやらイイ感じのことくっちゃべる「先生」として延命せしめるのに加担する仕儀なのも、疑いない。

内ゲバとアソシエーション

吉永剛志
（物流センター勤務／地域・アソシエーション研究所）

ここずっと、「内ゲバ」という言葉が、現状を変えたくないためのいい口実になっている。残念ながら、映画『ゲバルトの杜』はその典型と言わざるを得ない。「内ゲバ」や「正義の暴走」に警鐘を鳴らしているつもりだろう。が、時代錯誤でじり貧もいいところだ。ハァハァ感心していたり萎縮したりしていたら、真綿で首が絞められるようにやられていく。それはなにかが間違っていて、物事を直視して思考してないからだ。

1

二〇一〇年九月、東京大学法学部教授の苅部直に「それだと内ゲバになる！」と公衆の面前で真顔で言われたことがある。柄谷行人が主催していた長池講義[*1]の質疑応答でのことだ。五〇人ほどが参加していた。当時、柄谷の『世界史の構造』出版直後で、この本をテーマに自由討論というのがテーマだった。質問はこういう感じだ。「柄谷の本は「世界システム」を扱っている。ウォーラーステインの『近代世界システム』はマリア・ミースなどのエコロジカル・フェミニストを生み出し、例えば、生活クラブ生協を評価している。[*2]では、『世界史の構造』からはどのようなものが生まれるだろうか、パネリストの関心の足元にどう『世界史の構造』は関わるのだろうか。どう学問生産や、現実の行動に関わっていくだろうか、お伺いしたい」。

結果は「内ゲバ」という言葉が飛び出したことに終わった。私は非常に驚いた。苅部は別に深く考えて言ったわけではないようだった。想定外のものに対する痙攣的な症状といっていい。どうも「リベラル」な人は現状の枠組みを超えようとするしぐさに、「内ゲバになる！」と症状的な反応をするようだ。

講演終了後、生活クラブ生協のシンクタンクで雑誌『社会運動』を発行している市民セクター政策機構の編集主幹（当時）の澤口隆志[*3]としょぼくれながら喫茶店でコーヒーを飲んだことを覚えている。澤口とは、まだ出会って二回目だったが、私に好意的だった。澤口は現場の経験が長い苦労人だ。澤口には「運動というのは一〇のうち九は失敗するものですよ」とも言われた。だからＮＡＭ（柄谷行人が二〇〇〇年結成した運動団体。二〇〇三年解散）の頓挫にも別に動じてなかった。しかし苅部の「内ゲバ発言」にはなんともやりきれなさそうだった。

もっとも苅部の「内ゲバ」発言は、よくあるシニシズムからではないかもしれない。苅部自身は職場の先達の丸山真男と同じく、「完全な学究の徒」と自らを位置付け、一見「非政治的」だが、「市民」＝学者の政治的関心によってこそ、民主主義は支えられると信じているのかもしれない。[*4]そもそも大学は「市民社会」を有機的に構成する有力な一細胞であ

＊1　二〇一〇年九月一一日、八王子市長池自然公園で開催された第七回長池講義。テーマは自由討議『世界史の構造』。討議参加者は柄谷行人、大澤真幸、苅部直、島田裕巳、高澤秀次ほか。

＊2　古田睦美『「主婦」の向こうに――サブシステンスの紡ぎ手たちへ　増補版』市民セクター政策機構、二〇〇八年参照。

＊3　澤口は二〇〇九年八月二七日に第五回長池講義で「協同組合論」をテーマにしゃべった。一方、柄谷行人は同年五月一一日、生活クラブ生協で「世界危機のなかのアソシエーション・協同組合」というタイトルで講演した（『社会運動』二〇〇九年一〇月号（三五五号）掲載。その内容は以下で読める。http://www.kojinkaratani.com/jp/essay/post-40.html）。

両者をつないだのは、太田出版の元代表取締役の高瀬幸途。高瀬は同じく『社会運動』二〇〇九年一一月号（三五六号）に「社会運動としての協同組合再考研究会（第一二回）協同なるものをめぐって――零細版元の立場から思うこと」を寄稿。その後、高瀬は澤口から依頼を受け、二〇一四～五年の五号（四一五－四一九号）のみ『社会運動』の編集をつとめ、版元もインスクリプトと市民セクター政策機構の協同となり、一般書店でも販売が開始された。この間に柄谷の『ＮＡＭを語る』が連載された（のちに『ニューアソシエーショニスト宣言』（作品社、二〇二一年）として書籍化）。高瀬は二〇一二年に岩根邦雄『生活クラブという生き方――社会運動を事業にする思想』（太田出版）も編集・出版している。高瀬はＮＡＭの関心系・協同組合初代代表であり、事務局長でもあったが（二〇〇一年一－六月）、ＮＡＭ組織解散後も一貫して、自らの関心に基づいて、積極的にＮＡＭ的な活動をおこなっていた。ＮＡＭは理論があって運動がないとさんざん批判されていたので、長池講義での澤口隆志の講演と、生活クラブ『社会運動』への柄谷の登場は衝撃的だった。

＊4　苅部には、『丸山真男――リベラリストの肖像』（岩波新書、二〇〇六年）という本がある。同書はサントリー学芸賞受賞。

り、その役割に沿って発言すべきである。それこそが東大法学部教授が市民社会において負わなければならない責務であって、「内ゲバ」に帰結するような活動は無駄だ。

しかし苅部の「内ゲバだ！」と言うことによる無意識的な現状維持こそが、結局自分の首を絞めている。現在も進行中の「大学改革」の現状をみるにつけ、そう思う。対抗策になんの知恵もないことが見透かされている。だから舐められる。一四年四月安倍政権による閣議決定で、教授会は単なる諮問機関と位置づけられ、教授会の審議権は法的になくなった。[*5]大学経営（予算・人事・組織）には教授会に意見は言わせないことと事実上なった。戦前から東京大学法学部にこそ、「別世界のようにリベラル」[*6]で、いわば自治と自由の市民社会があったとする丸山真男が聞いたらどう思うだろうか。

2

無論こう言うことで「内ゲバ」を肯定したいわけではない。かつての新左翼セクト間の「内ゲバ」には後続世代として大変迷惑している。この期に及んで、いまだに、敵対した側こそが悪いと当事者同士が言いつのるのは、大変見苦しい。かつての当事者にできることは、自らの「内ゲバ」をどう公共空間に開き、総括し、歴史化するかしかない。

二〇一一年三・一一東日本大震災・福島原発事故以降、官邸前・国会前で集会が盛り上がった。一二年六月の大飯原発再稼働の時は二〇万人が集まった。国会前の鉄柵は決壊し、路上に人があふれた。金曜日官邸前抗議を始めた首都圏反原発連合の中心的スタッフの一人に野間易通（元『ミュージック・マガジン』副編集長）がいる。ある時、革マル派か中核派かの大衆団体（「全学連」？）が、スタッフの集まっているところに「共に闘おう！」とあいさつにきた。野間は「人殺しと一緒にできるか」と面と向かって言ったという。

その気持ちはよくわかる。私の経験でも、反原発集会の運営委員会で、初期に「殺し合いをやり、それをいまだに正当化しているセクト（が主導している大衆団体）を集会に参加させるのか、僕は嫌だ、どうするんだ」といった議論が深刻にあったのを覚えている。別に若い世代からではない。六八年世代からそういう発言があった。ことほどさようにかつての新左翼セクト間の「内ゲバ」の悪影響は根深い。首都圏反原発連合の、さらにはグレタ・トゥーンベリ発のFridays For Future Japanなどにも引き継がれるデモ・集会のうんざりさせられるガイドライン主義や「シングル・イシュー」の度を超えた強調は、過去の（五〇年前の！）「内ゲバ」への嫌悪感が明らかに関わっている。

では、それでいいのか？ と問われれば、悪い。そもそもシングル・イシューは「新しい運動」みたいな、別に斬新な話ではない。昔からある。七〇年代から八〇年代の地域闘争・住民闘争・公害闘争は自覚的にシングル・イシューだった。

一点一致で協同する、単一争点で協同する。当たり前の話だ。無論、短所も長所もある。「鋭さもあり、相手を譲歩させる迫力」もあるが、「それ以上の社会的展望は直ちには望みにくい」。「反公害の住民運動が一時期それこそ燎原の火のように起ったものの、今はほとんど衰退してしまっている。その成果は目に見える形の運動とか組織としては蓄積、継続されて」いない。だから「多発するシングル・イシューを肯定した上で、その次を模索してゆく」。もちろん「すぐそれを選挙に利用するとか、運動の主導権をとろうとか、いちばん悪いところでは党派対立が加わって党派の仕事に囲いこむ」[*7]とかは、なしだ。昔からこういう認識だ。

　しかしそういう「模索」が二〇一一年以降なされてきたとは言い難い。人のせいにするのは趣味ではないが、シングル・イシューの過度の強調、団体旗もご遠慮申し上げ、個人が集まっているという見た目の形の強調は、次を生み出さなかった。シングル・イシューは、狭く理解され、「他者の思想信条にコミットしないこと」と理解された。だから「反原発」というスローガン以上には進まない。進みようがない。そしてこの「シングル・イシュー」の運動が排除するものがあるとすれば、ただ一つ「他者への不寛容」[*8]だ、となった。そして、革マル派は、あるいは旧新左翼セクトは、「他者への不寛容」の代表例とされた。だから排除する。思想の押しつけはうんざりだ。

それはわからないでもない。

　もっとも首都圏反原発連合は、あるいはその中心的なスタッフたちは、SEALDsを生み出したとも言える。しかしそれは良いことだったのか。一五年八月三〇日の安保法制反対の国会前の車道解放。SEALDsがここで決定的に有名になった。が、SEALDsよりはるかに重要と私が思うのは、SEALDsが抗議に立った前の柵のロープを解いた野間易通らのグループだ。SEALDsが自身で柵を乗り越えたわけではない。[*9]野間氏らが柵のロープを解き、全国から集まった二〇〇人のSEALDsを車道に出し、国会前最前線に出した。SEALDsはその「柵決壊」に関知していない、というスタンスだ。その結果として、SEALDsのメディア・イメージができあがった。

＊5　二〇一四年四月二五日、学校教育法・国立大学法人法改定案が閣議決定され、国会を経て一五年四月一日施行された。

＊6　丸山真男『自己内対話』みすず書房、二〇〇五年、一七七頁。

＊7　清水慎三・花崎皋平『社会的左翼の可能性――労働運動と住民運動』新地平社、一九八五年、五四‐六一頁。

＊8　野間易通『金曜官邸前抗議』河出書房新社、二〇一二年、一六六頁。

＊9　私はその現場に柄谷行人、高瀬幸途、丸山哲郎らassociatins.jpと一緒に行き、高瀬らとともに柵を乗り越えた。そしてその時、野間やSEALDsのメンバーが、歩道側から柵を乗り越え車道に出る現場も直接見た。

SEALDsは、九月一九日安保法制が参院で可決された直後、国会前のコールを「選挙にいこう」にすぐ切り替える。ここでこれからの方向性が完成する。立憲主義を守るための「野党共闘」。河出書房新社から出たSEALDsの本には、二〇一六年四月に行われた京都補選での「選挙にいこう」ビラ配りの写真がある。[*10]実は私もこの補選に少し関わった。のちに立憲民主党代表をつとめる泉健太（当時民主党）が当選した。共産党京都府連は自発的に候補者をおろした。

もっとも民主党（当時）京都府連は「共産党と共闘しない」という態度をとった。それ以降、立憲民主党になっても九〇年代からの非自民・非共産のパラダイムの壁はぶ厚かった。福山哲郎は、二〇一六年七月参院選選挙の最初の地元京都での決起集会で、奥田愛基を前面に出し、奥田たちと一緒にやっていることをアピールし、国会前で奥田とともにいる派手な動画を映し出した。福山は奥田との共著もある。[*11]が、福山は、地元京都での野党共闘は「自分の政治生命が終わる」[*12]と、京都府知事選・京都市長選で頑として応じなかった。京都の民進党、その後継の立憲民主党の議員や秘書たちは、共産党の選挙候補を安保法制反対の視点で応援しただけで市民に嫌なレッテルを貼った。たとえば、「安保法制に反対するママの会」をフェイスブックで提案し、国会前で巨大なうねりを作り出した西郷南海子は、共産党の議員を参院選で応援演説したら、あいつは共産党側だ、と言われた。『ケアの倫理学——フェミニズムの政治思想』（岩波新書、二〇二四年）という著書がある岡野八代もそうだ。ともに福山哲郎の地元筆頭秘書がそう吐き捨てたのを目の前で聞いたことがある。もともと福山哲郎の選対は、連合系のパナソニック労組だ。当然、共産党系で京都では組合員数が拮抗している京都総評とは仲が死ぬほど悪い。

このような九〇年代からの非自民・非共産の壁を打ち壊し、立憲主義の一点で野党共闘をつくっていく。そういう「政治」の調整役として若いSEALDsが期待されていた。できるわけがない。SEALDs本では、『ゲバルトの杜』でも登場して「運動における人間の闇」についてうんちく垂れている内田樹がSEALDs関西の三人と対談している。内田は伝聞スタイルで、自らが所属している学者の会とSEALDsを持ち上げている。「他の市民団体はセンスが古いし、いろいろなしがらみを抱え込んでフットワークが悪い、（…）SEALDsと学者の会だけが、政党や組織とのしがらみがないので、自由に動ける。これから後の安保法制反対の大きな運動の「つなぎ役」をするのは学者の会とSEALDsになるだろう」[*13]。

内田は心底、調子のいい男だと私は思う。この調子の良さだけは本物だ。ちなみに内田樹は二〇二四年の京都市長選で、福山哲郎に乞われてだろう、野党共闘を目指す側でない自民・立憲相乗り側（松井孝治）を応援していた[*14]（そしてそちらが京都市長となった)。一方、私は京都の市民連合に関わり、新潟で野党共闘の知事と国会議員（米山隆一）を調整役として実現させた佐々木寛の講演を二〇一八年に企画したりいろいろした。[*15]まあそれなりにがんばった。そして頑張った仲間たちもいる。尊敬する友人たちだ。彼ら・彼女らは、安保法制のみならず、強引な法改正が進行中の現状をすこしでも変えなくてはならないと、ダメかもしれないが消耗・疲弊しながらもやっていた。そのなかには日本で最初に農薬裁判をやり、公害問題に奔走した石田紀郎[*16]や映画「ＭＩＮＡＭＡＴＡ」[*17]で再び有名になったアイリーン・美緒子・スミス、大学改悪反対に奔走している駒込武[*18]らもいる。もっとも、ここでは論の便宜上、一般的知名度の高い人だけ挙げた。実はこういうダメで悪い態度こそが、「内田樹」（交換可能である）というメディア・イメージをうみだしていく。住民運動・地域

＊10　ＳＥＡＬＤｓ『民主主義はとまらない』河出書房新社、二〇一六年、一五九頁。

＊11　奥田愛基・倉持麟太郎・福山哲郎『２０１５年安保国会の内と外で——民主主義をやり直す』岩波書店、二〇一五年。

＊12　二〇二二年京都府知事選前に、石田紀郎（京大大学院教授などを経て「市民環境研究所」代表）と福山哲郎が東京で一対一で会談を持った時の言葉。直接石田から聞いた。

＊13　前掲ＳＥＡＬＤｓ『民主主義はとまらない』一〇三-一〇四頁。

＊14　おそらく演劇「笑の内閣」を主宰していた高間響つながりだろう。高間の演劇を内田は好きなようだ。高間は二〇一七年立憲民主党設立時に党員となり、立憲民主党京都府連幹事となった。一九年京都市議会選挙で中京区で立候補したときは、内田も応援し街頭に立った。だから「現実主義」的にはわからないでもない。が、第一次安倍内閣の文科大臣時に教育基本法を改悪した伊吹文明が段取りをつけた候補者を「文化行政や教育行政に素晴らしい仕事をしてくださることを期待しております」とのタイトルでぬけぬけと推薦するのはどうかと思う。内田の応援動画は以下で閲覧可能。
https://www.youtube.com/watch?v=iA9xfBTfM9I

＊15　京都における市民連合は二〇一六年四月九日から開始された。以下で内容を閲覧できる。「ユナイトきょうと」（http://unite-kyoto.org/）。佐々木寛の講演会は一八年一〇月二七日「みやこめっせ」大会議室にて。新潟における野党共闘の成功の経験の記述に、佐々木寛『市民政治の育てかた』（大月書店、二〇一七年）がある。

＊16　主な著書に石田紀郎『現場とつながる学者人生——市民環境運動と共に半世紀』（藤原書店、二〇一八年）。一八年八月にはコープイン京都で出版記念講演会も開かれ、福山哲郎も出席。

＊17　著書にアイリーン・美緒子・スミス『ひとりでもやる！　みんなでやるからできる！——水俣から原発　今までとこれからの課題』（アジェンダ・プロジェクト、二〇二一年）。なお拙著『ＮＡＭ総括』の英訳「The significance of NAM」はアイリーンに考えてもらった。

＊18　関連著書に駒込武編『「私物化」される国公立大学』（岩波ブックレット、二〇二一年）。『「統治」される大学』（地平社、二〇二四年）。なお駒込には拙著『ＮＡＭ総括』の書評もある（『季報唯物論論研究』六六〇号）。

運動には無名な人がたくさん参加している。要は本当に運動を草の根から地に足つけてやってきた人たちだ。

ＳＥＡＬＤｓの一員たちは二〇一六年くらいからあっという間に消耗し、消えていった。それはそうだろう。それはいい。私は当初から、ＳＥＡＬＤｓは朝日・岩波を筆頭とするメディアやリベラル文化人に今はちやほやされているが、すぐにそういうやつらはいなくなり、はっと気が付くと独りとなるだろう、そして聞こえるように「あいつらはダメだ」と陰から言われるようになるだろう、と思っていた。そしてもちろん話はそこからだ。しかし年長者がそういう説教するのも嫌だし、されるのも嫌だろうから黙っていた。デモを企画してくれたり、参加したりしてくれるだけでありがたいではないか。しかし、案の定、朝日新聞でＳＥＡＬＤｓのその後という記事が出て、「ＳＥＡＬＤｓの過去「隠したい」」「日本社会には期待しなくなりました」とかつて当事者だった元「学生」の言葉がならんだ。[*19]

みっともない大人だなと思う。内田はどう思っているのか。おもわず革マル派の議長だった黒田寛一の『組織論序説』の言葉に賛同したくなる。黒田は六〇年安保後、こう書いている。「運動主体を疎外し、あるいは客体化する第三者的立場にもとづく「学問的」な分析は、まさにそのことによって現実の運動そのものにとっては外的なものにすぎず、運動をいかにおし進めてゆくか、というこの切実な実践的問題にとっては非有効的であるばかりではなく非現実的でさえある」。「物質的な力、真の変革力となりえない「統一戦線」とか「統一行動」とかは、そもそもおかしい」。[*20]

元革マル派の内田樹については、まさにその議長だった黒田寛一の批判が該当するのではないか。内田は、マスメディアが「リベラルなことを言う人」として使い勝手のいい人だ。人畜無害だからだ。そしてそれを軽蔑することで、革共同両派はつくられた。

黒田寛一は『組織論序説』で「「統一」とか「社会主義」とかのヴィジョンからではなく、ほかならぬこのオレをみつめ、オレたちの解放をこそたたかい」[*21]とるべきだ、とも書いている。結構いいことを言っている。

3

しかし、その『組織論序説』を読めと言われながら、絓秀実は、リンチを受けたという。川口大三郎君だってリンチを受けたときそう言われたかもしれない。それは『組織論序説』を誰も読みたくないだろう。言ってることとやっていることが違いすぎる。とはいえだからといって内田樹なのか？　内田樹は「リベラル」の臨界点だ。ここを超えると革マル派や中核派となる。殺し合いだ。少なくともそう世間ではイメージされている。それを人は無意識に恐れて、マスメディアは「とりあえずビール」ならぬ「とりあえず内田樹」を選ぶ。映画『ゲバルトの杜』の原案『彼は早稲田で死んだ』の文庫本の帯文も内田樹だ。しかしそれではＳＥＡＬＤｓのようにダメになるのは火を見るよりあきらかなのだ。どんなに困難でも内田樹と革共同の間を思考し、言語化しなくてはならない。さらには行動しなくてはならない。その間はあるはずなのだ。

ＳＥＡＬＤｓと革共同の間。

革共同両派は、そして内ゲバは、今では戯画的に想起される。しかし戯画以上のものがあったのは確かだ。『ゲバルトの杜』への多数の批判は、一歩進んだ歴史認識を示す時期に来たことを意味する。たとえば小泉義之は、日本の六〇年代末から七〇年代初頭の運動は、いまだ正確に把握されていない、と言っている。[*22] さらには「一九六八年の大学紛争を直ちに一九七〇年代の市民運動や社会運動に繋げるだけの粗雑極まりない歴史意識が形成されてきた」とも言う。

「直ちに」というところがポイントだ。

実は、私が数年前まで役員をやっていた市民運動体であり、事業体でもある「使い捨て時代を考える会／安全農産供給センター」[*23]は、このストーリーの典型だ。少なくともそういう形での使い勝手が非常に良い。創設者は槌田劭《たかし》といって京都大学工学部の金属物理学の専門家だった。アメリカの製鉄の中心ピッツバーグの大学に留学後、助教授になったばかりの三四歳の時、六九年一月の京大紛争に直面する。そして「専門バカ」と学生から罵られた。なお、当時の工学部の学生には、のちに関西電力代表取締役になる八木誠もいる。八木は、二〇一九年、高浜原発がある福井県大飯郡高浜町の元助役・森山栄治から、億単位の原発マネーを贈与されたことが発覚して会長辞任。関西電力から億単位の損害賠償請求がなされた。八木は仕事ができる人なのだろう。福井県の原発銀座からの関西の高圧電線網を整備したのは八木だ。原発建設への地域住民の反対運動にも辣腕を振るっただろう。槌田は言ってみれば、八木のような人材を育成するのが役割だった。槌田は「専門バカ」と言われたのを深刻に受け止め、その役割から脱しようとする。日本で最初の原発裁判である伊方原発裁判に炉心担当として参加。有機農業運動にも創成期から参加。原発技術は「科学」ではないといい、地球の地下資源は有限でありその有限性から思考できてない「刹那的な」科学

＊19　二〇二三年五月二日付朝日新聞記事「遮断の時代③ＳＥＡＬＤｓの過去「隠したい」」。
＊20　黒田寛一『組織論序説』こぶし書房、一九六一年、一三〇頁、一一二頁。
＊21　同書、一〇四頁。
＊22　小泉義之「〈68年〉以後の共産党」『〈68年5月〉と私たち——「現代思想と政治」の系譜学』読書人、二〇一九年、四八頁。
＊23　吉永剛志「日本唯一の楕円的な運動体」『社会運動』四一四号（二〇一四年九月）。

は科学ではないと、「科学者」をやめたといい、京大工学部を辞職、有機農産物物流事業体の安全農産供給センターを設立。有機農業運動は生産者と消費者がつながる相互扶助を基本とし、農産物は工業製品のように「大量生産・大量消費」の「商品」にはなりえないというのが基本で、いわば脱商品化運動だ。槌田はその基本に忠実だった。

　その槌田が一〇年ほど前、六八年世代が集まった講演会で講演し[*24]、「きみたちに専門バカと言われたのをきっかけにして、私はこういう人生を歩んでいる。では専門バカといった君たちはどういう人生を今まで歩んできたのか。その言葉に恥じない人生を送ってきたのか」と問い詰めたのを見たことがある。六八年大学紛争の問いを持続させ続けた槌田に私は敬意を抱いている。槌田は自分のやってきたことを非暴力的なアソシエーション運動とまとめている。最近、斎藤幸平らが編集した『コモンの「自治」論』[*25]では、藤原辰史が手本として「使い捨て時代を考える会」をとりあげている。

　しかし、ここで挑発的に逆説的なことを言う。それでもやはり「暴力的に」、「専門バカ」さらには「革命」という人間が必要だったのだ。それがどれほど愚劣だったとしても。それがなければ、「非暴力的」な消費・生産アソシエーションの運動を具体的かつ現実的に創り出した槌田のような人物は生まれていない。言い換えると、「外部的」な愚かな「暴力革命」への反省のもとで、「非暴力的な消費=生産アソシエーション」が生まれたと捉える史観は、あまりにも単純すぎて、間違いだ。両者は複雑に絡み合っている。「暴力革命」は、完全に「外的」なものではない。むしろ「起源」における内的な外部性と捉え返すべきものだ。偶発的で、「悪」あるいは「病」である「暴力」からの「汚染」を排除し、内部と外部とを隔てる完全な境界を打ち立て、内部の潔癖さを守ろうとする欲望が現在、世界を覆っている。その流れに『ゲバルトの杜』も掉さしている。それは何も生み出さず、それ自身不充足であり続ける宿命を担うほかない。

　要するに、『ゲバルトの杜』も賛同するであろう「全国学園紛争から、七〇年代の市民運動へというストーリー」は、あまりにも通俗で退屈なのだ。

小泉義之はそのストーリーに根底的な疑念を呈する。

> 大学闘争における「無期限」ストライキは、少なくとも一九七〇年代の安保闘争や沖縄闘争や沖縄闘争まで打ち抜くべきものと見なされていた。ところが、一九六八年とそれ以後についての歴史叙述の多くは、大学闘争が全国化し政治化していくこの過程を完全に無視してきた。いまでも運動史研究者の大半は、安保闘争にも沖縄闘争にもまったく言及しない。〔…〕一九六八年から一九七〇年代初めにかけての大学闘争を、市民運動や社会運動の先駆けとみなすだけであり、大学闘争から安保闘争・沖

縄闘争への政治過程を完全に無視してきたのである。それどころではなく、その政治運動は、すべて「内ゲバ」へと変貌して瓦解したかのように描き出してきた。[*26]

確かに、例えば革共同中核派は、当時、「革命の現実性」をいい、議長の本多延嘉は一九六九年三月二七日に破防法が個人適用され、七一年三月まで二年間未決拘留された。六九年一一月の雑誌『破防法研究』に本多は「暴力の復権のために」を拘置所内から寄稿し、内乱・内戦‐蜂起の路線を明確に宣言する。そこではこう言う。「プロレタリアートは、暴力の噴出する血叫びのなかに人間の解放のための営為の端初を喜びと躍動感をもってみいだしていくのである」[*27]。

本多は独房で妄想にとらわれたとすましていい話ではない。中華人民共和国首相の周恩来は一九七一年に極秘来日し、東京プリンスホテルで本多と会談している[*28]のが今ではわかっている。

一方、革マル派は、「暴力」については、消極的だ。武装蜂起に決起するのは、あくまで「自己解放という目的実現のための一手段」であり、「決定的な瞬間においてだけ」であり、「流血は最小限にくいとめられなければならない」と黒田は言っている。しかも「武装蜂起の問題は「統一戦線の最高形態」としての労働者評議会の創造問題と密着して提起されなければならない」とも述べている[*29]。実際、松崎明（革共同革マル派の一九六三年結成当時の副議長）のＪＲ東労組委員長時代の秘書であったＪＲ東労組政策調査部長・田城郁は、二〇一〇年六月、菅直人民主党首相のもとで参議院議員となった[*30]。

そういう革マル派は、「革命の現実性」をいう中核派とはぶつかって当然だ。そしてその結果生じた内ゲバはおぞましいと言うほかない。

4

かつて、柄谷行人は、中核派が革マル派の海老原君を一九七〇年八月三日リンチ殺害した時、すぐに九月一四日付「日本読書新聞」の時評で、「彼らは大いに殺しあい血で血を「埋

＊24　槌田劭「縮小社会の研究と生活実践」、第一四回縮小社会研究会（二〇一三年五月二六日、京都大学農学部）。

＊25　藤原辰史「食と農から始まる「自治」」、斎藤幸平・松本卓也編『コモンの「自治」論』集英社、二〇二三年、二二七‐二三一頁。

＊26　前掲、小泉義之「〈68年〉以後の共産党」四六‐四七頁。

＊27　本多延嘉「暴力の復権のために」『破防法研究』三号（一九六九年）一〇六頁。

＊28　『本多延嘉――3・14虐殺死を超えて四五年』白順社、二〇二二年、二六八頁。

＊29　前掲、黒田寛一『組織論序説』二六八‐二六九頁。

＊30　牧久『暴君――新左翼・松崎明に支配されたＪＲ秘史』小学館、二〇一九年、三八九‐三九〇頁。

葬」するほかにすべがない」と述べた。[*31] これから起こることに対しての予言だ。そしてイニシャルで清水丈夫（現中核派議長・六〇年安保闘争のときの全学連書記局）を批判した。両者は因縁がある。柄谷は自らの証言によると、一九六〇年安保闘争の直後、東京大学経済学部一年の時に、六〇年安保闘争で解体した社会主義学生同盟（社学同）を単なる「リヴァイバル」でなく再生させようと動いた。六一年七月一一日には自らが書いたと柄谷が証言している「社学同再建のアピール」[*32]の立て看板が東京大学駒場に出た。

これはぽっとでた単純な呼びかけではない。現実に具体的な情勢が絡んでいる。実はその直前の七月八日から一一日には、全学連第一七回大会が開かれ、全学連は分裂した。革共同（分裂前）の学生組織、マルクス主義学生同盟（マル学同）が原因だ。マル学同は、中央執行委員会を握るが、代議員数では少数だった。だから大会中、強制的・暴力的に、マル学同以外を排除した。その指揮は革共同の学生担当清水丈男が執った。ここではじめて角材が人を殴る道具として用いられる。柄谷は、実際に経験したはずだ。柄谷はこの再建アピールで「こん棒で武装した革マル主義（註：分裂前の革共同のこと）の暴力団のセクト的狂乱」「暴力的独裁」「赤色自治会主義」を批判している。「世界は「革マル」を中心にして動いてはいないのだ！」「ブント崩壊の地点から前人未踏の現実へ前進するのではなく「革マル主義」という既成マルクス主義の一分派へと身を移すことは保守的後退」「われわれは「マルクス・レーニン主義」や「革命的マルクス主義」などによって包括し得ない問題状況の中にある」と批判している。

私は六〇年安保闘争崩壊後の柄谷の状況認識はその通りだと思う。この地点で、革共同の暴力的な「赤色自治会主義」は批判され、それにとどまらずマルクス・レーニン主義ではだめだと思われていたのだ。ではどうするのか？ 柄谷はさらに言う。「全学連の学生大衆運動としての再建とマルクス主義の革命的再生ないし革命思想の新たな創造——われわれの前には、この二つの課題が同時に提起されている。この困難な課題をわれわれは同時に実現することが可能であろうか。可能である。しかも両者は結合されつつ行なわれる時はじめて可能である」。

革命運動と大衆運動の同時的な再生と創造は可能である。そう柄谷は二〇歳の時言った後、理論的に沈潜していった。そのサル真似をするのではなく、別の「沈潜」が我々には必要だろう。[*33]

ＳＥＡＬＤｓと革共同の間。私はその間がアソシエーションだと思っている。「アソシエーション」。元はルソーの『社会契約論』の中の言葉だ。それをマルクスは、人を食い物にせず、なおかつ風通しのよい組織とはどういうものかという文脈で使用した。それを田畑稔が『マルクスとアソシエーション』（新泉社、一九九四年）で強調した。最初は突飛に聞こえたが、今では一般化した。五〇万部を売り上げた斎藤幸平の『人新世の「資本論」』（集英社新書、二〇二〇年）でもこの言葉は取り上げられている。柄谷行人は『トランスクリティーク』（批評空間、二〇〇一年／岩波現代文庫、二〇一〇年）でこの言葉を取り上げた。取り上げるにとどまらず、実践した。NAMを二〇〇〇年に立ち上げた。もっとも二〇〇三年はやばやと解散した。私も参加した。いろいろトラブル続きだった。解散した時は相当揶揄された。私は二〇二一年に『NAM総括』を出版、実名を出してこの「国家と資本への対抗運動」を公然と肯定している。職場でもそう認知されている。「アソシエーション」というに値する環境で働いている。[*34] 筋は通した。運が良かった。しかし、同時にそれなりに自分を、来年先さえもどうなるかわからない、という場面に身をさらした。そうやっていると不思議なもので、さまざまに縁ができた。NAMはたぶん、第一義的には、そういう機縁を創り出すための「アソシエーションのアソシエーション」だったのだろう。

　アソシエーションのみならず、そういう「アソシエーションのアソシエーション」を創り出すことが今求められている。

＊31　柄谷行人「方位70　9月」『日本読書新聞』一九七〇年九月一四日号。この一文は当時、反響がなかったわけではなく、高知聰が「政治暴力論ノート」で批判的に言及している（初出『早稲田大学新聞』一二〇六号、全日本学生自治会総連合中央執行委員会情宣部編『革命的暴力とは何か？』こぶし書房、一九七一年所収）。

＊32　「社学同再建のアピール――学生運動の再建と革命運動の前進のため闘う学友は社学同に結集せよ！」『戦後学生運動資料』第六巻（一九六一－六四年）三一書房、一九六九年、八〇－八八頁。もっとも文責は柄谷でなく、様々な大学の社学同の連名のかたちである。

＊33　同時に、槌田劭の行程を考えるのに六九年京大紛争における「専門バカ」という罵倒を排除しえないのと同様のことが、柄谷のNAMまでの行程に言える。六一年「社学同」アピールと革共同黒田思想に基づく清水丈男の内ゲバ行使を同時に捉えることが不可欠である。

＊34　吉永剛志『NAM総括』航思社、二〇二一年、四七－四八頁。

新左翼とは何だったか
——一九六九年の未完の階級構成をめぐって[*1]

マニュエル・ヤン（日本女子大学教員）

「新左翼」とは何だったか、あるいは「同伴する」参加民主主義者ストートン・リンドの場合

一九九三年から二〇一一年までのあいだ、テキサス州オースティンで大学生としてすごし、オハイオ州トレドで大学院生だったわたしは、新左翼上がりのさまざまな活動家や研究者に出会った。彼らの話を聞いたり、彼らが書いてきたものを読んだりして、「新左翼」がステレオタイプには決して還元できない複雑で矛盾さえする無数の立場や生き方をあらわしていることに気づいた。そのうちの一人である自律マルクス主義経済学者ハリー・クリーヴァーは、学生時代に黒人公民権運動やベトナム反戦運動に参加した新左翼のいわば「生き証人」の一人だ。新自由主義に宣戦布告したサパティスタ闘争の支援活動のかたわらテキサス大学で教鞭をとっていたクリーヴァーが、「新左翼」のエートスについて一五年以上前に語った思い出深いコメントがある。

一九七〇年代半ばに労働の廃止を目指す反資本主義活動家グループ、ゼロワークのメンバーだったクリーヴァーは組織の雑誌三号を準備していた矢先、コレクティヴが消滅し雑誌が廃刊になるという知らせを突然言いわたされた。「家事労働に賃金を」運動で知られるフェミニスト活動家セルマ・ジェームズが率いるメンバーたちに監禁された主要メンバーのマルクス主義哲学者（そしてクリーヴァーと大学時代からの同志）ジョージ・カフェンティスが説き伏せられ、ゼロワー

クを一方的に解散したのだ。

「こんなセクト的乗っとり戦術なんて新左翼のオレにとってはありえないことだった」

当時三〇代前後だった新左翼活動家よりも一回り年上のセルマ・ジェームズは、スターリニストとトロツキストがセクト的応酬をくり返す旧左翼の政治的環境で育っている。アメリカのトロツキスト系「労働党」の分派である「ジョンソン・フォーレスト傾向」（JFT：Johnson-Forest Tendency）に一五歳で飛びこみ、一〇年後の一九五五年にJFTのリーダーであるトリニダード人マルクス主義者のC・L・R・ジェームズと結婚するためにイギリスに赴き、西インド諸島独立や反レイシズムやフェミニズムをめぐる闘争に深くコミットしてきた筋金入りの独立左派運動家だ。ソ連を「国家資本主義」と批判的に定義し、労働者の自己活動にもとづいた社会主義革命を構想したJFTの政治思想や、女性の家事労働を階級闘争の中心にそえるセルマ・ジェームズの理論的視座は、ソ連の社会主義的性質にまつわる旧左翼の不毛な論争や、前衛党を社会変革の必然的モデルとみなす組織論とは明らかに袂を分かつ先駆的なものだった。だが、「旧左翼」系セクト内の議論や駆け引きに揉まれてきた彼女は、打算的で骨太なセクト政治的策略の習慣が骨の髄までしみついていた。

それとは対照的なクリーヴァーたちの新左翼的感性の核心をあえて一言で集約できるキーワードがあれば、それは「参加民主主義」（participatory democracy）だろう。日本の全学連主流派の共産主義者同盟（ブント）が日米安保条約反対デモの先頭に立ち、ジグザグデモなどの直接行動に身を投じていたのと同年の六〇年に発足し、ある意味「アメリカ版ブント」に相当する「民主社会を求める学生同盟」（SDS：Students for a Democratic Society）の「ポートヒューロン宣言」に「参加民主主義」という言葉は初めて使われた。それは政党内のヒエラルキーとその規律を中心に動く組織原理とは裏腹に、個人の主体を重視し、徹底した民主的な話し合いと合意形成をもとに政治行動をとることを意味した。

やはり六〇年に、SDS同様、アメリカ新左翼を代表する組織として頭角をあらわした学生非暴力調整委員会（SNCC《スニック》：Students Nonviolent Coordinating Committee）は、南部の人種隔離制度の廃止をいち早く目指して大胆で急進的な直接行動を敢行し、この参加民主主義を徹底した。南部の白人至上主義に非暴力的に立ち向かい、逮捕、投獄、拷問、暗殺、爆弾テロなどの危険に身をさらすのは本人しか決められないという倫理的な認識がその根底にはあった。そして、マーティン・

＊1　本稿は、以文社から出版が予定されている共著の論文集に収録される「新左翼と現代の反律法主義者たちの黄昏——一九六九年の未完の階級構成とカウンターカルチャーをめぐって」を縮小し一部改稿したものである。

ルーサー・キングをはじめとする運動の長老に圧力をかけてよりラディカルな姿勢や行動をプラグマティックに引き出し、キングの言う「愛の共同体」（the beloved community）を運動の予示的政治として体現した。

この参加民主主義の理念を公民権運動やベトナム反戦運動で貫き、その後、半世紀以上にわたってアメリカ中西部の労働者や囚人と「同伴する」（accompaniment）連帯を通じて持続してきたストートン・リンドはみずからのことを「早すぎた新左翼」（"premature New Leftist"）と生前呼んでいた。セルマ・ジェームズより一歳年上のリンドは彼女のように政治セクトには所属しなかったが、ジョージア州のキリスト教系コミューン「マセドニア」に家族といっしょに三年暮らしている。まさに参加民主主義が日課だったコミューンではすべての取り決めが対面で行われた。すでにどれだけ議論に長時間割かれていても、どれだけ夜遅くなっても、少しでも違和感を口にする者がいれば、みなが納得いくまで話し合いを続ける。時間がかかり骨の折れるプロセスだったが、それは各人が平等に生活過程を決定する直接民主主義が実現可能だという確信をリンドたちに深く植えつけた。やがて原理キリスト教的傾向が強まった「マセドニア」を彼らは去っていくが、そこで体験された素朴な参加民主主義は、ストートンが六四年に教育担当者を務めた「フリーダム・サマー」[*2]プロジェクトで再現され、徴兵拒否を検討している米兵の相談に乗り、反戦兵士との交流の場を作る米兵カウンセラーになった妻のアリス・リンドの活動にも活かされた。

リンドがベトナム反戦運動の中心人物になったのは、フリーダム・サマーの翌年の六五年である。アメリカ初のベトナム反戦デモを四月にワシントンDCで組織し、同じくDCで広島と長崎の被爆者を追悼し対アジア戦争に抗議する「表象されない人びとのアッセンブリー」の平和デモを八月に行い、一二月には共産党員の歴史家ハーバート・アプセーカーに誘われ彼とSDS元議長トム・ヘイデンといっしょにハノイを訪れた。翌年に訪米した小田実は、ベ平連主催の反戦連帯ツアーの講師として北ベトナムを訪問したばかりのリンドをまっさきに招いた。『ライフ』誌に依頼されて書いた北ベトナム見聞記事の原稿料一〇〇〇ドルを使ってリンドは日本に行く気満々だったが、ビザがおりず旅行を断念した。[*3]反戦活動のせいでリンドが失ったのはビザだけではなかった。イェール大学で雇い止めになったあと、シカゴで得た五つのテニュアトラック（終身在職コース）教員としての採用はすべて取り消された。

学界からブラックリスト化され始めていた六九年にリンドは「新左翼」という論文を『アメリカ政治社会科学アカデミー年報』に寄せ、アメリカ新左翼の定義を試みている。東西問わず「新左翼の世界観のなかで唯一特徴づけられる要素は、結果が完全に予想できないという知識のもとで、実存的に行動にコミットすることである」と彼は指摘する。[*4] アメリカ新左翼の代表的知識人として社会学者C・ライト・ミルズと歴史家ハワード・ジンを挙げ、「実証主義の物神化」や「衒学」に対抗する彼らの姿勢が「ユートピア的」「ヴィジョン」を肯定し、それは「企業リベラリズム」の支配を徹底的にくつがえそうとするアメリカ新左翼の「参加民主主義」に結実したと強調する。この重要な論考が発表された年は、皮肉なことに、リンドが三〇年後もトラウマとして抱え続けるSDSの亀裂が突き進んでいた年だ。しかも、二年前の六七年には、彼が同伴したSNCCがブラックパワー路線に方向転換し、白人活動家スタッフの任意退会を僅差の投票数で決定し、人種を超えた「愛の共同体」の理想をすでに放棄していた。つまり、「参加民主主義」を代表する二つの学生組織が両方とも消滅したも同然の時期に、リンドは黄昏に飛び立つミネルヴァの梟のごとくそれを新左翼の特徴として明文化していたのだ。

その後、労働問題を専門とする弁護士になったリンドは七〇年代にオハイオ州ヤングスタウンに家族と住み着き、地元の労働者と同伴しながら、企業と癒着したトップダウンの労働組合から自立した「連帯組合主義」(solidarity unionism)を提唱し、誰でも職場の問題を話し合い具体的な解決策や行動計画をともに考案する参加民主主義的場を設けた。脱工業化で疲弊したラストベルトの労働者や囚人の連帯に一生を捧げたこうした生き方は新左翼のある最終形態とも言える。民衆にみずからを同化するのではなく、ましてや民衆の意識を変え組織化する前衛としてふるまうのでもない。地域に根をはって、必要とされるスキルを提供しながら、民衆と同伴するという決して楽ではない道を彼はアリスと二人三脚で歩み続け、同様の実践を中南米の「解放の神学」やサパティスタ闘争に見いだした。六九年の論文でリンドが新左翼の最大の特徴と定義した「実存的にコミットする行動」を二人は身をもって細々とやり遂げていったのだ。

労働者と地道に同伴するという方向とは異なった闘争に突進し、新左翼に迫り来る黄昏をあらわすさまざまな出来事がやはり六九年に起こっていた。その一つは、「シカゴ・エイト/セブン」の裁判闘争である。

＊2　外部からの公民権活動家約一〇〇〇人がミシシッピ州在住の黒人と共同生活・学習し、黒人の投票者登録を促し、アフリカ系市民を平等に代表するミシシッピ自由民主党を組織した運動。

＊3　代わりに行ったのは、アトランタの黒人女子大学スペルマン・カレッジにリンドを抜擢し公民権運動を活発に支援したせいで大学をクビにされた盟友ハワード・ジンと、ジンがその最初の歴史を記し顧問役を務めたSNCCの常任委員ラルフ・フェザーストーンである。

＊4　Staughton Lynd (2011: 69) "The New Left," *Annals of the American Academy of Political and Social Science*, Vol. 382, Protest in the Sixties, March 1969.

若き反律法主義者たちの反乱と撹乱

六〇年代半ばから七〇年代前半までアメリカ各地では都市暴動が連鎖していた。それはアメリカ国家がベトナム戦争を激化した時期とちょうど重なる。戦争に駆り出された米兵が帰国するとその一部は暴動の鎮圧に動員されるが、六八年にはそれがとうとう不可能になってしまう。アメリカ史上前代未聞の反戦兵士運動が広がり始め、帰還兵が民衆を制圧するどころか逆に銃口を政府や権力者に向けるのではないかと当局は恐れ始めたからだ。じっさい、戦闘拒否したり脱走したりするだけではなく、上官を手榴弾などで殺害したり軍刑務所内で暴動を引き起こしたりする兵士の反乱が多様化し激しくなっていく。

こうした運動する民衆蜂起を巻き返し、リチャード・ニクソン大統領が「法と秩序」と呼んだ国家権力の支配体制を復活すべく、デモ隊や暴動を鎮圧するために警察や機動隊や州兵が路上に送り込まれる一方、同じ国家権力の配下にある法機関は蜂起する者たちを起訴し、法廷は統治者の過剰な憎悪が激しく噴出する公的空間となる。六八年にシカゴでくり広げられた弾圧と裁判は、そうした国家権力と民衆と法のねじれた関係を暴きだす、時代を画した出来事だ。

六八年、ベトナム反戦を目的に民主党全国集会への抗議に参加した一万人のデモ隊やそれを報道するジャーナリストに対し、二万三〇〇〇人の警察や州兵は無差別に暴力をふるい、過剰な量の催涙弾を用いた。その後、米国政府の「暴力の原因と防止に関する全国委員会」による調査の結果、それが「警察暴動」によるものだったと認められる。じっさい、司法長官ラムジー・クラークはデモ隊を不当に制圧したシカゴ警察の起訴に重点を置いていた。しかし、暴行の責任を運動側になすりつけようと血眼になっていたリチャード・J・デイリー市長は逆上し、腹心の連邦判事ウィリアム・キャンベルを通じて大陪審を招集し、八人の活動家を暴動扇動罪で起訴した。

シカゴ・エイトの一人であるアビー・ホフマンはこの裁判が権力による茶番劇だと風刺するパフォーマンスを連発した。例えば、仲間のジェリー・ルービンとともに裁判官の法服を着て出頭し、それを脱ぐよう命令されて従うと、法服の下にはシカゴ警察のユニフォームを身にまとっていた。みずから選んだ弁護士を却下されたことに異を唱え続けるブラック・パンサーの共同創立者ボビー・シールは、ジュリアス・ホフマン判事の命令で数日間、猿ぐつわをはめられ、鎖で椅子に縛られた。アメリカ法権力のあからさまなレイシズムと不平等を厚顔無恥にさらけだしたこの暴挙のせいでシールへの起訴は無効になり、「シカゴ・エイト」は「シカゴ・セブン」になる。

シカゴ・エイト／セブン裁判闘争は、アメリカ国家権力に対する運動の敵対関係をより明確にした。六〇年代半ばまでの公民権運動は法や国家を敵に回すのではなく、それらを味方につけるよう働きかけた。国家が保障すべき市民の平等を前提として非暴力直接行動を含む交渉を通じて法や制度を改革し、被抑圧者の市民権を確立していくという戦略だ。公共施設や投票場における黒人差別を撤廃し、既存の代表民主制の改善を目指す公民権運動の穏健で規律正しい戦略は功を奏し、六四年公民権法に続き六五年投票者登録法の制定という連邦法の改革を勝ちとった。

しかし、こうした画期的な法制度の改革をそもそもたらしたのは、人種隔離制度を支える南部のジムクロウ法をたえまなく破り続ける「犯罪者」になり、生命を脅かす国家や市民の過剰な暴力に身をさらすラディカルな直接行動だった。そこには法に対する弁証法的態度が示されていた。すなわち、不平等な法を変えるために法を犯しその罰を進んで受けるという一見矛盾した行為には、最終的に法は民主化でき、闘争の重要な手段になりうるという認識があった。

六〇年代後半にはこうした認識が揺らぎ始め、ほぼ逆転する。公民権運動の整然として道徳的情熱に満ちた運動に打って変わって、六五年にワッツそして六七年にデトロイトで都市暴動が相次いで起こり、ベトナム戦争がエスカレートしていく歴史的推移がそうした意識の変化につながった。公民権／市民権の平等を求めるのはリベラル資本主義的憲法国家の枠内で十分達成しうるし、むしろ当国家の大義名分を保つうえでも、資本社会の合理性を高めるうえでも得策だった。だが、都市暴動の根底にある貧困問題や資本主義の矛盾を解決し、世界の覇権国家であるアメリカの戦争を止めるには、支配階級との対決をまぬかれない。したがって法律を変えるという問題ではなく、法の主戦場である裁判を抗議や闘争の延長線としてどう作り替え、徴兵制や騒乱罪など法そのものの不正を訴えることが争点になっていく。シカゴ・エイトの場合もそうだが、同時期におもにキリスト教左派が中心に率先していたさまざまな反戦直接行動（徴兵書類を破損させ裁判闘争を展開した六七年のボルチモア・セブン、六八年のケイトンズヴィル・ナイン、六九年のシカゴ・フィフティーン等々）もそうした言わば「反律法主義的」意識のもとで行われた。

しかし、この考え方を限界まで推し進めると、法はしょせんブルジョア統治の幻影にすぎないのだから、頼りにならないし、守る必要もないという結論が引き出される。六〇年代末～七〇年代前半の同時期にアメリカ、日本、ドイツ、イタリアなどおもに先進資本主義諸国にあらわれた武装闘争集団は、まさにそうした反律法主義的法概念の帰結を実行に移した。その背景にはベトナムに対する米国の大量殺戮戦争があり、最先端の大量破壊兵器を用いる帝国に立ち向かうベトナム解放戦線による不撓不屈のゲリラ闘争に連なる第三世界革命の気運があった。

だが、若き反律法主義的革命家たちが拠点とするリベラル資本主義社会は、ベトナムやアフリカやラテンアメリカのような植民地統治とそれにともなう低開発生産を強いられている地域ではない。いくら小集団に属する有志が互いの革命的意志を煽って同様のゲリラ戦術を使っても、革命的状況は人為的に作り出せないし、そもそも革命的主体の構成には不可欠な大衆を疎外してしまう。

日本の場合、新左翼活動家の一部のこうした独我論的変容がとりわけ皮肉だったのは、日本共産党が二〇年近く前に犯した誤謬を知らず知らずのうちに踏襲していたことだ。二年前に成功をおさめた中国革命の戦術をまねて、五一年の日本共産党第五回全国協議会が採択したゲリラ武装路線が招いた大衆の離反と末端の党員の挫折は、「民主集中制」という官僚的権威主義体制の命令系統の産物だった。そして、これがさらに大きな歴史の皮肉だったのは、もとをただせば、こうした「極左冒険主義」的現象が天皇制を頂点とする戦時軍国主義体制の総力戦、思想統制、禁欲的自己犠牲といった日本的寡頭政治の諸要素を無意識に再現したところにある。新左翼におけるそのもっとも顕著で極端な例が七一年から七二年にかけて群馬県の山中で武装闘争に向けて合同軍事訓練を行っていた連合赤軍が引き起こした「山岳ベース事件」だ。些細な所作や言動を理由に、食事や用便などの生理的欲求を否定し拷問をくり返し、「共産主義化」を大義名分に「総括」という自己批判を強制するという粛清的殺害行為の構図は、そのイデオロギー的内容を別にすれば、戦前・戦中の憲兵が治安維持法の名のもとで行った拷問や殺害の蛮行と本質的に何も変わらない。とりわけ男女の接吻／性行為や女性の化粧に対する抑圧的規律、そして同志のリンチを率先した森恒夫の「軍人らしくない」「総括できれば、どんなに寒くても凍死しないようになり、どんなにお腹がすいても餓死しないようになり、銃の弾にあたっても死なないようになる」といった批判には、まさに日本的軍国主義の名残りが如実に刻み込まれている。

他方、ブラック・パンサーやSDSの残党などアメリカ新左翼の場合、マルクス＝レーニン主義や毛沢東思想や武装路線を活発に採り入れた組織はもちろんあったが、ドラッグの常習や性の解放など若者のカウンターカルチャーが色濃く織り交ざっていた。例えばウェザー・アンダーグラウンドが、連合赤軍の掲げるような「共産主義化」を目指して各メンバーの「ブルジョワ的個人主義」を解体し組織に融合する試みとしてデトロイトで宣言し一時的に導入したのは、同性愛関係を含む乱交を通じた「一夫一婦制を破壊せよ《スマッシュ・モノガミー》」プログラムであった。この対照的な行動様式には、良い意味でも悪い意味でも、アメリカ社会特有の個人主義または利己主義が影を落としていた。リンドに衝撃を与えたSDSの末路には、こうしたアメリカ新左翼を特徴づける文化的特性がとりわけうかがえる。

シカゴ・エイトの裁判に三ヶ月先立つ六九年六月一八〜二

二日にシカゴ・コロシアムで開催されたSDSの最終集会ではおもに二つの勢力がぶつかり合っていた。六二年にアメリカ共産党から分裂し、七一年まで中国共産党の毛沢東主義路線を綱領とした「進歩的労働党」（PLP：Progressive Labor Party）の青年部隊「労働者学生同盟」（WPA：Worker Student Alliance）がSDS代表議席の過半数を掌握し、組織全体を党派的に乗っとろうとしていた。それに対し、執行権を握っていた全国事務局は「革命的若者運動」（RYM：Revolutionary Youth Movement）という象徴的な名前をつけた派閥を立ち上げ、SDSの新聞『新左翼《ニューレフト》ノート』に（ボブ・ディラン「サブタレニアン・ホームシック・ブルース」の歌詞をタイトルにした）「どちらの方向に風が吹くのかを知るには天気予報士《ウェザーマン》は必要ない」というマニフェストを記載し、ベトナム解放戦線とブラック・パンサーを否定するPLPの立場を批判し、SDSを解散に追い込んだ。そして、RYM自体もアメリカ国内における武装闘争を支持するRYMⅠと毛派的前衛党の建設を支持するRYMⅡに分裂し、RYMⅠは地下武装組織ウェザー・アンダーグラウンドに発展した。

　SDSのセクト的分裂が一気にあらわになったこの全国集会に日本で相当するものをあえて選ぶとしたら、それは六一年七月に両国公会堂で行われ、ゲバ棒を初めて用いた少数派の革共同全国委員会／マル学同書記局が「つるや連合」（東大の旧ブント系、革共同関西派の関西府学連、社会党系青年組織の社青同）と乱闘し最初の内ゲバを引き起こした第一七回全学連大会になるだろうか。あるいは、同時期ならば、六九年七月六日に塩見孝也率いる赤軍派フラクションが明大和泉校舎で開かれた第二次ブントの合同会議を襲い、執行部議長さらぎ徳二を監禁した結果、反撃を受けた塩見たちが逆に拉致され脱走中の転落で内ゲバによる死者を初めて出してしまった「七・六事件」か。いずれにしろ、とりわけ目立つ相違点は、政治路線の内容、参加者の背景、そして内ゲバの有無である。SDS大会で争点になったのは、革命的闘争において人種とジェンダーを労働者階級にどう位置づけるかという問題だった。それは六〇年代半ば以降の都市暴動の連鎖を受けて台頭してきたブラック・パンサーなどの革命的黒人民族主義や、運動内の家父長制を批判する第二波フェミニズムの息吹とそれらに反発する旧左翼的残滓を、ぎこちない滑稽な形ではあれ、反映していた。他方、日本では、前衛党の再建や狭義の労働者階級との関係性や革命的戦術をめぐる相違点が声高に叫ばれていたが、それらの多くは旧左翼的問題群を単に塗りかえたものにすぎず、組織の主導権をめぐる権力争いにほぼすべて収斂した。セクトの組織構造も異様なまでに男性中心の閉鎖的縦社会を再生産し、内ゲバもそうした内閉的マチズモの暴力性が強度に転移された現象だった。

　アメリカにおいて内ゲバが皆無だったわけではない。よく知られている例の一つは、SDSのPLPからの除名者が構成した「全国労働者委員会」（NCLC：National Caucus of Labor Committees）だ。クェーカー教からトロツキズムに転向したリンドン・ラルーシュのもとで組織されたNCLCが当初導入した「掃討作戦」（Operation Mop-Up）は、PLPのメンバー、共産党員、ブラックパワー活動家その他敵対する左翼をバットやヌンチャクといった武器で襲撃し、集会妨害をくり返し行うという露骨な内ゲバ戦略だった（七〇年代半ばからラルーシュのカルト的集団はマルクス主義を捨て、極右陰謀論者に豹変する）。それ以外にも、南カリフォルニア支部のブラック・パンサー創立者バンチー・カーターが黒人民族主義組織オーガニゼーション・アスのメンバーにUCLAキャンパスでやはり六九年に射殺された事件や、アメリカン・インディアン運動（AIM：American Indian Movement）の女性活動家アンナ・メイ・アクアッシュがおそらく同志に誘拐・暗殺された七五年の事件がある。前者が仲たがいを煽るFBIによる攪乱作戦の結果であり、後者がこうした「コインテルプロ作戦」のせいで疑心暗鬼になったAIM活動家たちがアクアッシュをFBIのスパイだと勘ぐったことが動機だったにせよ、いずれも当局の挑発に耐えきれず「兄弟殺し」に暴走する運動の衰退と孤立化の兆候だった。だが、アメリカの場合、こうした内ゲバはほぼすべて一過性で終わり、日本みたいに延々と、近親憎悪的な応酬をくり返さなかった。

　いずれにしろ、アメリカにおいて、こうした運動内の分裂は、少なくとも二つの重要なことを示唆していた。まずは、若者たちを砲弾の餌食あるいはその加担者に仕立てようとする米軍の大規模な帝国主義戦争を「いかなる手段によってでも」（マルコムX）引き止め破壊しなければならないという焦燥感が、早急に変革を求める衝動に点火したということだ。これは「戦争を本国に持ち込め」（"bring the war home"）というウェザー・アンダーグラウンドの主要メンバー、ジョン・ジェイコブスのスローガンに集約されている。もう一つは、こうした正当なフラストレーションが独りよがりに暴走する黙示的な革命幻想のなかで、不当で実りのない方向に向かい、運動の重要な流れの終わりを告げる兆しになったという歴史のイロニーだ。分裂の根底にある政治的で道徳的な怒りは、六〇年代半ばからアメリカ全国で連鎖する黒人下層労働者による都市暴動が表出した階級的怒りと呼応する部分があるものの、最終的にそれは草の根の階級闘争から乖離した若き白人ミドルクラス・ラディカルの独我論的な言動に帰結してしまう。

　ウェザーマンはジェイコブスのスローガン「戦争を本国に持ち込め」を実現するために本格的な地下組織ウェザー・アンダーグラウンドになり、六九年一二月四日にシカゴ警察に暗殺されたパンサーのフレッド・ハンプトンとマーク・クラークへの報復として米国政府に宣戦布告し、爆弾闘争の最初のターゲットをニュージャージー州フォート・ディックス陸軍基地のダンスパーティーに定めた。しかし、グリニッジ・

ヴィレッジのタウンハウスで準備していた爆弾が七〇年三月六日に誤爆し、ウェザーマン三名の命を奪ってしまう。これを機に人間を標的にすることを放棄したウェザー・アンダーグラウンドはその後一貫して爆破対象を警察署、企業ビル、ペンタゴンといった抑圧的権力のシンボルである建造物に絞り、誰にも危害が及ばないようあらかじめ警告を発し、慎重に作られた時限爆弾を使用した。

こうした爆弾テロの作法は、内ゲバを排し、離脱の任意を認め、地下にもぐり、帝国主義の象徴である建造物を破壊した東アジア反日武装戦線のそれと類似点が多い。しかし、二〇二〇年のブラック・ライヴズ・マター運動の際に群衆によって自発的に引き倒されたレイシズムや植民地主義の銅像破壊と異なり、両方とも結果としては運動の不可逆的退潮を必死に引き止めようとする自称前衛集団の独走でしかなかった。

アナキストの「事故死」をくぐり抜ける
デトロイトとトリノのワブリー

時代はヤーヌスの顔のごとく分裂状態にあり、ときには相反する複数の線によって成り立つ歴史的現実が可視化されていた。とりわけ六九年には、異なった社会的エネルギーが歴史を異なった速度、テンポ、位相で引き裂いていた。一方では学生運動の終息を意味するSDSの解体があり、他方ではアメリカ国家と対峙する先住民の人権と自立を要求するAIMの創生を告げるアルカトラズ占拠があった。七三年のサウスダコタ州ウンデッド・ニー占拠におけるFBIとの銃撃戦まで続く後者独自の時間軸を想起すると、それはいっそう明らかだ。同時にこれは運動主体がおもに技術・認識労働の再生産を担う学生から、大多数が下層労働者を占めるアメリカ先住民に移行している状況をも意味している。似たような動きがデトロイトの自動車工場で働く黒人下層労働者のあいだで六七年暴動を契機に急速に広まっていた。

デトロイト暴動のきっかけは警察による無免許酒場の襲撃だったが、それは長年にわたる警察暴力にくわえて、住宅や雇用や教育をめぐる差別に対して積もり積もった貧しい黒人住民の怒りの爆発だった。暴動の翌年の六八年五月にデトロイト周辺のハムトラミックにあるクライスラー社ドッジ・メイン組立工場の黒人労働者は「ドッジ革命的組合運動」(DRUM：Dodge Revolutionary Union Movement)を結成する。ハムトラミック工場の労働者は七〇%がアフリカ系であるにもかかわらず、管理職は年配のポーランド系白人が牛耳っていた。DRUMの闘争はその他のデトロイトの自動車工場に波及し、フォード社リヴァー・ルージュ工場ではFRUM(Ford Revolutionary Union Movement)が組織され、クライスラー社エルドン・アヴェニュー工場ではELRUM(Eldon Avenue Revolutionary Union Movement)が発足し、六九年にはこうした底辺からの組合運動が「革命的黒人労働者同盟」（ＬＲＢＷ：League of Revolutionary Black Workers）という草の根連合組織に合流する。ＬＲＢＷには三つの派閥があった。工場の生産点における階級闘争を重視するか、工場外のコミュニティに闘争を拡大するか、あるいはその二つを融合するかという三つの主張がその分岐点になった。そこでとりわけ重要だった議論は、既存の「企業労組」である全米自動車労働組合（ＵＡＷ：United Auto Workers）内部で改革を図るか、あるいはＵＡＷを最終的に打ち倒す二重組合になるかという問題と、闘争の拠点をデトロイトの工場内に置くか、それとも全国組織に拡大するかという問題だった。ゆくゆくはこうした闘争戦略の違いが分裂を生みだし、ＬＲＢＷを解体に導いてしまう。

　工場において黒人労働者にもっとも危険な労働を低賃金で課し、複数の白人が行う労働を一人の黒人に押しつける差別的な資本蓄積構造を、自動化《オートメーション》にちなんで、「ニガーメーション」（niggermation）と活動家たちは呼んでいた。「ニガーメーション」を廃止するには資本に対抗するだけでは不十分であり、白人男性労働者を優先する契約交渉を通じてこの差別構造に加担するＵＡＷとも闘う必要があった。そうした包括的な階級闘争の実践として好まれたのは、現場の労働者が組合の承認を得ないで自発的に敢行する山猫ストだ。ＬＲＢＷはこうした労働現場の状況や実践と照らし合わせながら、ブラック・パンサー同様、マルクス＝レーニン主義を都市下層労働者の理論として読み直した。それは政治的方針や戦略を外部注入するインテリエリート党派《セクト》のマルクス＝レーニン主義ではなく、プロレタリアの実戦の場で作り替えられたマルクス＝レーニン主義だった。

　デトロイトの自動車工場で二〇年以上働いたマルクス主義活動家マーティン・グレーブルマンは、ＬＲＢＷのメンバーたちとマルクス研究会を行っている。グレーブルマンは、階級闘争を労働者自身の視点で分析する前世代の革命的コレクテクティヴ「フェイシング・リアリティ」や「コレスポンデンス」の一員だった。[*5] ストートン・リンドは、彼を「アメリカ合衆国において労働問題に関するもっとも重要な書き手」[*6]そしてワブリーの革命的感性を継承する労働者知識人と見なしていた。

　リンドがここで引き合いに出している「ワブリー」は、一九〇五年にシカゴで発足した世界産業労働組合（ＩＷＷ：Industrial Workers of the World）の愛称だ。彼らは人種・ジェンダー・職種を問わず全労働者の連帯を「一つの大きな組合」を通じて達成し、労働者に寄生するパラサイト階級である資本家の支配を終わらせる、労働者による労働者の直接行動の革命を目指した。幸徳秋水も訪米の際に彼らと交流し、アナキズムとゼネストの直接行動に目覚めた。ワブリーたちは、第一次世界大戦に反対したためにアメリカ政府の弾圧を受け、処刑されたり、国外追放されたりして、組合は壊滅したが、その革命的感性はいたるところに残り、グレーブルマンはその非公式な継承者の一人だった。
　イタリア議会外左翼の運動理論家マリオ・トロンティは、六六年の名著『労働者と資本』のあとがきで「アメリカの状況は客観的にマルクス的だった」と指摘し、「アメリカ労働者階級闘争の解釈をマルクスの著作に求めるのではなく、もっとも進んだマルクス主義のテクストをより完璧に解釈するために、わたしたちはまさにこれらの闘争を読解すべきなのだ」と喝破している。[*7] トロンティが「デトロイトのマルクス」と呼んだ、現存するアメリカ労働者の階級闘争の分析を誰よりも巧みに行ったグレーブルマンは、平易な言葉でそれを複数の小冊子にまとめた。そのなかの一冊には「ヒキガエルさん」(Mr. Toad) の筆名で書いた、山猫ストの威力を寓話的にたたえた詩が収録されている。

　きわめて実践的な猫だ。
肉球の足で静かに歩く
誰にも見られず、聞かれず
コンパクトな体に
　凝縮された力。
引き締まってしなやか、
　見た目よりも
爆破的な跳躍、
　周期的に絶頂に達する
　大きくなる力
　大きくなる飢え。
琥珀、黒、まだら、黄金。
すべての色が助け合う
　その見えない足跡を隠すために。
ゆっくり登って待つ
　枝先で
　崖っぷちで
　突端で。

＊5　これらの組織の起源はC・L・R・ジェームズ、セルマ・ワインスタイン／ジェームズ、トロツキーの元秘書でその後マルクス主義ヒューマニズム思想を開発するラーヤ・ドゥナエフスカヤ、ジェームズ・ボッグスとそのパートナーの中国系活動家グレイス・リー・ボッグスなどがアメリカのトロツキー政党から分派し構成した「ジョンソン・フォレスト傾向」にさかのぼる。

＊6　Staughton Lynd, ed. (2002: v) Martin Glaberman, *Punching Out & Other Writings*, Charles H. Kerr Publishing Company.

＊7　Mario Tronti (2019: 314) trans. David Broder, *Workers and Capital*, Verso.

おい、もういい、
ロマンチックになるのはよそう。
停止して、行こうぜ。

きわめて実践的な猫だ。[*8]

「デトロイトのマルクス」があらわした山猫たちの力は時間を超えて連結し、同時代の地理を超えてイタリアの階級闘争とも大胆に共振した。六九年にトリノのフィアット社のミラフィオリ自動車工場を拠点に勃発した山猫ストは、労働者階級によるイタリアの議会外左翼／新左翼の決定的展開である「熱い秋」に点火した。数百万もの労働者がストを打ち、政党や組合の位階的官僚制から自立した工場評議会や社会センターを創出した「熱い秋」の主体は、雇用条件が脆弱な若い移民労働者や地主／農民関係の因習が残存する「後進地域」として蔑まれたイタリア南部からの流動的下層労働者だった。これは白人至上主義者が強烈な暴力で支配するアメリカ南部から移住してきたデトロイトの黒人下層労働者と重なる点が多い。ボッグスやグレーブルマンの論考をイタリア語に訳したイタリアの運動家たちは、同時代の釜ヶ崎の日雇い労働者のあいだで活動した釜共闘のように、現存する階級闘争のモデルとしてブラックパワーに深く呼応した。議会外左翼の労働者主義《オペライズモ》を代表するコレクティヴ・雑誌『労働者権力』(*Potere Operaio*)はこう宣言している。「アメリカの黒人は資本主義制の中心にある第三世界のプロレタリアートを単に表象するだけはなく、そのプロレタリアートそのものである。〔…〕黒人が砲弾の餌食として送り込まれたベトナム戦争から学んだのは、反動的（組合）組織に支配されているアメリカにいるような（白人）労働者階級をプロレタリアートはいつまでも待っていられないということだ。〔…〕したがって、ブラックパワーは黒人の自律的革命組織を意味する」[*9]。

こうした大規模な階級闘争のうねりに対し、イタリア当局はテロを促し、それを理由に弾圧を正当化する「緊張の戦略」を実行し、六九年一二月一二日にミラノのフォンターナ広場前の国立農業銀行が爆破され、一七人が死亡し、八八人が負傷した。このテロ事件はいまだ迷宮入りになっているが、似たような一連の計画テロがその前後に発生しており、ネオ・ファシスト極右組織「新秩序」(Ordine Nuovo)の仕業だった可能性が高い。だが、八〇人以上の逮捕者のうち警察が謀殺したのはアナキスト鉄道労働者ジュゼッペ・ピネッリだった。尋問中に警察署の四階から落下したピネッリの死を単なる「事故死」だと処理した警察に対しさまざまな批判や抗議が沸騰するが、劇作家ダリオ・フォはとりわけ斬新な民衆文化のエネルギーに満ちあふれた『アナーキストの事故死』（一九七〇）を通じて応答した。

イタリアの伝統即興劇コンメディア・デラルテのスタイル

を踏襲し、フォは「狂人」という登場人物を劇の中心にそえる。権威をあげつらいその本質を暴きだす道化《アルレッキーノ》である「狂人」は、シカゴ裁判のイッピーたちのように法服をまとい、裁判官のふりをして警官たちをだまし、彼らがアナキストをじっさいにどう取り調べ窓の外に放り投げたかを不本意に白状させる。署を訪れたジャーナリストのマリア・フェレッティが「狂人」の正体を「『継続する闘争』（*Lotta Continua*）の悪名高いスポーツ編集長」パウロ・ダヴィドヴィッチ・ガンドルフォだと気づいた矢先、時限爆弾を手にした「狂人」に彼女は選択を迫られる。アナキストを殺した四人の警官を見逃して「狂人」を刑務所に送るか、警官たちを「狂人」に爆殺させ過激派の共犯者になるか。だが、たとえフェレッティが法を犯さずに警官を看過しても、警官たちは事件の真相を知った彼女を窓に縛りつけることになる。「狂人」はそう説明し、今度は観客に選択を迫る。

『アナーキストの事故死』は、当時のイタリア労働者階級の闘争の産物であると同時に、ドキュメンタリー的要素を含むその内省的寓話でもある。六九年秋にトリノで創設され、劇中で言及されている議会外左翼組織・新聞『継続する闘争』に掲載された漫画の主人公ガスパラッツォもまた著しい道化《アルレッキーノ》的特性の持ち主だ。賃金労働が大嫌いで公式の官僚的労組を信用しない南部出身のガスパラッツォは、不安定で危うい状況にいくら置かれても、反逆にあけくれ希望をなくさない。ＬＲＢＷが七〇年に製作したドキュメンタリー映画『ようやくニュースが届いたぜ』（*Finally Got the News*）は荒削りのモンタージュ形式で自動車工場内の状況、黒人労働者の歴史的重要性、白人労働者と黒人労働者の関係、ＬＲＢＷの闘争などを労働者や活動家自身の映像と言葉で語り、ガスパラッツォと似た力強く物質的な反逆と希望にあふれている。デトロイト、釜ヶ崎、トリノの闘争は独自の新しい労働者階級文化、戦闘的労働者のカウンターカルチャーを形成した。世界各地で拡散し共振しあった階級闘争と不可分であるこうしたカウンターカルチャーの源流は、資本と闘う現実の労働現場と日常生活にほかならない。

六〇〜七〇年代の諸運動が達成した最大の遺産は「文化的」なものである。アメリカでは、人種やジェンダーや障害者の権利の要求が一般的になり、多文化に対する配慮がマスコミや企業や公的機関で示され、セックスやドラッグその他「社会的逸脱行為」と扱われてきたものがより自由に広く行われ、映像や文章や音楽で表現されるようになった。これらはある種の「文明化」としてみな歓迎すべきものだが、社会経済権力の変革には及ばず、当初ラディカルで反体制的感性

＊8　Staughton Lynd, ed. (2002: 200).

＊9　Steve Wright (2017: 121) *Storming Heaven: Class Composition and Struggle in Italian Autonomist Marxism*, Pluto Press.

を保有していた新左翼のカウンターカルチャーは逆に資本に取り込まれ、まさに「ミイラ取りがミイラになる」という現象が制度のいたるところで起こってしまう。結局はイメージとして商品形態に呪縛された音楽やファッションや所作のカウンターカルチャーが勝利を収め、その商品形態を本気で破壊しようとした労働者階級のカウンターカルチャーは敗北を喫したのだ。

　マルクーゼが「抑圧的寛容」と名指した先進資本主義による制度的回収にさらされた六〇～七〇年代の文化的変革を企てた「新左翼」思想を、イギリス研究者マデレーン・デイヴィスは『大英百科事典』の記事でこう要約している。

> 抵抗の原動力と形態が多様であるため、さまざまな潮流の共通点を見つけだすのは難しいが、リバタリアンで民主的な衝動、文化および政治の変革、伝統左翼が重点を置いていた階級闘争を拡張し、人種やジェンダーを含む複数の抑圧の形態と根拠の認識、そして官僚制と伝統的政治組織を拒絶する代わりに直接行動と参加民主主義を好むことがよく挙げられる。[*10]

　この簡潔で正確な定義に何か付け加えるなら、それは「新左翼」が「拡張」した階級闘争が、イタリア議会外左翼の用語を借りると、「階級構成」の刷新を企てたということだ。再生産労働を担う学生や女性、工場労働者の下層に位置する黒人その他のマイノリティ、日雇いや労務者、反戦兵士、マルクスが「産業予備軍」と呼んだルンペンプロレタリアートや野宿者や囚人等々、従来のマジョリティの工業労働者階級に属せず「労働者」とさえ見なされない人びとが新しい階級的主体の再構成を試みた。六三年に出版され、英語圏の新左翼に深い影響を与えた『イングランド労働者階級の形成』の冒頭でＥ・Ｐ・トムスンが「労働者階級は自らの形成に参与したのである」[*11]と述べているように、六〇～七〇年代もまた新しい労働者階級がみずからを形成する歴史的節目だった。六九年に雑誌『労働者権力』をアントニオ・ネグリ、オレステ・スカルゾーン、フランコ・ピペルノといっしょに創刊した「労働主義《オペライズモ》」理論家セルジオ・ボローニャは、こうした階級構成の先行者がワブリーだったという明確な認識があった。「輸送労働者や港湾労働者に対する関心、国際市場としての資本に打撃を常に与えようとする決意、社会的不服従のウィルス、そして「社会的山猫」の主体としての（今日雇われて、明日クビにされる）流動的プロレタリアートに関する直感的理解――こうしたもろもろの特徴によって、ＩＷＷは今日の闘争を予示し、第二・第三インターから完全に独立した組織になった。マルクスの第一インターからポスト共産主義時代へと直接につなぐのはＩＷＷなのだ」[*12]。だが、階級構成は決して予定調和的に完成するわけではない。前世代の運動経験からの断絶や、過剰な革命的妄想に由来する内部分裂、国家権力による弾圧、資本の逃避と回収などというさまざまな理由でこの階級構成は中断された。福祉や労働契約の基盤さえも新自由主義的「反革命」によってなし崩しにしてきた支配階級のたえまない逆襲のせいで、防衛戦を強いられ続けているわたしたちの長い階級的「不満の冬」（シェイクスピア）はこの中断と脱組成の延長にある。長年にわたる敗北からの脱却は、新左翼とそれに先立つ多様な階級闘争の原点に立ち戻り、参加民主主義と直接行動の伝統をこつこつと復元し、拡散していく以外に道はない。

　ストートン・リンドが「早すぎた新左翼」を自称するとき、それは同時に「遅れてきたワブリー」を意味する。そして、いくら早すぎても遅れても、いくら敗北に追いやられても、境界を知らないワブリーの魂が不滅だとふと気づかされる体験がリンドにはあった。それは、六七年の第三次中東戦争後にイスラエルとシリアがそれぞれ設けた事実上の国境の狭間に放置されたパレスチナ地区ゴラン高原を、リンドたちが九一～二年に訪れたときのことだ。りんごの栽培で生活しているアラブ人農園のバーベキューに招かれ、アラックという地域の蒸留酒を飲んでいると、訪問者と招待者のグループが歌を交互に披露しようという提案があった。訪問者代表のリンドが選んだのは、ワブリーの伝説的なスウェーデン系活動家を追悼する労働運動の歌「ジョー・ヒル」だ。歌う前にヒルが誰であるかをくどくどと説明し始めるリンドの話を、パレスチナ人主催者はさえぎりこう言った。

「説明しなくてもだいじょうぶです。ジョー・ヒルはスパルタクスとともに闘いました。ジョー・ヒルは一九七〇年代のチリにいて、エルサルバドルとグアテマラにもいました。でも、現在、ジョー・ヒルはパレスチナ人です」[*13]

昨晩、ジョー・ヒルの夢を見た
あなたとわたしのように生きていた
わたしは言った、でもジョー、あなたが死んでから一〇
年も経っている
おれは決して死ななかったと彼は言った
おれは決して死ななかったと彼は言った

---

*10　Madeleine Davis (2023) "New Left," Britannica, March 8: https://www.britannica.com/topic/New-Left, 2023/3/12アクセス

*11　エドワード・P・トムスン（2003: 11）市橋秀夫／芳賀健一訳『イングランド労働者階級の形成』青弓社。

12　Sergio Bologna (1972) trans. Bruno Raimirez "Class composition and the Theory of the Party at the Origin of the Workers Councils Movement": http://zerowork.org/BolognaClassComposition.html#, 2023/3/13アクセス

*13　Staughton Lynd & Andrei Grubacic (2008) Wobblies and Zapatistas: Conversations on Anarchism, Marxism and Radical History, PM Press.

天皇制の「永遠」と内ゲバの「終焉」

絓　秀実（文芸評論家）

1　「内ゲバ」はなぜ終わってしまったのか？

なぜ「内ゲバ」はやめられなかったのか、ではなく、なぜ終わってしまったのか。そう問いを反転させて始めよう。その解答は簡単で、ある意味では、今や誰もが曖昧に共有している常識的なものだ。内ゲバを称揚する意図はない。ただ、問いのこの転換のみが、「内ゲバ」問題を今なおアクチュアルな地平へと解放することができると思う（以下、煩瑣を嫌って、「内ゲバ」にはカギ括弧をつけない）。

本書所収の拙稿（鼎談、シンポジウム含む）で述べたように、内ゲバなる言葉は杜撰な概念だが、今も日常的かつ多義的に濫用されている。本稿でいう内ゲバとは、歴史的には、主に一九七〇年前後から二〇〇〇年代前半にかけて生起した事態を指している。ピークは一九八〇年代前半には過ぎているが、その後も長く尾を引いた。それは、革マル派と中核派、社青同解放派とのあいだで主要になされたが、その他の新左翼諸党派、ノンセクト、日本共産党、新右翼も無縁ではなかった。連合赤軍事件（一九七一－七二年）の「粛清」も考慮に入れておくべきだろう。「ゲバルト」は首都圏を中心に遂行されたが、全国的に展開された。死者は一〇〇人を超え、負傷者は数えきれない。

早稲田大学第一文学部二年生・川口大三郎に対する、革マル派によるリンチ殺害（一九七二年一一月）は、それ自体では内ゲバではなかった。基本的には、早稲田大学における一九六八年秋以来の、大学当局と結託した革マル派の学内統治＝支配のなかで発生したもので（それ以前から、このような事件が発生する基盤はあったとする見方もある）、川口が革マル派と内ゲバ的に抗争する勢力の一員だったとは認めにくい。それは、二年前（一九七〇年八月）の東京教育大生・海老原俊夫（革マル派）に対する、中核派による殺害事件とは異なっている。だが、川口殺害が全国的にすでに存在していた革マル派と他党派（主に中核派、社青同解放派）、さらにはノンセクトとの内ゲバ的抗争の磁場――それは短く見積もっても、海老原事件の二年前くらいから、早稲田・東大駒場を主要な圏域として存在していた――で生起したことも事実である。川口事件や、それに先行する山村（梁）政明の「抗議」自殺（一九七〇年一〇月）の問題を論じて始まる本書において、内ゲバ問題を回避しえない理由である。

　映画『ゲバルトの杜』を観た若い世代の感想をＳＮＳなどで瞥見すれば、内ゲバが風靡した世界を、彼ら／彼女らは現在とほぼ無縁な異世界のごとく感じている様子である。確かに、そこで席巻した「暴力」は人間性の暗部に根差しているのかもしれないが（『ゲバ杜』における内田樹の俗耳に入りやすい虚言）、かといって当時存在し今もなお――細々と？――存続している新左翼諸党派が、再び内ゲバに回帰することはまず考えられない、というのが大方の感想であろう。今も暴力は世界中に拡大拡散しており、それに対する抵抗や考察は必要だが、少なくとも、暴力が内ゲバといったかたちで現出することは、まずありえないと思えるからである。

　では、内ゲバが猖獗をきわめた時代でも決して少ないわけではなかった「内ゲバ反対」の声は、なぜ空しかったのか。内ゲバは誰もが「不毛」と感じる。遂行している当事者とて、おそらくはそうだろう。内ゲバ遂行諸党派は、それを自らの革命運動のなかに位置づけることで確信的なものとしたが、それは同時に不毛の感情とシニシズムを亢進することであった。

　しかし、内ゲバの終焉は、新左翼や市民派リベラル・運動家、インテリゲンツィア内にも強かった「内ゲバ反対」の機運――諸外国の共産党も日本の内ゲバを憂慮していたと伝えられる――に押されて、そうなったわけではない。また、内ゲバ遂行党派の疲弊と弱体化によって終わったわけでも、必ずしもないだろう。党派間対立が解消されたわけでもなかった。

　主に中核派と革マル派について言われることだが、両派指導部の秘密交渉によって、内ゲバは終息したという風説も流布されている。その証拠は示されていないし、当然にも存在したはずの仲介者の存在も知られていない。また、そうだとしても、なぜそうした密約が交わされなければならなかったのか。疲弊と消耗が一義的な理由ではないだろう。内ゲバを最後まで執拗に追求し続けたのは、もっとも疲弊して分裂・縮小した社青同解放派の「主流派」（狭間派）であり、それは対革マル戦から転じて、同志殺し（粛清）という、いわゆる「内々ゲバ」へと転じた。内ゲバは、何やら分からないが、おのずと（?）終息を迎えていったのである。

日本の左翼全般における――先述した狭義のだけではなく、広義のものも含めての――内ゲバの歴史を振り返っておくことは割愛する。内ゲバの発端を、どこに設定するかについては、いくらでも遡行可能だし、視点の拡張も可能である。

内ゲバを日本特有と見なす、一種の日本特殊論にも、本稿は与しない。かつて有力だった内ゲバ＝日本特殊論とは、概略、後発資本主義たる日本の「市民社会」――つまり「民主主義」――が未成熟であるとして、そこに内ゲバの発生理由を求めるものだった。いわゆる講座派マルクス主義の一ヴァリエーションであり、そこからすれば、内ゲバは家父長制や男性中心主義といった封建的遺制の発現ということになる。しかし、「豊かさのなかの革命」とも呼ばれ日本もその例外ではなかった「一九六八年の革命」において、内ゲバの理由を封建的遺制の残存に求めることには、無理がある。新左翼運動は基本的に小市民《プチブル》インテリゲンツィア学生層（主に男性）によって担われていたが、彼ら／彼女らの周りには、いまだ高卒ブルーカラーはもちろん、中卒労働者も膨大な層として隣接しており、単純に封建的遺制が解消されているとは言えない状況ではあったが、彼ら／彼女らが、そのことを考慮した形跡は少ない。そもそも日本の新左翼は、封建的遺制＝天皇制の打倒を掲げながら組織内に家父長的な封建制を維持している日本共産党――「左翼天皇制」（大井広介）と呼ばれた――に反発して誕生したのである。

この問題はむしろ、新左翼的「暴力」主義を排除することで高揚したことで知られる、SEALDs（自由と民主主義のための学生緊急行動）で記憶されているところの、二〇一五年の安保法制反対の市民運動を支えたイデオロギーが、表向きは護憲＝九条擁護であったのと同時に、天皇制護持であったことを確認しておくと分かりやすい。それは、巷間流布されているように、当時の天皇夫妻がリベラルな護憲派であったことに理由があるばかりでなく（断じてそうではなく）、戦後憲法が天皇制によって支えられているという、当たり前の事態に由来している。立憲主義が高唱されたことからも知られるように、憲法の厳守によって安倍晋三首相（当時）の「暴走」を止めようとすることは、天皇制の擁護に帰結する以外にないのだ。安倍の「解釈改憲」は、それ自体では議会内多数派を背景にした民主主義におけるカール・シュミット的「決断」であり、それを阻止するのは国民ではありえない。国民の多数は安倍を支持しているからである。その時、戦後民主主義を支えてきた主権者としての「国民」――英文憲法では「人民（people）」だが、この問題は措く――という位置づけは斥けられ、国民の「象徴」であるとされる天皇（制）が主権として浮上してくるのである。天皇制の護持が立憲主義を厳守することであり、「解釈改憲」は許されないということになる。憲法の天皇条項（とりわけ一条だが）と九条は補完的なのだ。

二〇一五年ではそのことが強く意識され、反安保法制の運動のなかで、「戦後民主主義」を支えてきた「八月革命説」――それ自体が天皇制を擁護するためものだったのだが（宮沢俊義『憲法の原理』一九五七年）――に代わって、尾高朝雄のノモス主権論の再評価（石川健治による尾高著『国民主権と天皇制』講談社学術文庫版「解説」二〇一九年）や、ピエール・ルジャンドルのドグマ人類学を援用しての天皇制擁護（嘉戸一将『主権論史』二〇一九年）が語られた。

一九四五年の八月一五日に、擬制的にせよ「革命」などなかった。つまり、主権者が国民に移行したことなどなかった。日本は古来変わらず天皇によって統治されており、そのことを戦後憲法も踏襲していると強調するわけである。これらの論は、和辻哲郎や西田幾多郎を援用することでなされた「日本論」でもあった。彼ら天皇制護憲派の多くは、ジャーナリズムで積極的に発言し、国会前にもおもむいて、反安保法制の運動を支えたのである。このような現代のリベラル派による天皇制擁護の公然化に驚いたのは、左派ではなく右派のほうである（高森明勅ブログ、二〇一九年六月一二日）。もはや、日本に左右の対立などなくなるからだ。安倍によって（あるいは、それ以後の自民党政府によって）目論まれた改憲において、天皇制が廃棄されることはありえないし、今後もないだろう。

そして、二〇一五年の反安保法制の運動のなかで、反天皇制を積極的に掲げた左派は、管見の限り見出せないのである。

つまり、こういうことだ。内ゲバは、それを遂行する諸党派において、革命運動のなかに位置づけられていた。そのことは、かろうじて反天皇制も設定しうることも意味した。とりわけ、一九七〇年の七・七華青闘（華僑青年闘争委員会）告発以来、不十分ながら天皇制問題も新左翼に導入された。しかし、内ゲバの終焉は革命運動の失調をも意味したがゆえに、天皇制問題も消えていくのである。繰り返すが、九条改憲阻止とは天皇制の護持を主張する立憲主義である。本稿は、以上のような歴史的パースペクティヴの下で書かれている。

2 「別党コース」と「コミンテルンの復活」

《やつは敵である。敵を殺せ。／／いかなる指導者もそれ以上卓抜なことは言い得なかった》（埴谷雄高「政治のなかの死」一九五八年）

「埴谷の政治エッセイのなかでも、もっともよく知られ、おそらくはもっとも繰りかえされてきた一節」（熊野純彦『埴谷雄高――夢みるカント』二〇一〇年）と評されるものである。時たま誤解されるようだが、これはカール・シュミットの有名な友敵理論（『政治的なものの概念』）とは全く違う。シュミットにとって友と敵の区別は、本質的な無根拠において「決断」されるものだが、埴谷においては、その区別はあらかじめ存在しており、理由があるからだ。ここで埴谷は念頭においているのだろうが、ドストエフスキーの『悪霊』を想起する必要はない。戦前の埴谷が近傍で見聞したらしい「日本共産党スパイ査問事件」(一九三三年)ともかかわらない。

この言葉が有名なのは、書かれた時代の文脈をこえて、内ゲバや連合赤軍事件についての議論が盛んになされていた状況で参照されたからである。埴谷が内ゲバ反対の機運のなかで、革マル派の意をくんで暗躍したことについては、本書所収の拙稿「「絶望」と隣り合う「希望」とは如何なる謂か?」で指摘しておいたが、本稿は、それを補足する企図も持つ。[*1]

まず、この「政治のなかの死」を含む埴谷の一連の政治的エッセイが、一九五六年二月の第二〇回ソ連共産党大会におけるフルシチョフ(党第一書記)の秘密報告「個人崇拝とその結果について」によって開始された、世界的なスターリン批判の機運のなかで書かれたものだということを確認しておこう。一九七〇年代の日本の内ゲバについて言われたものではないのだ。埴谷がこのエッセイを含む当時の一連の文章のなかで俎上にのせているのは、スターリンによる元同志たちへの大粛清(大テロル)にほかならない。もちろん、その粛清劇はすでにリアルタイムで、世界的にある程度のことが知られていたが、スターリンの「正統性」ゆえに、左派の圏域では「正当化」されていたわけである。

ところが、スターリン批判をおこなったフルシチョフは、同年秋に勃発した衛星国ハンガリーの民衆蜂起を、ソ連軍侵攻をもって鎮圧した(これに先行してポーランドのポズナンでも「暴動」があった)。急進的な若い左派インテリゲンツィアにとって、フルシチョフのスターリン批判は、「個人崇拝」問題に縮減されて、全く不十分なものと見なされた。戦後に世界的に流行したサルトルやカミュの実存主義が改めて議論の的になり、「ヒューマニズムとマルクス主義」の関係が問われた。初期マルクスの疎外論が議論の俎上にのせられた。革マル派の領袖となる黒田寛一の出発点も、ここにあった。問題は、このような歴史的規定性のなかで発せられた埴谷の「箴言」が、なぜ一九七〇年代の内ゲバ批判のなかで再び想起されたのか、そして、この「箴言」は本当に「正しい」のか、ということにある。

スターリン批判以降の埴谷の一連の政治的エッセイは、花田清輝とのあいだの論争において書かれたものでもあったということが、もう一点、ここで注意されるべきである。それは、文学史的には「モラリスト論争」と呼ばれるが、スターリン批判直前から、花田と戦後派文学者(荒正人、山室静ら)との間で交わされていたものである。埴谷が論争に加わったのは、フルシチョフ演説の公表以後である。「政治のなかの死」に先行する「永久革命者の悲哀」(一九五六年)が、「花田清輝よ」と呼びかけるかたちで書かれていることは、その痕跡にほかならない。

では、二人のあいだでは何が論じられ議論されたのか。もっとも主要な論点が、スターリン的な大粛清の連鎖を阻む方途如何であったことは疑いない。そのことを、スターリン批判以降の左派の動向も瞥見しつつ、簡単に見ておこう。

埴谷が、「未来の無階級社会の眼」（「永久革命者の悲哀」）を今の自身のうちに設定することで、スターリンに象徴される粛清の「政治」――それこそが、政治の「本質」なわけだが――を断罪していることは、よく知られている。そのような意味において、指導者に体現されているところの「政治」は、本質的に「悪」なのである。ただ、「未来の無階級社会」の実現だけは、おそらくはレーニンの『国家と革命』（一九一七年）への信頼によって埴谷にも疑われてはおらず、そこにいたるためには、「指導者の死滅」（一九五八年）を内包した長いプロセスが追求されねばならないということだ。スターリン主義は、そのようなプロセスを内包していないがゆえに斥けられる。これは単なる一文学者の空想的な思弁ではなかった。このような思考は、スターリン批判から六〇年安保の「敗北」の過程で、既成のスターリニスト党＝日本共産党に代わる真の前衛党の創設――いわゆる「別党コース」――という黒田寛一の主張によって「実践」されていたといえる（黒田「党物神崇拝の崩壊」、埴谷編『民主主義の神話』一九六〇年、など）。

六〇年代初頭に始まる、新左翼諸党派による黒田批判において概略は萌芽的に指摘されていたことだが、戦後主体性論を継承するとして、一九三〇年代に始まる京都学派、主に西田（幾多郎）哲学左派を導入した黒田は、自らの党組織を「未来の無階級社会」のミニチュアとした（『プロレタリア的人間の論理』一九六〇年、『組織論序説』一九六一年）。西田の高名ないわゆる「永遠の今」論が、梯明秀の「物質哲学」を取り入れることで、綱領的な文書に導入されたわけである（埴谷の影響というよりは梯＝西田の影響というべきだろう）。これは六〇年安保直後のことであり、このとき黒田たちの革命的共産主義者同盟全国委員会は、いまだ中核派と革マル派に分裂していない。つまり、同盟書記長・本多延嘉を中心とする後に中核派となる部分も、革マル派として分派することになる同盟議長・黒田の「永遠の今」論を承認していたと見なしうる。このことは注意しておくべき点である。

＊1 「現代の眼」編集部編『戦後思想家論』（一九七一年）所収の埴谷雄高をめぐる遠丸立との対談「政治的ユートピズムの構図」において、菅孝行は革マル派・黒田寛一と埴谷雄高との「思想構造」の「類似」を明確に指摘している。これは、当時の政治的に聡明なインテリゲンツィアにとっては、ある程度共有されていた認識かとも思われる。熊野純彦の前掲埴谷論では、そのような政治的視点がきれいに消失しており、管見の限り、近年の他の文学的・思想的な埴谷研究でもそうである。それだけ、埴谷の神話化が六八年以降に亢進し、維持されているということであろう。

西田の「永遠の今」論は、高名なデビュー作『善の研究』（一九一一年）ですでに萌芽しているが、論文集『無の自覚的限定』（一九三二年）において主題化されていく。そこでは、「永遠の今の自己限定と考えられるものは、私の所謂絶対に無にして自己自身を限定する絶対無の自覚的限定」であると、テーゼ化されている。この「絶対無」の立場を、西田のさまざまなターミノロジーをそのまま踏襲しつつ、「絶対有」と置き換えたのが、黒田が導入した梯明秀の「物質哲学」であった。しかも西田自身、「絶対無」は「絶対有」であるとさえ言っているわけだ。梯の最初の主著である『物質の哲学的概念』（一九三四年）等は、戦前の京大の左派人民戦線グループに影響力があり、そのことは野間宏の有名な「暗い絵」（一九四六年）の歴史的背景を最初に詳細に論じた、戦後派文学の中心的存在である平野謙によっても注目されていた（野間宏『暗い絵・崩壊感覚』新潮文庫版解説、一九五五年）。スターリン批判以前である。

黒田が摂取しようとした「主体性論」は、歴史的にいえば、戦後に開始された「主体性論争」のなかでクローズアップされたが、それは文学と哲学の両面で争われた。文学において主体性論を担ったのが、戦後に創刊された雑誌『近代文学』の第一次同人たち（平野、荒、埴谷ら）であり、哲学の面では梅本克己や梯ら京都学派左派の系統であった。梅本は東大倫理学科出身の和辻哲郎門下で、京都学派とは言い難いが、和辻自身は東大赴任以前は西田に請われて京大に赴任していたという前歴があり、広義に京都学派に入れることもできる。『近代文学』同人たちが、どれだけ京都学派の思想に親炙精通していたかは不明の点が多いが、少なくとも平野謙は、梯に着目することで文学系と哲学系両者の基盤の共有を触知していた。私見では、梯物質哲学に最も類似しているのが、埴谷雄高の文学と思想である。端的に言えば、その「神秘主義」において、である（今では不十分なことを免れないが、拙稿「死者」の形而上学」一九八五年、『絓秀実コレクション1』を参照）。なお、梯哲学に親炙した者では、元・革マル派系文化人として著名な松岡正剛がいる。

一九六三年の中核派と革マル派の分裂（いわゆる革共同第三次分裂）は、主に「地区か産別か」という党組織と運動論をめぐるもので、そこで黒田哲学についての論議が交わされた形跡は見出しにくい。「永遠の今」論に象徴される黒田哲学に対する批判は、保留されていたと思われる。ただ、中核派に移行する部分が、「唯物論的」に改鋳された西田亜流の「神秘主義」に違和感を持っていただろうことは推測しうる。

最初期からの黒田の「愛弟子」を自認しながらも中核派に移行して、その学生運動を指導した小野田襄二は、中核派を脱退後に独自の言論活動と運動を行っていた時期、「黒田寛一の戦いと敗北㈠」（一九六九年）を、自身たちの同人雑誌「遠くまで行くんだ…」三号に書いた。黒田が梅本克己の実存主義的な「人間論」的問いを、梯物質哲学をもってのりこえたとすることは誤りであり、黒田自身それを認めているというのである。黒田の最初の著作にして主著『ヘーゲルとマルクス』（一九五二年）の現代思潮社版（一九六八年）に新たに付された「まえがき」に即して、である。「人間的自由の限界」（一九四七年）に始まる梅本の戦後主体性論争への登場は、比喩的に言えば、ヘーゲルに対するキルケゴールの批判をマルクス主義に向けたものと見なしうる。小野田はそれを、梯的ヘーゲル＝マルクス主義では応接しえないと見なしたといえる。そして、黒田もそのことを認めた。これはつまり、革マル派において全知であるはずの「大文字の他者」黒田が、あらかじめ抹消符号を付された「残骸」（黒田自身の言葉）以外ではないことを意味しており、重大な指摘である。このような「大文字の他者」＝「残骸」を戴く組織が、黒田自身も含めて、そのことをいかに処理したかは、いまだ問われていない。[*2]

ところで、中核派は黒田＝革マル派あるいは埴谷雄高的な「未来の無階級社会」論に対して、何を対置することができたのか。いうまでもなく、今ここにおける「革命の現実性」以外ではありえなかった。そして、それは一九六七年の一〇・八羽田闘争が契機となって、ようやく中核派に訪れた視点であったはずである。一〇・八羽田とは、代島治彦が映画『きみが死んだあとで』（二〇二一年）で取り上げたところの、京大生・山﨑博昭（中核派）の死をもたらした、新左翼の復活を刻す大闘争である。「革命の現実性」の到来という認識は、中核派以外の、革マル派を除く新左翼諸党派についてもいえる。それら党派は、中国文化大革命やヴェトナム革命、パリの五月等々の「一九六八年の革命」の波のなかで、黒田哲学とは異なった「革命の現実性」という思想を獲得していった。内ゲバの遂行は、「革命の現実性」をめぐる争いとして、それを認識する党派と肯んじない党派とのあいだでおこなわれたのである。後者の革マル派にとって、前者は「永遠の今」の阻害物である。革マル派の悪名高い「他党派解

＊2　小野田襄二のこの論考は、『遠くまで行くんだ…全6号（1968〜1974）完全覆刻』版（二〇〇七年）によって、今でも比較的容易に手にすることができる。私は、小野田の黒田論を同時代に読んだ時、フロイトを多少齧った程度で、「モーセと一神教」は未読であり、ラカンなど名前を知るだけだったが、そこで言われていることが、とても奇妙な「宗派的」（社青同解放派が革マル派を揶揄する際のクリシェ）事態であることだけは理解し、衝撃を受けた。小野田自身が、そのことにどれだけ自覚的だったかを問わず、である。ただ、その後の小野田が、周囲の誰もが呆れる思想的振幅のなかで、ニーチェ、イエス、パウロを俎上にのせた『聖書推理』（二〇一二年）を書いていることには注意を促しておく。同書を、本稿で併せて論ずる余裕も準備もない。ただ、同書は西尾幹二（ニーチェ研究者である！）が絶賛し、文庫本化を働きかけ、外国語での出版まで使嗾したというエピソードのみを紹介しておく。日本における稀有な政治的ロマン主義者・小野田を記憶しておくためにも。

体」論の根拠であった。

「革命の現実性」という認識が正しかったかどうか、今になってそれをどう考えるかは、また別の問題である。ちなみに、学生活動家に強い影響力があったとされる吉本隆明に、「革命の現実性」という視点はなかった。高名な六〇年安保の総括文書「擬制の終焉」(一九六〇年)はそう読まれるべきだし、「一九六八年」に対して吉本が距離を置いていたことも、幾らでも確認できる。その意味で、吉本は埴谷に近かったのである。そして、小野田襄二はといえば、一〇・八羽田闘争までの学生運動の中心的オルガナイザーであったにもかかわらず、それを「革命の現実性」と捉えることはしなかった。彼が信じたのは、「享楽《ラディカリズム》の現実《リアル》性」とでもいうべきものであった。だからこそ、一〇・八で「革命の現実性」へと傾く中核派を、小野田は離脱したのである。

　にもかかわらず、西田幾多郎＝黒田寛一的な思考が、むしろ一部の「一九六八年」のノンセクトに拡散していたことは、知っておくべきだろう。東大闘争において、最首悟や山本義隆らの助手・院生ら年長者によって流布され、ジャーナリズムでも取り上げられることの多かった「自己否定」の論理が、それである。それは、「東大生(というエリート)であることの自己否定」といったかたちで流布された。しかし、それは六〇年安保後のブントの革共同へのなだれ込みのなかで学生活動家一般に浸透した、黒田哲学からの借用であったと見なすべきである。黒田にあっては、「プロレタリア的人間」に自らを高めるためには絶えざる「自己否定」が求められるが、もちろん、それも西田哲学の隠語の転用なのである。このことは、山本義隆や最首悟が、バルト神学の高名な研究者で西田の弟子たる、誠実高潔な「造反教官」滝沢克己と親交を得ることになった消息によってもわかるだろう(一九五〇年代に、黒田は滝沢に会っている。文通もあった)。

　もちろん、これは内ゲバとは直接に関係しない。ただ、革マル派が内ゲバのなかで単純に孤立していたわけではないという一傍証としていっておくのである。埴谷雄高が内ゲバ反対の思想として読まれる素地も、これと無縁ではないだろう。

　埴谷の論を敷衍すれば、「未来の無階級社会」を実現するためであれば、そのプロセスのなかで「政治」という「悪」の行使は避けられない。それを許容しうるのは、ただただ革命後の社会を「今」において内包する組織、つまり、既成のスターリニスト党に代わる真の前衛党が殺人を遂行するからである。埴谷がスターリンを断罪し、レーニンを容認するのは、そのためである。それは、革マル派の内ゲバの論理の核心にあるものでもあろう。中核派書記長・本多延嘉や解放派最高指導者・中原一の殺害は、そのような意味において、「プロレタリア的人間」による自覚的な「悪」であった。内ゲバ反対の世論の醸成に際して、埴谷の「箴言」が参照されたのは、何とも恐るべきことではないのか。

埴谷に対して、花田清輝は「コミンテルンの復活」（「戦争か革命か」一九五七年）という、一見、埴谷以上に空想的な論を対置した。しかし、これは埴谷＝黒田の「反スターリン主義」、つまり、真の前衛党の創出という「別党コース」が、既成スターリン主義政党と変わらぬ粛清を生み出すことを見てきた者にとって、今なお示唆的ではある。「モラリスト論争」の花田は、スターリンの粛清を中世キリスト教の異端者狩りにアナロジーしながら、G・K・チェスタトンを援用しつつ、その克服を「カトリック」的な正統性＝普遍性に求めた。「コミンテルンの復活」とは、その言い換えだが、それは具体的には、反スターリン主義的「別党コース」の否定だったのである。スターリン批判以後、日本で成立した新左翼運動は、大筋で共産党からの「別党コース」を採用した。別党コースを否定して六〇年安保後に出発した社青同解放派にしても、一九七〇年前後には社会党から切断され、実質的に「別党」たらざるをえなくなっていくのである。

一九五八年一二月、島成郎を書記長とする共産主義者同盟（ブント）が、共産党と決別して結成された。運動基盤は、戦後に結成されて大衆的な学生運動を牽引した全学連（全日本学生自治会総連合）であり、それが六〇年安保闘争を高揚させる基盤であったことは知られている。その間のさまざまな経緯については割愛するが、ブント結成に際して島は、初代全学連委員長で、島の親しい先輩でもあった武井昭夫に、ブントへの合流を促したという。当時の武井は共産党員であり、花田清輝とともに新日本文学会に拠っていたが、島の誘いを断った。花田清輝と同じ理由といってよいだろう。つまり、共産党にとどまりながら、内側で共産党を批判しつつ、「コミンテルンの復活」を目指すということである。

六〇年安保闘争の過程のなかでも、島は武井に相談することはあったようであり、六〇年安保直後に武井が共産党を除名になって、ブントも分解した時期には協働が画策されたが（吉本隆明もかかわる、いわゆる「共学同」問題。拙著『吉本隆明の時代』参照）、武井の別党コースを斥ける姿勢は、生涯変わらなかった。もちろん、そのことが武井を、そして花田清輝を「一九六八年」に際しての「革命の現実性」から隔てることになったのは否めないし、大きな問題だが、それは同時に、内ゲバ的状況の出現に対する、あらかじめの警鐘という意味があったと言える。島たちが設立したブント（第一次）が、六〇年安保闘争の「総括」をめぐって分解し、そのかなりの部分が黒田寛一／本多延嘉の革共同へと吸収され、その中核派と革マル派への二分解以降、内ゲバへと向かったことは、繰り返すまでもない。

3 「革命の現実性」とは何だったのか

ところで、内ゲバにおいても信じられた「革命の現実性」とは何だったのか。内ゲバの消滅が、その信憑の喪失によることは、今では自明である。内ゲバの記憶が、今なおトラウマ化しているにしても、である。

花田清輝は「モラリスト論争」の直後それを回顧して、「スターリン批判以後、『近代文学』同人の鼻息荒くなり、かれらと論争する。／主として実存主義の内在的批判を意図し、シェストフ、サルトル等の文献を読んだ」云々と述懐している(「アヴァンギャルド読書法十五年」一九五六年)。ここで言われているシェストフとは、マルクス主義者の転向が猖獗をきわめていた一九三四年に、『悲劇の哲学』の翻訳刊行をもって始まり流行したレオ・シェストフのブームを指している。小林秀雄や三木清——言うまでもなく西田幾多郎の高弟で梯明秀も兄事した——が盛んに発言した。

ここで重要なのは、スターリン批判以後の状況が一九三〇年代と重ねて考えられていることだが、それは単に「主体性論」ということではなく、「転向」によって生じる「自己意識」の問題として考えられるべきかと思われる。そのことは、花田においては、「近代文学」派(狭義の戦後派文学)の核心的な文学史観である、平野謙の「政治と文学」理論が、大枠として共有されていたことを意味する。「主体性」が足りなかったから「転向」が生じるのではなく、「転向」によって「主体性」が意識され、それが「自己意識」の運動としてあらわれるのである。ただ花田は、その自己意識を批判したということだ。花田は転向者ではなかった。梯明秀や埴谷雄高の思想は転向から生まれた。なお付言しておけば、一九三〇年代の「転向」は、偽装にしろ自ら積極的であるにしろ、天皇制の容認を意味した。

主体性論争とも隣接し重なり合う、戦後のいわゆる「政治と文学」論争のなかで、平野謙は、崇高化されていた小林多喜二の死を、共産党の誤った方針の犠牲者であったと主張して、衝撃を与えた(「ひとつの反措定」一九四六年、など)。これは、日本におけるスターリン批判の嚆矢といってよいが、一方では、「転向」を正当化する論理でもあった。もちろん、平野も埴谷らと同様に転向者だったから、このような批判が可能になったのである。スターリン主義への批判は、その「革命」に死を賭しえなかった者によって、初めて可能である。スターリンの大粛清の犠牲者の多くは、ありもしない罪状を認めて死を選んだ。それが、革命において死を賭することだったからである。これもまた、西田幾多郎のジャーゴンを用いれば、「死して生まれる」ことには違いない。

平野の「政治と文学」理論は、「政治の優位性」に対して「文学の自律性」を対置するものである。文学者・小林多喜二に死を選択させる政治の論理に対して、それに抵抗する「実存」をぎりぎりまで追求するのが、文学の自律性と見なされた。しかし、それは死を賭しえないという、ヘーゲルがいうところの「奴」の自己意識である。スターリン主義の誤りを認めて転向した者は、死を賭しえなかったわけだから

「奴」の地位に落ち、そこから再び、「承認をめぐる死を賭した闘争」に入ることになる。奴は「主」から疎外された存在だから、そこに疎外論と実存主義も浸透してくる。これは、『精神現象学』で記述されている高名な「自己意識」の運動と別のものではない。

『哲学史』のヘーゲルは、それをカント以来のドイツ観念論の歴史として語った。「カント哲学は自己意識にすべてがあるとしながらも、純粋な自己意識という本質に実在性を認めることができず、自己意識のうちに存在を示せない」（長谷川宏訳）、それは、フィヒテ、ドイツ・ロマン派、シェリング等をへて、ヘーゲルの「精神」において止揚されるというのである。しかし、ヘーゲルの「精神」が、その死後には分解過程に入り、青年ヘーゲル派の争論のなかでマルクスにいたったことは誰もが知るところだ。「転向」からスターリン批判、そして新左翼にいたる運動も、そのサイクルの反復と見なすことができよう。

細かい論述は省くが、以上のことから知られるのは、日本の反スターリン主義的な新左翼革命党派とは、基本的に「文学の自律性」に依拠した文学的転向者の思想だったということだ。それが疎外論的マルクス主義を援用して語る「主体性」とは、その自己意識の言い換え以外ではない。そして、「モラリスト論争」の花田清輝が批判しようとしたのは、そのような自己意識だった。「革命の現実性」が信じられるや、それは再び「死を賭した闘争」のサイクルに入っていくからである。*3

「七〇年安保」と呼称されて闘われた日本の「六八年」は、それが「決戦」と扇動されたことからも知られるように、「死を賭した闘争」が目指されたはずであった。しかし奇妙

＊3　花田清輝の疎外論的＝人間主義的マルクス主義への批判は、戦時下に書かれた「群論」（一九四二年、『復興期の精神』所収）の末尾の、高名な「すでに魂は関係それ自体になり、肉体は物それ自身になり、心臓は犬にくれてやった私ではないか」云々という一節であきらかだが、これは間違いなくエルンスト・カッシーラーの『実体概念と関数概念』に触発されている（戦前は「関係概念」と訳されていた）。同様の観点からマルクスの思想を、後に再構成しようとした者に、花田とはさほど無縁とは言えない人脈のなかにあった広松渉がいる（『マルクス主義の成立過程』一九六八年、など）。これまた高名な「疎外革命論批判」である。しかし、両者とも決して無関係ではなかった京都学派や西田哲学というファクターを入れて考えると、二人の疎外論的＝人間主義的マルクス主義批判が十分なものだったのか、どうか。本稿は、いわゆる「フレンチ・セオリー」とアナロジカルな意味での「ジャパン・セオリー」として西田幾多郎や京都学派を顕揚しようとする昨今の風潮をも念頭に置いているが、そのような事態の出現に早くから警鐘を鳴らしていたのが、酒井直樹（『死産される日本語・日本人』一九九六年）らの在米日本思想研究者グループであったことも、注記しておく。ただし、酒井は戦後憲法を擁護する立場であり（『希望と憲法』二〇〇八年）、本稿とは立場が異なっている。

といえば奇妙なことに、安保闘争においてというよりは、内ゲバにおいてこそ、死は賭けられることになったのである。あえていえば、持続する内ゲバによって、「革命の現実性」という信憑は担保されていたのであった。

今なお日本において強い影響力を持ち、世界的にも著名な思想家・柄谷行人は、おそらくは六〇年安保直後の初期的な内ゲバ体験や、その後の歴史を踏まえて、内ゲバをもたらさぬ「世界同時革命」を構想しようと腐心した。具体的には、二〇〇〇年に始まり短命に終わったNAM（ニュー・アソシエーショニスト・ムーヴメント）の運動が、それであった（『NAM原理』二〇〇〇年、吉永剛志『NAM総括』二〇二一年、など参照）。内ゲバの記憶がなお生々しかった時代だが、世界革命は、資本主義に対する「対抗癌」のごとき地域通貨の普及と拡大によって成就されるという構想だったといえる。対抗癌とは、『大転換』のカール・ポランニーが、資本主義を人類社会の癌にたとえたことに触発された発想である。NAMにおいては、メンバーのデモ参加さえ忌避されていたことからも知れるように、それは徹底して「死を賭した闘争」への回路を閉ざそうという試行であった。五野井郁夫の『「デモ」とは何か』（二〇一二年）にはNAMがデモをやったという記述があるが、誤りである（NAM解散後、柄谷は「デモをやろう」という立場に転じるのだが、それは「死を賭した闘争」の肯定ではない）。しかし、地域通貨では革命はできなかったのである。

その後の柄谷の歩みが、柳田国男や憲法九条の擁護に向かったことも、周知の事実だろう（『遊動論』二〇一四年、『憲法の無意識』二〇一六年、など）。

『憲法の無意識』で柄谷は九条と天皇制の関係について考察している。しかし、そこで柄谷が持ち出すのは、マッカーサーが占領統治において、天皇制を必要としたという、ありふれた説明でしかない。九条はといえば、時の首相・幣原喜重郎の「理想」――カント的な「永遠平和」――であったという、これまた今では相当に疑問視されている説である。幣原は一九四六年一月二四日にマッカーサーを訪ね、そこで「戦争放棄」、「戦力不保持」を申し出てマッカーサーを驚愕させたというのが、『マッカーサー回想記』（一九六四－六五年）の記述である。柄谷もそれに依拠しているわけだが、論議の余地は大いにある説だ。

しかもその幣原の「理想」とは、先に引用したヘーゲルの言葉を借りれば、「本質に実在性を認めることができ」ないものである。もちろん、柄谷はそれを知っており、カントに倣って「統整的理念」というわけだが、だからこそヘーゲルの批判が出るわけである。

戦後憲法の問題は、むしろ、当時の支配層や保守派重臣層が、天皇制をいかにして延命させるかに苦慮していたということではないのか。ポツダム宣言の受諾において、すでに連合軍が「国体の護持」をしてくれることは見こされていた。

しかし、そのことは当面伏せられていたし、米国占領政策やマッカーサーの思惑如何にかかわらず、国内外には天皇制の廃絶を求める声が強かったのである。幣原はもちろんのこと、柳田国男も和辻哲郎もそのことを憂慮する重臣層だった。幸か不幸か西田は亡くなっていたが、生きていたら同様だっただろう。

戦力の不保持を謳うことは、天皇制護持のための担保となった。それがマッカーサー由来であろうが、幣原由来であろうが、この場合は問題にならない。もちろん、日本国の支配層にとっては、戦力不保持は不都合なことであり、一九四六年八月の憲法改正草案を審議する日本政府憲法改正小委員会では、早くも、いわゆる「芦田（均）修正」がおこなわれたわけである。

最初にも述べたように、和辻は、ノモス主権論の復権のなかで、戦後の文化主義的天皇制論が石川健治によって評価されている。その和辻は主著『倫理学』戦前版においては、軍備を持たぬ国家はありえないとしているが、戦後版ではそれを、何の断りもなく改変している（このことは、現行岩波版『和辻全集』の校訂で隠されているわけではない）。天皇制を戦後憲法に適応させるためである。最後の枢密顧問官として戦後憲法の制定に関与した柳田国男も、同様に天皇制の護持に寄与した。柳田の「祖先崇拝」論に基づく戦後天皇制論は、今や公然と宮内庁の御用達である。このことを無視して、柳田を評価することはできない。

改めて本稿の冒頭に返れば、内ゲバに象徴される暴力を忌避することで高揚した二〇一五年の反安保法制の運動――それは、「反安保」の運動ではなく、立憲主義＝護憲を掲げる運動だった――は、天皇制の擁護という企図を持っていた。そこでは、「ジャパン・セオリー」としての西田幾多郎が動員されたことも、すでに述べた。内ゲバの「終焉」は天皇制の「永遠」に帰結したのである。

関連年表

年	早稲田大学	他大学・社会一般
1890		2・24 後の東京大学駒場寮、第一高等中学校の寮として創設
1952		2・20 東大、ポポロ事件
1954	5 早大第一学生会館竣工	
1955		7・27–29 日本共産党第6回全国協議会。軍事革命路線を放棄
1956		2・25 ソ連共産党第20回大会で、フルシチョフがスターリン批判演説 10・23 ハンガリーで首都ブダペストを中心に大規模な反政府・反ソ暴動が勃発。ソ連軍の介入で鎮圧される（ハンガリー事件）
1957	（1958？）早大教育学部社研が黒田寛一を招いて喫茶店「大都会」で『社会観の探求』の読書会	
1958		11・9 駒場寮、「全日本学生寮自治会連合」（全寮連）結成
1959		1・1 キューバでカストロの革命軍がバチスタ政権を打倒 9・30 フルシチョフが訪中、毛沢東と会談。中ソの意見対立激化
1960		この年、60年安保闘争が激化 1・25 三池労組、無期限全国スト突入 6・15 ブント主導の全学連、2万人国会包囲デモ。先頭部隊が国会南通用門に突入。東大生・樺美智子が機動隊に虐殺 6・18 労・学・市民33万人が徹夜で国会包囲。19日、安保条約自然成立 7・29–30 ブント第5回大会（栃木県報徳寺）。安保敗戦処理、大荒れで3分裂（プロレタリア通信派（プロ通）、革命の通達派（革通）、戦旗派） 9 武井健人（本多延嘉）『安保闘争 その政治的総括』現代思潮社 11–12 ブント戦旗派（労対）が革共同全国委に接近、吸収される
1961	5・26 田畑時良（全自連系自治委員）が、教育学部自治権争いのなかで革共同系新聞部員を殴打、教育学部の自治会新聞が大々的に報道（田畑殴打事件）。早稲田のなかで革共同（革命的共産主義同盟）が進出するのは教育学部が一番早かったといわれている	3・30 全学連書記局を中心とするプロ通派が革共同全国委マル学同に書記局明け渡し表明 4・5 全学連第27回中央委員会。革共同＝マル学同の指導権確立 6・11 マル学同の会議で共学同構想（革共同に移行した元社学同と再建社学同との大合同構想）が漏れて破綻。のち唐牛健太郎（推進中心者だった）は革共同を離党

7・8–11 全学連第17回大会。マル学同が全自連（日共系）と反マル学同を排除し単独強行（反帝反スタ決議）。反マル学同はつるや連合結成
7・11 「社学同再建のアピール」（通称・駒場アピール）
7・25–31 日本共産党第8回党大会。7・8に春日庄次郎らは綱領草案に反対し離党（のち除名）。のち統一社会主義同盟（統社同）結成。いわゆる構造改良路線
8・9–14 第7回原水禁世界大会（東京）。全自連派学生400人参加、全学連マル学同系は「完全軍縮は労働者階級の武装解除」と反帝路線の立場から介入、社学同系は不参加
9・1 ソ連の核実験再開。日共は社会主義圏の核武装は擁護、社会党はあらゆる核保有に反対、原水協は分裂して、社会党は原水禁設立
9 吉本隆明、谷川雁、村上一郎を同人とする『試行』創刊
12・5 社学同全国事務局機関誌『SECT no. 6』創刊

1962

7 教職員労働組合結成
9 「Sect No.6」残党は早大社会主義学生委員会に移行、前衛不要論を掲げる

2・26 憲法公聴会阻止を主眼にした早大・東大駒場・本郷の社学同三支部が、事務局排除を訴える
4・27 全学連、米ソ核実験再開反対
7・1 黒田寛一、参議院選に立候補するが落選
7・14 （マル学同）全学連第19回大会（委員長根本仁）
7・20 名古屋憲法公聴会阻止闘争で、東大教養学部のマル学同が、佐竹茂（渚雪彦）など東京・京都の社学同指導メンバーをリンチ（その後、清水丈夫の自己批判へ）
8・6 （マル学同）全学連委員長の根本仁ら3人がモスクワでの国際学連でソ連核実験反対デモ
10 革共同『前進』で、黒田寛一（山本勝彦）が8月の革共同第3回全国委員総会宣言文批判（106号）、それを受けて本多延嘉（武井健人）が黒田批判（107号）
10・22 ケネディ米大統領、ソ連がキューバにミサイル基地建設中と発表。キューバ海上封鎖を声明
11・1 三派（社学同、社青同解放派、フロント）による大学管理法案反対闘争にマル学同全学連書記局が参加

		11・14 東京・府中の黒田邸における革共同政治局会議で、木下尊晤（野島三郎）による清水丈夫批判 11・18 革共同内の学生組織委員会後、小野田襄二が清水丈夫をオルグ。清水は、黒田にならって学生組織を反政治局で組織化していた 11・30 大学管理法案反対闘争。三派は本郷並木集会、マル同全学連は清水谷公園
1963	3 マル学同全学連の全都活動家集会（早大構内で開催）で、財政簿公開要求（朝倉文夫による清水丈夫攻撃）	1・19 都学連再建大会に社学同・社青同・構改派らの都内13大学自治会参加 4・1 革共同全国委の革命的マルクス主義派結成、『解放』創刊（革共同第三次分裂） 5・1 埼玉県狭山市で女子高生殺害事件が発生。容疑者として石川一雄氏が別件逮捕で取り調べられ、自白強制中心の捜査で冤罪が起こる。のち部落解放同盟を軸に支援活動が活発化 5・12 京都府学連（関西の社学同系）の呼びかけた全国学生自治会代表者会議に三派と全学連（マル学同）が参加するも、両者は対立。三派が別会場に移り五・三一闘争全国実行委結成、全学連再建の母体とすることを決議 5・31 三派と全学連が原潜寄港阻止・日韓会談粉砕統一行動に参加 7・5 全学連第20回大会、革マル派が中核派を排除して指導権確立
1964	5 全学共闘会議再建 6・13 早大一文自治会討論集会で革マル派の不正選挙をフロント系が追及（23日学生大会800人参加、革マル派系自治委員の不信任決議） 6・30 早大一文革マル派系自治委員が自派のみで秘密裡に自治委総会を開催。早大二政の社青同解放派活動家2人が、革マル派系学生二十数名に暴行を受ける 7・2 早大二文自治会室で革マル派70人が全中闘拡大会議開催中、法大・横国大・東大等の中核派・社青同解放派・フロント派130人が襲撃、十数名負傷（早大7・2事件）	2・12 東京社学同がマル戦派とML派に分裂 3・25 社学同・社青同・中核派による新三派連合確立 10 ソ連で、フルシチョフ失脚、ブレジネフが第一書記就任
1965	2 早大第二学生会館（堤記念館）着工	2・1 慶大学費値上げ反対全学無期限スト

	9　大濱総長、学費値上げをほのめかす（早大新聞記者会見） 10・27　第二学館の管理運営権に関する団体交渉2回目で大学案発表 11・29　時子山常三郎理事、学費値上げの意向表明（早大新聞記者会見）。それを受けて共闘会議が、翌日の当局の回答次第で本部座り込みから12・9の全学スト方針決定 12　早大第二学館竣工 12・11　本部前集会（9日から継続）、当局3理事と学生代表15人の団交は決裂、学生300人が大衆団交を要求して本部に突入、バリケード封鎖。総長判断で機動隊出動、大口昭彦・共闘会議議長逮捕 12・20　学費値上げを臨時評議会で決定。入試要項で初めて告知	2・7　アメリカによるベトナム北爆開始 6・21　マルコムX暗殺 7・8　三派（社学同・中核派・解放派）による都学連再建 10・29　日韓条約批准反対闘争全国統一行動、日比谷野音での中央集会に3000人結集 11・10　姚文元、上海の新聞『文匯報』に「新編歴史劇『海瑞罷官』を評す」を発表。文化大革命の端緒
1966	1・6　共闘会議の名称を「全学学館、学費共闘会議」と改称。20日からの全学ストを決定 1・17　当局、共闘会議の団交申し入れを拒否。随時、各学部でストに突入 1・21　学費値上げ反対、第二学館の管理運営権をめぐり150日間全学スト（1−6・22、第一次早大闘争）。連日3000−6000人の抗議集会（おもに本部前） 2・10　当局が白紙撤回拒否し団交決裂、共闘会議は本部封鎖のため突入（本部占拠） 2・21　当局が機動隊導入、バリ撤去、ロックアウト。共闘会議は本部を再占拠、バリ封（22日早朝に当局は再度、機動隊導入、学生203人を大量逮捕、機動隊構内駐屯、24日の入試強行） 3・11　本部前抗議集会に機動隊乱入、大口議長ら逮捕 4　二政・二商・二法を統合した社会科学部新設 4・23　大濱総長、辞意表明（5・10に阿部賢一総長代行） 4・28　当局、学生40人の大量処分発表 6・23　早大一文スト解除。革マル派が当局との密約で商学部の「自治権売り渡し」	2−4　日本共産党代表団（宮本顕治団長）の訪中。北京で中共との公式会談後、上海で毛沢東と個別会談（3・28）。毛沢東が中・日の共産党共同コミュニケへの批判・弾劾 5・16　中国共産党、中央文化革命小組を設置。文化大革命が正式に始まる 7・31　全国社学同結成。統一社学同（独立派・ML派）と関西社学同が合同 8・22　三里塚芝山連合空港反対同盟結成 9・1　第二次ブント再建第6回大会。統一派とマル戦派が合同 11・12　共労党（共産主義労働者党）結成 11・23　明大学費値上げ反対全学闘結成、和泉校舎を封鎖（28日に生田校舎封鎖） 11・30　明大全学闘、当局との大衆団交に4000人集結、交渉決裂で駿河台校舎を封鎖 12・17　全学連再建全国大会。中核派・社学同・社青同解放派による三派全学連結成
1967	5・28　砂川基地拡張・強制収容阻止闘争で早大全中闘（三派系）が革マル派と衝突。大口昭彦が頭部に大怪我	1・20　明大全学闘が理事会との大衆団交で1万5000人集結、交渉決裂

10・6　三派全学連統一行動（日比谷公園）で、法大処分反対闘争に関して中核派によるブント・解放派批判ビラをめぐり、都学連委員長・北村行夫（早大社青同解放派）が中核派の書記局員丸山淳太郎を殴打。その後、法大で中核派が解放派数名を殴り、夜には解放派十数名が東大、法大で中核派を殴る事件が発生

10・7　革共同全国委政治局員・清水丈夫の指揮下、法大で全学連委員長秋山勝行、書記局員吉羽忠ら中核派の学生活動家が解放派の活動家たちをリンチ。彼らの救出のため法大に出向いた解放派の全学連書記局（高橋幸吉書記長、渡木繁、北村行夫ら）も中核派は拉致して長時間のリンチ。中核派以外の四派は中大に集っていたが、ブント学対部員たちが中大講堂の長椅子を解体して急遽作った角材で武装、法大に押しかけて中核派と対峙。前後して高橋らは解放されタクシーで病院に救出。三派全学連は以後、反中核四派連合と中核派に完全に分岐

12・6　新設学部の社会科学部で自治会結成

12・17　早大で社青同解放派の全国反帝学生評議会結成大会

1968

4・15　早大総長、阿部賢一の辞任表明

6・8　一文・二文・一法・教育学部の自治会が総長選開票に反対して授業放棄（20日、時子山常三郎が総長に選出）

7・11　早大で革マル派と民青以外の諸派が早大全共闘結成、全学バ

2・2　明大学生会中執と理事会が学外で「ボス交」（2・2秘密協定事件）。全学闘の一部などが協定無効・白紙撤回の要求、闘争継続アピール

2・10　国際基督教大学、能研テスト入試反対で本部占拠（23日に学長のテスト不採用声明で封鎖解除）

2・19　三派全学連拡大中委で明大2・2秘密協定が論難され、斎藤克彦委員長を罷免、新委員長に秋山勝行（中核派マル学同・横浜国大）、書記長に高橋孝吉（早大・解放派）選出

3・2　善隣学生会館闘争で日中友好協会をめぐり、日共と中国人留学生が衝突、社学同ML派などが中国人支援

9・6　ベトナム反戦全学連総決起集会（日比谷野音）で、法政大学での中核派による反帝学評メンバーに対する監禁暴行に対し、解放派が中核派を批判、壇上で小競り合い

10・4　東大文学部学生ホールの運営権の協議に自治会外オブザーバー参入について、革マル派学生の仲野雅と築島裕助・教授で摩擦、仲野への無期停学処分（のちの東大闘争7項目の一つ）。背景に民青と革マル派との自治権争い

10・8　佐藤首相ベトナム訪問阻止闘争。羽田空港周辺で三派全学連が機動隊と衝突、京大生・山﨑博昭が機動隊によって殺害

10・9　前日にボリビア政府軍に逮捕されたチェ・ゲバラが射殺される

11・11　エスペランティスト由良忠之進、佐藤首相の北爆支持に抗議して官邸前で焼身決起

11・12　第二次羽田闘争（佐藤訪米阻止闘争）。三派全学連3000人が産業道路や京浜蒲田駅周辺で機動隊と激突

12・17　中核派が法大で全学連主流派全国大会を開催（三派全学連解体）

1　ソ連代表団（スースロフ代表）訪日、党会談（日ソ共産党間の正常化交渉）

1・13　中大で全学バリ封・スト突入（学費値上げ反対闘争）

1・15　佐世保港への米海軍原子力空母エンタープライズ寄港阻止闘争。全学連が機動隊と衝突、以後1週間現地で激闘

リストに突入

7・18　都学連第17回大会、社学同・反帝学評・ML・第四インターの800人参加。社学同と反帝学評・MLの間で乱闘（委員長・森田英雄）

9　革マル派、2号館の（民青拠点）法学部学友会室を襲撃

10・21　高橋公の肩車の上で早大解放派キャップの新田直（柏原史夫）が新宿西口広場で大衆に向けてアジる

11　このころ革マル派が、早大の解放派解体戦略文書を作成

11・12　早大全学反帝学評主催の連続討論集会に革マル派が暴力的に介入。その後、散発的に、革マル派によって解放派活動家や文連常任委員に暴行・脅迫（11・26、12・1、4、5など）

12・6　革マル派が、浜口龍太など早大解放派活動家の下宿に連続テロ。このころ、早大解放派（反帝学評）、駒場の教職員会館に退避

1・21　朝鮮労働党政権の朝鮮人民軍特殊部隊が青瓦台襲撃未遂事件

1・26　日大理工学部教授の小野竹之助（本部教務部長）5000万円脱税発覚。小野教授の裏口入学にからむ脱税を理工学部自治会は追及。国税庁による税務調査の端緒

1・29　東大医学部で登録医制度反対・研修協約締結要求で無期限スト

1・30　南ベトナム全土で解放民族戦線・北ベトナム軍によるテト攻勢

2・8　東京国税局、学校法人日本大学への一斉監査に着手。以後4ヶ月、全11学部、2付属高校に及ぶ

2・16　中大、理事会が学費値上げ案を白紙撤回、闘争全面勝利

2・19　東大医学部の有志学生が団交を要求して上田内科に押しかけ、春見医局長らを缶詰めにして15時間追及

2・20　北区労連主催の王子野戦病院開設阻止集会（柳田公園）とデモ。三派全学連が機動隊と衝突。金嬉老、静岡市清水市で2人射殺。翌日、寸又峡に籠城して朝鮮人差別を告発

2・26　三里塚・芝山連合新空港設置反対同盟と三派全学連が警官隊と衝突

3・8　王子野戦病院開設阻止闘争第4波

3・11　東大医学部教授会、春見医局長缶詰め事件で17人の学生処分（退学4人）とともに全館をロックアウト。東大医学部全闘委は白紙撤回を要求

4・4　アメリカ黒人運動指導者キング牧師暗殺

4・5　日大経済学部会計課長・富沢広の3・25失踪が発覚（経済学部口座から700万円引き出されていた。69年9・17都内で逮捕）

4・15　東京国税局、日大における使途不明金20億円を公表（のちにマスコミ取材で使途不明金累計は34億円だと報道）

4・16　日大理工学部会計課徴収主任・渡辺はる子の3・28自殺が発覚（遺書「わたしは潔白です」）。大学当局は「事故死」と発表

4・25　鈴木清順が日活から解雇。シネクラブのフィルム貸出要請に対する日活の拒否などを受け、7・13清順問題共闘会議結成

5・3　パリ大学ナンテール校で学生が、導入された警官隊と衝突。五月革命開始

5上旬　日大の秋田明大、田村正敏、矢崎薫らが市谷で会談。日大全学共闘会議の結成をめざす

5・27　日大文理学部闘争委員会（田村正敏委員長）、法学部闘争委員会（酒井杏郎委員長）、日大全学共闘会議が結成（秋田明大議長。後に共同副議長は酒井杏郎。田村は書記長）。初の全学総決起集会に5000人集結

6・11　日大全学統一大衆団交要求集会に1万人集結。当局の傭兵たる体育会系学生（日本刀振り回す）と激しく衝突し機動隊乱入。全共闘はスト宣言

7・2　東大全学闘争連合、第二次安田講堂占拠

7・5　東大教養学部無期限スト（東大闘争）、東大全共闘結成

7・11　革マル派系全学連第25回大会（委員長成岡庸治）

7・14　法大で中核派系全学連大会（委員長秋山勝行）

7・15　東大全共闘、7項目要求の提出。①医学部処分白紙撤回、②機動隊導入自己批判、③青医連公認、④文学部処分白紙撤回、⑤官憲操作協力拒否、⑥追加処分拒否、⑦大衆団交要求・責任者の辞任

7・21　反帝ブロックによる全学連大会。中大に陣取った社学同と、明大に陣取った解放派・ML派が激しく衝突、分裂大会に終始したが、両者の交渉により新三役人事決定（新委員長は藤本敏夫）

8　日本共産党訪朝団（宮本顕治団長）、朝鮮労働党代表と会談。朝労党の首領制化を察知

8　『情況』創刊（編集長古賀暹=杉山明夫）。出資は廣松渉

9・2　日共、東大闘争にあかつき部隊を投入

9・30　日大全共闘、両国講堂で大学側と大衆団交。大学側は全共闘の9項目要求を認め全理事退陣確認書に署名、翌日の佐藤首相の大衆団交批判発言、10・2理事側退陣署名を撤回

10・8　羽田闘争1周年集会後、各派全学連など米軍燃料タンク車阻止のため新宿駅占拠

10・11　永山則夫、盗んだ在日米軍の拳銃を使い、東京プリンスホテル

の警備員射殺。14京都、26函館、11・5名古屋でも射殺（69・4逮捕）

10・21　国際反戦デー闘争。各派入り乱れ新宿・防衛庁・国会等でデモ。機動隊と衝突し騒乱罪適用

10・30　革共同全国委を離脱した元学対部長・小野田襄二らが『遠くまでいくんだ…』創刊

11・1　大河内一男、東大総長辞任（4日、加藤一郎法学部長が総長代行）

11・12　東大全共闘と民青の武装行動隊（あかつき行動隊）が総合図書館前で激突。社学同単独で首相官邸突入闘争。逮捕者200人超

11・22　日大・東大闘争勝利全国学生総決起集会（東大安田講堂前）に2万人参加、民青同系が1万7000人を対抗動員、学内で両派対峙

12・6　東大駒場寮の社思研（解放派系）を革マル派100人が襲撃。室内にいた約10人が重傷。以降数日にわたって駒場構内で解放派と革マル派が衝突

1969

2・7　集会（早大、東大、日大闘争連帯行動委員会主催）に日大全共闘書記長・田村正敏が発言。行動委員会が反戦連合の母体となると推察

3・25　早大反戦連合、卒業式粉砕闘争。式場に突入、総長挨拶2分で切り上げ

4・1　高橋公ら無党派活動家と解放派を主力とする早大反戦連合が第二学館に突入・占拠。（第一次）九共闘が9号館5階をバリケード封鎖

4・4　反戦連合が本部を封鎖。革マル派が第二学館を逆バリケード

4・17　反戦連合、革マル派中心部隊の学外外出を見計らって本部に突入・占拠

4・21　大学当局、機動隊出動を要請、ロックアウト。反戦連合はすぐ再封鎖

4・26　大学当局、機動隊導入、本部封鎖解除。4・28（沖縄デー）闘争事前弾圧で10日間の休校・校内立入禁止を決定

5・19　早大一文学生大会で反戦連合および全都動員の反革マル系全共闘が革マル派（自治会）と武装衝突、圧勝。翌日「やったぜベイビー反戦連合、泣くな革マル明日がある」ビラ配布

1・17　東大本郷の法文二号館バリケードに、革マル派が数十人の守備隊を出すとの確認を反故、わずか3人の「守備隊」を残して退去。この「敵前逃亡」が全国で全共闘運動から革マル派排除のきっかけに

1・18　東大安田講堂攻防戦。2日間の激闘の末、封鎖全面解除

2・18　日大当局、機動隊導入。全学封鎖解除

4・8　立命館大学研心館占拠が民青行動隊に襲撃される

4・28　沖縄デー闘争。各派リーダーに破防法適用されるも都内各所で機動隊と衝突

5　共労党第3回大会（宝塚中山寺会議）で分裂

5・20　立命館大全共闘、（立命館大民青の欺瞞の象徴）わだつみの像を破壊

5・26　学習院大でノンセクト学生を革マル派が長時間の監禁・リンチ

7・6　ブント赤軍派、明大和泉校舎でブント中央のさらぎ徳二議長を襲撃・暴行（さらぎは負傷して警察に捕獲）。赤軍派は中大ブントに捕獲、逃亡のさいに同志社大の望月上史が校舎4階から転落・負傷、9・29死亡

9・5　全国全共闘連合結成大会（日比谷野音）。壇外で赤軍派がブント他派を暴行

5下旬　5・19の報復として革マル派部隊が本部占拠を急襲。高橋公や山口峻ら7人を革マル派活動家が捕獲・拉致、9号館地下で暴行、トラックで埼玉・飯能山中に放置

5・23　大学立法粉砕（第一次）全都全共闘統一行動（明大）。反戦連合、九共闘、サークル共闘も参加

7上旬　9号館バリケード封鎖

8　革マル派全学連大会が早大で行うために、革マル派は大隈講堂を反戦連合（九共闘）から強奪

9・3　早大当局、機動隊導入で第二学館と大隈講堂のバリ撤去、ロックアウト。のち授業再開へ

9・5　全国全共闘連合結成大会（日比谷野音）に早大全共闘から2000人参加（当初は早大文学部記念講堂での開催計画）

9・18　芝浦工科大で埼玉大中核派学生・滝沢紀昭が反戦連合の学生に追われて転落死。裁判費用捻出のため、小野田派は洗剤製造を開始するが事業失敗

9・20　京大全共闘、時計台闘争（22封鎖解除。この日、全身にやけどを負った関大生・津本忠雄が10・1死去）

10　学習院大学哲学科共闘会議による輔仁会館占拠闘争

10・21　国際反戦デー。各地でゲリラ闘争展開。大阪中電（大阪中央電報局）マッセンスト

11・5　赤軍派、山梨・大菩薩峠で首相官邸襲撃の軍事訓練中に53人が一斉逮捕

11・16　佐藤訪米阻止闘争。蒲田駅付近で各派がゲリラ闘争、機動隊と激突、約2000人が逮捕

1970

70年代前半　早大1号館地下、3号館地下にサークル暫時実力入館（8号館地下には文学部校舎だった50年代からサークル部室・文学部自治会室が存在）、その後、1号館地下管理運営委員会・8号館地下サークル連絡会などサークル自治団体（以下、自治団体と略）を設立していく

1　月末近くに荒岱介保釈。早大ブント・社学同は静間順二ら多数派と、佐脇正祐・大下敦史・本多正也ら少数派に分裂。荒は少数派を選択して独自のグループ形成を開始

7　教授会は3原則を確認。①学生大会召集は在籍学生の1／3署名・1／5出席で可能、②大会での学友会（自治会）再建は出席者過半数の承認が必要、③学部投票は在籍学生の過半数の投票が必要で、その過半数の同意で再建が可能

10・6　未明に二文2年H組の山村政明（25歳）が穴八幡で「抗議・嘆願書」とともに焼身自殺

2・14　同志社大の学館・寮でブントと赤軍派が武装衝突、赤軍派追放。これを機に荒岱介を中心とする「妖雲亭」フラクション形成。主要メンバーは理論戦線派（理戦派）または日向派と呼ばれ、後の戦旗派の主力となる

3・15　東京・豊島区で赤軍派議長・塩見孝也逮捕

3・31　赤軍派9人が日航機よど号ハイジャック（紆余曲折を経て平壌へ）

6・24　灘高全闘委結成大会

7・7　華僑青年闘争委員会、新左翼の差別問題への取り組みの差別性を告発。これより、新左翼各派の反差別闘争への取り組みが本格化

8・3　東京・池袋駅で革マル派系東京教育大生・海老原敏夫が中核派によって拉致、法大でリンチ・殺害される。これ以後、新左翼党派間の内ゲバ激化

10・16　神戸大講師・松下昇が懲戒免職処分（以後、長期の裁判闘争）

11・25　三島由紀夫、楯の会会員と市ヶ谷・陸上自衛隊東部方面総監部でクーデターを呼びかけ、割腹自殺

12・18　日共革左、拳銃奪取のため東京・上赤塚交番を襲撃、1人が射殺、2人が重傷。ブント中央政治集会（南部労政会館）、荒派を除名

1971

6・5付『早稲田学生新聞』（統一教会原理研）に川口大三郎による早慶戦観戦記

12 反革マル派のノンセクト、早大政治思想研究会設立

12・20 沖縄・コザで、米兵の交通事故から群衆5000人が反米暴動

2−3 赤軍派、M作戦を複数回実行

2・17 日共革左、栃木・真岡市の銃砲店を襲い、銃・弾薬を奪取

2・22 千葉県・公団、三里塚第一次強制代執行

3・1付 全学連中央執行委員会情宣部編『革命的暴力とは何か』こぶし書房

6・15 全国全共闘・全国反戦、明治公園で沖縄返還協定阻止集会。中核派と解放派が武装衝突。明治公園で鉄パイプ爆弾爆発（機動隊員三十数名負傷）

6・17「沖縄返還」協定調印

7・16 ニクソン大統領の中国訪問計画発表

7・21 日共革左、脱走者2人に対する死刑を決定。7末に早岐やす子、8・10向山茂徳を殺害。革左と赤軍派との統合案が進行

7・23 米子で赤軍派によるM作戦、失敗

8・7 警視総監公舎に爆弾仕掛けられる（時限装置缶爆弾、未発）

8・15 ドルの金兌換停止（ブレトン・ウッズ体制崩壊）

8・16 ドル・ショック＝ニクソン・ショック

8・21 埼玉・朝霞駐屯地自衛官殺人事件（赤衛軍事件）

9・13 林彪事件

9・16 三里塚東峰十字路闘争。機動隊員3人死去

9・20 成田空港公団焼き討ち闘争

11 赤軍派、山岳に入る

11・19 新宿交番焼き討ち（叛旗派）

12− 群馬山中で、連合赤軍結党の模索のなか粛清・リンチが横行。短期間に死者が続出

12・4 関西大学学費闘争で辻敏明・正田三郎、革マル派に鉄パイプで殴殺（千里山キャンパス）

1972

6 早大映画研究会、『赤軍−PFLP世界戦争宣言』（足立正生監督）上映運動で文連（執行部は革マル派マル学同）から追放

1・9 竹本信弘（滝田修）、赤衛軍事件関与で指名手配。竹本は潜行（82年8逮捕）

11・1−4　叛早稲田祭を浦和市玉蔵院で開催（早稲田祭11・1−6）
11・8　**12時すぎ**　一文2年J組川口大三郎が登校。体育実技のボクシング授業を受けるために級友Mとロッカー室に行くと、革マル派学生・阿波崎文雄ら2人が「ロッカーを私物化するのは許せない」と難癖つけてきて川口を同定してくる。「中核派の中央委員会に出なかったか」とも尋ねる。「そんなものは知らん」と川口は返答
14時15分　川口が実技を終えて文学部キャンパス05教室（テレビ芸術研究会（テレ研）部室）前で級友Sと談笑中、阿波崎ら革マル派2人が「討論したいから自治会室に来ないか」と接触。用事を理由に断るが執拗に迫るので「討論ならここでもできる」と反論すると拉致しようとする。Sが抗議すると、合図通りに別の革マル派3人が現れ、川口を無理やり127教室（革マル派自治会室）に連れ去る。2Jの級友たちは事残る革マル派2人はSを別場所に連行、暴行。2Jの級友たちは事態を知り、127教室前で抗議。革マル派学生がピケを張り、集まった学生に「これは階級闘争のレベルのことだ」「階級闘争を担っていない君たちには関係ない。川口はブクロなんだぞ」と怒鳴り返す。かけつけた野口洋二助教授（一文教務副主任）・久米稔助教授（二文教務主任）は異常事態を知りながら革マル派・武原光志にどやされるとニヤニヤしながら何もせずにあっさり立ち去る
14時40分　127教室周辺で心配する級友たちに対して革マル派10人ほどが襲撃、謝罪を強要（テレビ芸術研究会部員もまきぞえで殴打）
18時　事態かわらず。テレ研部室には革マル派3名ほどが見張り
18時30分　2Jの級友Iが一文事務所に電話、自治会室の調査を要請。野口助教授は「学校に、自治会室に入れるような力があると考えているのか」と責任放棄。「機動隊の導入は教授会で決定される」「君より前に連絡があったので見に行ったが、異常なし」と虚偽
21時　ロックアウト。級友は構外に追放
11・9　早朝に文京区東大医学部付属病院構内でパジャマ姿の川口の

1　京大で学費値上げ阻止闘争。全闘連（学費値上げ阻止全学闘争委員会連合）結成（75年まで存続）
1　東大で国立大学費値上げ反対闘争
2　東大、第七本館でバリケード建設（七本バリ）
2・17　森恒夫、永田洋子、群馬山中で逮捕
2・19　連合赤軍、あさま山荘で籠城・銃撃戦。10日間の攻防の末に全員拘束
2・21　ニクソン訪中、米中和解
3・8　連合赤軍のリンチ事件発覚（森恒夫が前橋地裁に上申書提出）
5・9　日共における「新日和見主義事件」開始。民青急進派と目された多数の人への「査問」（分派活動の疑い）
5・15　沖縄返還協定発効、沖縄県発足
5・30　日本赤軍3人がイスラエル・テルアビブ近郊のリッダ空港で銃乱射。奥平剛士・安田安之は射殺、岡本公三は逮捕
9・4　相模原の相模補給廠闘争（ベトナム戦争の米軍戦闘車両再整備工場に対する抗議活動）で革共同両派の激突、革マル派の完敗
9・5　ミュンヘン五輪選手村をパレスチナ・ゲリラが占拠。銃撃戦により5人死亡
10・23　北海道旭川市常磐公園の「風雪の群像」と、北大文学部アイヌ文化資料室が爆弾爆破
11・10　京大で、民青による全闘連系活動家への告発に対し、反発が盛り上がり、教養部自治会執行部（民青）が罷免
11・29　京大で全学学生大会開催。既存の執行部（民青多数派）を罷免
12・20　京大で同学会再建、八島久男が委員長に選出

変死体が発見される。本富士署の捜査。昼過ぎにマスコミ報道。川口所属の2Jクラスでは情報収集と共有が進み、この事件についての討論会。深夜、警察・機動隊が自治会室の強制捜査と現場検証

11・10　昼過ぎに馬場素明・革マル派全学連委員長による会見。川口氏を中核派のスパイだと断定して、凶行を正当化

11・11　川口の密葬。大学本部前で、革マル派自治会が事件について虚偽内容の演説。一般学生が反発、群衆となって革マル派を追及。政経学部前の革マル派活動家の演説でも同様に追及、自然発生的に糾弾集会が形成され、一文自治会委員長・田中敏夫（革マル派）が引っ張り出された。大学当局はロックアウトで糾弾集会を妨害するが、集会は20時まで続行

11・13－14　正午前、本部前に有志で結成された自主議長団による集会、1000人結集。途中、文学部中庭で集会中の革マル派への糾弾動議があがり、300人が押し寄せて田中敏夫ら幹部6人を本部前に連行、自己批判、釈明、二度と学生を殺さないという確約書署名を要求。集会は4000人に膨れ上がり、21時の大学当局の退去命令を無視して続行、朝まで18時間の徹夜集会。当局は機動隊に出動要請するが、機動隊は14日朝に集会に乱入、田中委員長らを救出。集会はその後、当局の対応への抗議集会となるが、流れ解散

11・16　12時から糾弾集会、学生2500人集結。19時40分、田中委員長が学内での暴力不行使の確約書に署名。集会は自治会執行部の辞任問題に議題を移す。同時刻、文学部でもクラス討論連絡会による学生集会

11・17　2Jクラス主催による川口追悼学生葬。浜田健三理事が村井総長名義の弔辞を代読。参列教員はごくわずか

11・18　文学部集会で自治会の刷新が議題に。馬場素明・前全学連委員長ら15人がリコール運動の妨害をしないと約束（署名）。執行部リコールの条項が規約未記載のため、学生大会（学大）でリコール条項追記の規約改正をすべく、一文・二文・政経・教育の4学部で署名運動が始まる（自治会員1／10の要求で学大開催可能）

11・28　**7時**　一文学大開催の妨害で、革マル派が国学院・青学など他大から動員、文学部構内に乱入。当局はロックアウトするが、革マル派活動家だけは文学部構内徘徊

11時　会場予定の本部10号館101教室にも革マル派部隊が侵入、バリケード封鎖。文学部長は、一文学大は①署名数が少なく全体の総意を反映していない、②短期間での開催で内容不明、学大として認めない、主催者に26日に通達済み、29日もロックアウト予定と記者会見

13時35分　文学部・他学部学生4000人が革マル派を本部から放逐、ピケを張って防衛するなか15号館402教室で一文学大開催、①現行自治会規約の全面停止、②革マル派自治会・自治委員の罷免、③学大で2/3以上の賛成で自治会リコールなどの議案書採択

11・29　教育学部学大の妨害で、革マル派が他大合わせて500人動員、当局も理工学部以外はロックアウト。しかし夕方、本部22号館301教室で教育学大開催、1570人参加で現執行部リコールと臨時執行部選出

11・30　政経学部で臨執成立、クラス委員選出

12　革マル派による個人的な暴力やテロに対抗すべく、一文行動委員会（LAC）結成

12・5　各学部発足の臨時執行部を当局に承認させるべく、総長団交要求集会が図書館前で開催、1000人集結。夕方、一文で教授会と5時間の団交、学部長は総長団交出席要請の確約書に署名

12・6　教育で自治委員選挙、正式な新執行部選出

12・7　政経で正式な新執行部選出

1973

1・7　全学拡大クラス協議会開催（西部労政会館）。闘争日程の確認

1・8　図書館前で予定の決起集会、革マル派が妨害。早稲田大学全学行動委員会（WAC）100人が黒ヘルメットで対抗。中核派、高田馬場駅前ロータリーに集結、早大周辺で革マル糾弾デモ。村井総長名義文書「自治会問題に思う」配布

1・16　一文で自治委員選挙。政経での学部団交（大隈講堂）、自治会

1・1　東京拘置所で森恒夫自殺。京大、竹本信弘の分限免職処分から第一次竹本処分粉砕闘争開始

2　主要先進資本主義国、変動相場制に移行

6　京大で、筑波大学法粉砕闘争。清風荘密会事件（竹本問題について大学当局と警察が清風荘で密かに協議）

9　中核派による革マル派への暴力による反攻開始

は①新自治会即時承認、②3、4号館の学生自主管理、③11・17告示（集会制限）の撤回、④自治会活動にかかわる学生処分を行わない確約、⑤全学団交の確約を要求、当局は3原則（70年7月）要求

1・17　一文で革マル派のでっち上げ自治委員会総会

1・19　文連常任委員会（革マル派）。それに対するサークル連絡会議とWACの抗議中に、革マル派部隊が襲撃、一般学生含む反撃で衝突（一般学生が頭蓋骨陥没の重傷）。夕方、外部の革マル派部隊が合流して、鉄パイプで一般学生を無差別に襲撃。当局と機動隊は傍観

1・23　一文学大（1500人弱出席）。期末試験中止、自治会刷新を要求して第1波一週間スト突入

1・27　一文、新執行部選出

1・30　一文学生大会（1400人出席）。第2波一週間スト突入

2・8　全学総決起集会（本部10号館）、500人出席。全学団交8項目要求。①当局による新自治会の承認（政経、教育、一文は新執行部選出）、②10・27、11・17告示撤回、③機動隊導入の自己批判、④機動隊常駐・検問体制の廃止、⑤一文二文旧執行部の名目処分を撤回せよ、⑥第二学館の運営権を学生に、⑦一連闘争の負傷者の治療費を保障せよ、⑧村井総長は辞任せよ

4・2　入学式介入闘争。黒ヘルとノンヘルとの意見対立。総長団交要求は失敗

4・4　教育学部16号館で実行委員会の会議中に革マル派が鉄パイプ襲撃。WAC主力メンバー10人が頭蓋骨陥没などの重傷。学外でも個別テロ被害

4・10　代々木駅西口に集まった政経・一文・二文の学生大会構成メンバーに革マル派のテロ、十数人が負傷、大会は流会

4・21　一文学大に革マル派の妨害とテロ、会場を本部15号館に移して開催（反帝学評が防御）、900人出席

5・8　全学総長団交（法学部8号館）。理工学部で講義中の村井総長を連行、WAC＋団交実行委など2000人出席。再度の団交（5・17）を確約させる

9・14　神奈川大学で革マル派が解放派を襲撃。返り討ちで革マル派2人死亡

9・25　筑波大学法案が国会通過（10・1筑波大学開学）

10・6　第4次中東戦争。アメリカの支援を受けたイスラエルの逆転勝利

5・14　法学部学生集会（1700人出席）、5・17準備会。夜、一文新自治会委員長・樋田毅が革マル派からテロ

5・17　前日告知どおり団交不開催。大学当局は、学外に機動隊を配置、学内に革マル派「自警団」を放任（WAC、団交実行委に対する二重戒厳体制）

6・4　WACと革マル派と鉄パイプ戦、WACが勝利

6・13　学内の集会開催が不可能なため、豊島公会堂で集会、650人集結（政経・教育・商・一文・二文の革自治会執行委員会などの主催）。自衛武装の必要性を確認

6・14　叛旗派学生が学内進入、当局が機動隊に狙い撃ち要請（革マル派に対しては黙認）。67人全員不法侵入で逮捕

6・24　新宿の喫茶店で一文学生が小単位会合を開いていると、革マル派の外回り部隊が街頭白昼テロ

6・30　新執行部による早稲田祭実行委結成集会。集会防衛のWAC40、反帝学評60、叛旗派20が革マル派鉄パイプ部隊60人に襲撃されるが撃退

7・13　文学部構内で集会中、革マル派150人が鉄パイプ襲撃、8人負傷。野崎泰志らの「X団」も鉄パイプで革マル派と衝突。X団の別働女性部隊が革マル派ゲバ部隊に人糞袋を投げつける

9・16　WACメンバーが日本橋三越屋上で会合中、革マル派の白昼街頭襲撃

10・11　大学当局が革マル派の早稲田祭実行委員会との間で5原則（①全学的な祭典、②教職員・学生の代表による早稲田祭委員会の指導下で自主的に実施運営、③一部の学生集団の意向に従属しない、④早稲田祭実行委は公正・中立、⑤収支報告の公表）を確認し、早稲田祭の開催を決定

10・21　川口大三郎の監禁致死の容疑で革マル派4人（村上文男、武原光志、佐竹実、阿波崎文雄）を逮捕、7人（田中敏夫、近藤隆史、水津則子、後藤隆洋、矢郷順一、緑川茂樹ほか）に逮捕状

年	早稲田	社会
	11・9　川口虐殺の実行者の一人、佐竹実（早大一文自治会書記長）、獄中反省文 11・19　WAC有志（14人）による図書館バリケード占拠。外部支援なく、占拠は4時間にとどまった。旧執行部による早稲田祭を当局が承認したことへの抗議	
1974	2　『現代の眼』74年3月号「読者論壇」に、〈早大・11月の黒い薔薇〉名義の「早大闘争のもう一つの芽」掲載。野崎泰志が筆者は自分だとブログで表明	1・14　革マル派が69年4・28破防法裁判弁護団会議を襲撃、井上正治、浅田光輝などが重傷 7　参院選に元三里塚芝山連合委員長・戸村一作が立候補するも落選 8・30　東アジア反日武装戦線〝狼〟が三菱重工本社ビルを爆破。爆弾闘争再開 9・13　日本人ゲリラ3人がハーグのフランス大使館を占拠 10・16　京大で、参院文教委の京大査察阻止闘争に勝利 10・31　狭山差別裁判、東京高裁で2審無期判決 11　八鹿事件。部落解放同盟と日共との間に修復困難な亀裂
1975	1・14　法学部と社会科学部で学生大会開催。学費値上げ白紙撤回を要求してストライキ。以後、他学部もスト突入 70年代後半　二文自治会、再建運動を起こすが、革マルによって放逐。商学部自治会内には非革マル部分が一部存在。法学部自治会執行部は民青系のため、反代々木系ノンセクトの登場が革マル派も容認	2・28　間組本社ビル爆破 3・14　本多延嘉・中核派書記長が革マル派の襲撃で死亡 5・19　東アジア反日武装戦線のメンバー7人が一斉逮捕、斎藤和は逮捕直後に服毒自殺 5・25　岡山大学北津寮でマル青同による殺人事件 6・25　船本洲治、明仁（当時皇太子）訪沖に抗議して焼身決起 6・27　埴谷雄高らの「革共同両派への提言」。内ゲバ中止の呼びかけ（高知聡が主導、革マル派の戦略）。7・2中核派は拒絶 7・21　埴谷雄高ら「革共同両派への再提言」 8・4　日本赤軍、クアラルンプールの米大使館占拠。板東国男ら5人釈放 8・20　東北大学で73年初から、サークル運営をめぐり当局と民青（執行部）の不明朗な関係を糾弾する抗議運動が活発化。運動員に対して8・20不当処分。学外から京大同学会が支援、翌年に処分解除の勝利 9・30　裕仁訪米阻止闘争、羽田周辺に数千人が集結

1976		1・8 周恩来死去 1・23 京大教養部代議員会で学費値上げ阻止で無期限スト可決、4・11までバリスト 9・9 毛沢東死去 10 中国共産党、毛沢東亡き後も文革を主導した四人組逮捕 11 京大に右派の反憲学連（生長の家の学生組織）登場、同学会と衝突、同学会委員長・鬼界彰男逮捕
1977	4 機関誌「冬芽」第3号（早稲田大学 崔然淑さんら在日韓国人政治犯を救援する会発行）。在日韓国人の韓国留学においてスパイ冤罪事件の告発 春 「早大生を勝共から守る会」による原理追及公開討論会で、原理によるKCIAへのスパイ活動を暴露	2・12 革マル派が中原一・解放派革労協書記長を撲殺 2月末 京大で第2次竹本処分粉砕闘争開始 4・12 川崎バスターミナルで「青い芝の会」の車椅子利用者が乗車要求闘争 4・15 解放派革労協が革マル派幹部・藤原隆義（杜学）ら4人焼殺 9・28 日本赤軍、日航機をハイジャック。奥平純三ら6人を釈放
1978	1・14 法学部が学費値上げ撤回要求でスト。以後、他学部にもスト波及	3・26 第四インターを中心とするゲリラ部隊が成田空港管制塔占拠 7・2 三里塚「7・2飛行阻止総決起集会」に5200人参加、深夜までゲリラ攻撃 11・27 日米防衛協力指針策定
1979	1・20 社会科学部、学費値上げ反対でスト（−3・1）。以後、他学部にもスト波及	1 革労協内で、狭間派による「組織内糾弾闘争」発動 1・18 東大安田講堂前で10周年集会 4・11 革マル派280人と革労協260人が総評主催「全国尾青年労働者総決起集会」会場内で衝突 5・4 サッチャー、イギリス首相に就任 6・9 ニカラグア革命、サンディニスタ民族解放戦線（FSLN）が政権奪取 12・24 ソ連がアフガニスタン侵攻
1980	80年代初頭から反原理運動の高揚に伴い、ノンセクト部分「嫌いだ！原理友の会」として公然登場可能になる 11 第二学生会館、部分的に開館	5・18-27 韓国、光州蜂起 9・22 イラン・イラク戦争（—88年8月） 10・30 東京・大田区で革マル派と中核派が激突、革マル派5人死亡 秋 京大に政治経済研究会なるサークルができる（政経研グループ）

		12・16付　京大学生新聞第4面に、同学会による女問研（のちの政経研グループのフラクション）批判記事掲載
1981		1・21　ロナルド・レーガン、米大統領就任 1・25　革労協、東京入管管理事務所にゲリラ攻撃
1982	法学部学担・佐藤英善と副学担・塚原史、8号館地下サークル連絡会と「防災に関する覚書」締結久米学生部長と地下自治5団体（1号館地下・3号館地下・8号館地下ほか）が団体交渉。「部室として利用しているサークル部室の既得権を認める」確認書	8　第四インターの三里塚詰所で性的暴行未遂事件（組織内女性差別問題＝ABCD問題の端緒）。党・運動内の女性への性暴力問題が課題化 8・8　竹本信弘（滝田修）逮捕。京大新聞9・16付（三面）で同学会委員長の市田良彦が高瀬泰司＝「白樺派」への怒りの声明 11・27　中曽根内閣成立
1983	菅孝行講演会、革マル派学生からの批判ビラ（全学学生会議） 3　三里塚3・8分裂の余波で早大第四インター活動家、中核派による襲撃を受ける	3・8　3・8分裂（芝山連合反対同盟で北原派＝中核派・革労協狭間派支援、熱田派＝第四インター支援に分裂） 6・26　参院選比例区に日本社会党から高野威（津村喬）出馬、落選 11　レーガン来日反対闘争を機に、首都圏学生実行委員会結成（拠点は東大駒場寮）
1984		1　中核派による第四インター活動家への襲撃が続く 8　中曽根内閣、臨時教育審議会設置（国際化・情報化・生涯教育） 9　全斗煥来日、裕仁と会談
1985	1　学費値上げ反対全学ストライキ（17年ぶり）、西原春夫総長との団交（商・社学・二文は革マル派系、一文・教育・政経はノンセクト系、法は民青系） 9・17　一文文連サークル所属の一般学生（活動家ではない）が三鷹の下宿で中核派によって襲撃、重傷 11・25　武田勝彦（政経学部教授・勝共教授）糾弾集会	3　ゴルバチョフ、ソ連共産党書記長就任 9　プラザ合意、円高不況
1986	12・9　早稲田精神昂揚会幹事長と副幹事長が「中核派のスパイ」とされ、革マル派学生によって学外に放逐	1・13　山谷争議団リーダーの山岡強一が射殺される 1・20　京大中核派活動家、福島慎一郎（元は同学会のブント系活動家）が革マル派JAC（全学連行動隊）に京大構内において白昼、鉄パイプで撲殺される

1987	2・2 早稲田精神昂揚会副幹事長、日共系教授と民青の庇護のもと学年末試験を受けようとしたが、革マル派ピケに阻止される 4 人間科学部新設 10・2 学内天皇主義右翼の学生文化会議（生長の家系）主催「沖縄戦、県民かく戦えり」への抗議公開討論会に約500人結集（大隈銅像前） 10・8 学内右翼vsノンセクト学生の第二回公開討論会に約500人結集（大隈銅像前）	4・1 国鉄分割民営化 9 「反天皇制全国個人共闘・秋の嵐」結成 12・16 韓国大統領選、軍政終わる
1988	冬 学内反憲学連「記帳所」粉砕闘争、学生600人と反天皇公開討論会 冬 柏崎利之輔常任理事を授業後捕捉、大衆団交へ。500人結集 冬 天皇「下血」にかかる自粛粉砕イベント、即位礼大嘗祭粉砕イベント闘争（ノンセクトと雄弁会左派との共闘）	6・18 リクルート事件発覚 9 裕仁の重症報道により社会的「自粛」圧力が始まる
1989		1・7 裕仁死亡 2・15 ソ連、アフガン撤退完了 6・4 天安門事件 11 総評解体、連合結成。ベルリンの壁崩壊
1990		8・2 イラク、クウェート侵攻
1991	1・9 ノンセクトの「破壊的行為」に対して「長い早稲田の学生運動史上に例を見ない異常な行動」との当局告示掲示。革マル派学生によるノンセクト系への恫喝・圧力強まる 1 学費値上げ反対全学ストライキ、総長団交 11・21 第2次将来計画審議会（将来審＝全学各機関代表で構成の総長諮問機関）発足	1・17 多国籍軍がイラク、クウェート領内に空爆開始（湾岸戦争） 2・8 文部省「大学設置基準大綱化」（国立大学、実質的に教養教育組織の解体迫られる） 5・4 秋の嵐メンバー複数が原宿で、公務執行妨害を名目に不当逮捕 10・17 東大当局、駒場寮解体後の「三鷹国際学生宿舎（仮称）」構想を一方的に発表 12・21 ソ連崩壊
1992	3 総合学術情報センター（新中央図書館含む）開館、ダイインなどの開館阻止闘争	4・6 ボスニア・ヘルツェゴビナ紛争、始まる 春 ペペ長谷川（塚原浩）と神長恒一ら「だめ連」結成 6・15 PKO協力法案成立 9 PKO協力法に基づき、自衛隊がアンゴラ、カンボジアに派遣

1993

1 学費値上げ撤回全学ストライキ。ノンセクト内一部にサボタージュ（無党派ならぬ無闘派）系登場

2・3 大隈講堂で全学総長団交。小山宙丸総長以下の常任理事出席。以後、総長団交は不開催（2024年時点。一切の学生自治を認めない奥島体制）

5・4 カンボジアで、日本人文民警官5人の車列爆撃。岡山県警警部補死亡

9・9 イスラエル－PLO相互承認（オスロ合意）

11 マーストリヒト条約発効、EU確立

11・19 駒場寮、「寮存続を求める」ストライキ（学生の賛成数3500人）

11・23 駒場寮存続を求める加藤登紀子コンサート（4000人）

1994

この年、早大学生部により8号館地下サークル連絡会に「学生部室について一定期間、平穏かつ公然とサークル活動を行っている部室の利用状態を尊重する」との文書提示

学内ミニコミサークル「芸術うぴょぴょん会狼」、知花昌一インタビューを革マル派系A氏が問題視、下宿来訪等嫌がらせを受け、該当箇所を破って販売

4・28 革マル派系＋ノンセクト系（文連＋早稲田祭実＋1号館・3号館・8号館地下事務局）で部室・「新学館」問題全学サークル会議結成

6・2 早大当局、新学館団交の早期開催を拒否

6・16 ノンセクト系学生7人が早慶戦天覧試合に抗議、予防弾圧的逮捕（後に国賠請求）

11 奥島孝康総長就任、新理事会発足。以後、急ピッチで新自由主義的早大再編が進行

11・30 大学理事会が全サークル・スペース封鎖・新学生会館建設・強制移動計画を、当事者学生・サークル・自治団体不在のまま、一方的に審議・決定・発表

6・30 自社さ連立村山内閣成立

9・3 社会党臨時大会で、基本政策転換決定。「自衛隊違憲」「安保廃棄」などの方針を放棄

11・14 東大教養学部、95年4月1日以降の入寮募集停止。96年3月31日を期限に駒場寮廃寮と通告

12・2 駒場寮「入寮募集停止撤回・寮存続を求める」ストライキ

12・11 ロシアによるチェチェン侵攻（第1次）

1995

この年あたりから、法学部サークル協議会事務局が自治会支配（裏で民青「指導」）

11 「新学生会館（仮称）建設に関する理事会の基本構想」発表

6・12 法学部サークル協議会事務局主催の小池百合子（当時新進党副幹事長）講演会で警察が構内に侵入。主催者学生（反革マル）が、野次を飛ばした革マル派系学生を拘束。警察に引き渡して逮捕要請

9・14 大学当局が商学部自治会の非公認決定

秋 新学生会館問題全学学生協議会結成（革マル派系＋ノンセクト＋α）

1・17 阪神大震災。死者6432人

3・20 営団地下鉄車内でオウム真理教信徒によりサリンが撒かれる。死者14人、6300人超の被害者

9・4 沖縄県で米兵3人による少女暴行事件。県知事、代理署名拒否

1996	5・23 元早大社会学部自治会委員長・五十嵐修（革マル派）、国学院大学で革労協により殺害 7・4 早稲田祭補助金の凍結撤回、全額支給 8・30 早大ラグビー部レイプ事件、奥島孝康中心にもみ消し策動	4・8 東大教養学部当局、電気・ガスの供給停止、渡り廊下破壊。寮生・学生の強い抗議で中止 6・14 東大駒場寮全国集会（京大吉田寮・東工大サークル連合・信州大サークル協議会・山形大学寮） 9・10 東大教養学部当局による駒場寮「占有移転禁止」仮処分申請を受けて東京地裁、仮処分執行 12・7 武装左翼ゲリラがペルー日本大使館公邸を占拠
1997	8・1 早大臨時学部長会、不明朗会計理由に早稲田祭中止決定 10・31－11・1 ワセダフェスタ（革マル派系主導だが右派含め広範に組織）	2・5 国・大学側、駒場寮「明け渡し断行」仮処分申請 2・25 東大、学部長名義で「自主的に退寮しなければ執行費用・損害賠償を求める」旨の文書を寮生に郵送 3・29 東大駒場寮、警備員2000人導入で「明寮明け渡し断行処分」強制執行 4 山形大当局が、学寮自治会による寮事務室「不法占有」、休学中の学生ら「入寮資格のない者の居住」を理由に一部寮生を「退去処分」 4・12 東大駒場寮「明寮」封鎖工事強行。多数の寮生・支援者らが暴行を受ける 4・22 ペルー政府、日本大使館公邸に特殊部隊を突入、占拠中の左翼ゲリラ14人全員を射殺、人質側にも犠牲者 7 日米新防衛協力指針策定。アジア通貨危機
1998	2・10 早大当局主催の江沢民講演会で革マル派系早大生3人逮捕（後に「名簿提供」裁判で学生勝訴） 5・20 読売新聞・朝日新聞等で「警視庁公安部が革マル派が石川学生部長（法学部教授）宅の電話を盗聴していた疑いがあるとみている」報道 5・28 革マル派系学生、石川学生部長と公安警察の密会を暴露 6・18 文学部当局、長く革マル派系学生拠点（自治会室）として使われていた「ミルクホール」を閉鎖、大学直営売店に 7・1 学部長会で早稲田祭の2年連続「中止」決定。この頃から、文学部の安藤文人・森元孝ら反動教員によるノンセクトなどへの暴力行為が頻発	2・28 コソボ紛争勃発 5 インドとパキスタンが核実験 12・10 米英、イラクを空爆

	11 奥島総長再任。新学生会館着工	
1999	8 従来サークル部室使用の文学部0番系列部室を強制封鎖 6・3 奥島当局が3年連続の早稲田祭不開催を決定 12・3 新学生会館利用等検討委員会の設置が当事者不在のまま学部長会にて決定 12・13 1号館地下・3号館地下・8号館地下の連絡会加盟全サークルの連署で「合意なき部室強制撤去」を絶対に認めない旨の公開質問状提出	3・24 NATO軍、ユーゴスラビア空爆 5 日米新ガイドライン関連法制定 8 通信傍受法、改正住民基本台帳法、国旗国歌法成立 8・26 ロシアによるチェチェン侵攻（第2次） 12・6 シアトルで反WTO闘争
2000	4 早大当局による大隈銅像前の立て看板掲示禁止に対して抗議集会・抗議署名（700筆強）提出。文学部当局、文学部キャンパスにおける拡声器使用を全面的に禁止 7・3 1号館地下・3号館地下・9号館地下の連絡会加盟全サークルの連署で早大当局に公開質問状、「強制封鎖決定の白紙撤回」等要求。後に原章二（政経）、志賀謙（政経）、塚原史（法）、谷昌親（法）、高橋順一（教育）、大石雅彦（文）、絓秀実（教育・文）、伊東一郎（文）、浅野史生（弁護士）、大口昭彦（弁護士）の各氏ら賛同署名に連署	5・17 プーチン、ロシア大統領就任 6・13 金大中韓国大統領、平壌訪問。金正日国防委員長と史上初の南北両首脳会談
2001	1・29 早大当局が、第一・第二学生会館の01年7月末撤去、西早稲田・大久保キャンパスの部室等の同年末使用禁止の告示 5・14－20 昼休み大隈銅像前ライブ＋集会 6・26 部室撤去阻止レイブパーティー200人以上結集、23時半頃に坂上恵二学生生活課長が車で突入。「フライデー」誌が報道 6・28 当局告示「上記のような社会のルールに反する行為が繰り返される場合、大学として毅然とした措置をとることを警告する。併せて、学生でない者たちへは、速やかに学内に退去し、現在の部室の居残りを煽るような行動をただちに注視するよう警告する」 6・29 部室使用停止反対集会。絓秀実・高橋順一・酒井隆史・原章二等参加。大隈銅像前に約150人集結 7・19 大隈銅像前でロックアウト粉砕・部室撤去阻止闘争。西原博史・社学学担追及	1・25 ブラジルで、新自由主義・グローバリズムに反対する第1回世界社会フォーラム開催 8・8 大阪教育大学付属池田小学校に男が乱入して刃物を振り回し、児童2人死亡 8・22 東大当局、警備員・暴力教員ら約570人を動員、駒場寮全棟を強制執行・封鎖、寮生は排除される 9・11 ハイジャックされた四機の大型旅客機、ニューヨークの世界貿易センタービル・米国防総省等に突入 10・7 米英、アフガニスタンへの空爆を開始

	7・27 大隈銅像前で部室撤去阻止ロックアウト粉砕集会。原章二・酒井隆史・平井玄等参加 7・31 部室使用停止期限の当夜、反対する学生・サークル員らが数千人結集、当局の強制封鎖を実力阻止。集会抗議行動には保坂展人衆院議員・支援教員らも参加。サークル自治団体事務局員3人に早大当局が仮処分申請、東京地裁決定。同時に早大当局が3人の構内立入禁止を告示 8・7 第一学生会館強制封鎖 8・9 11号館地下強制封鎖 8・10 朝、教職員・工事業者が各号館地下部室を急襲、強制封鎖。18時－抗議集会。棚村政行・法学部教員、部室封鎖に抗議する文学部学生の腕をつかみ、交番に連行しようとする 8・20 物品移動日の前日で抗議集会・行動。21、22、24も抗議行動 8・29－31 早大当局、建物内外の仮部室や物品を強制的に移動・撤去・破壊 9・27 理事会の決定事項と称して1号館地下管理運営委員会加盟サークルに対し、新学生会館入居条件として①サークル自治団体脱退、②脱退証拠の提示と警告 11・4 部室封鎖の正当化、新学生会館・奥島体制賛美のイベント「早稲田EXPO」（11・1－4）に対する抗議行動、安藤文人教員による暴行・暴言	
2002	7・31 早大正門前で部室封鎖1周年弾劾集会。大隈銅像前でも抗議のシンポジウムとレイヴパーティー。早大総務部・学生部職員らによる弾圧 11・8 白井克彦総長就任。奥島総長の拡大経営路線継承 11 早稲田祭「復活」（来場者約10万→約1万と激減）。政府・内閣府主催の「タウンミーティング」が持ち込まれる	7・29 国・沖縄県・名護市が普天間基地の移転先を辺野古沖で基本合意 10・23 チェチェン武装勢力、モスクワの劇場占拠。ロシア連邦軍のチェチェン撤退要求
2003	4 構内立入禁止の仮処分者が教職課程登録を拒否される 9 江沢民講演会における革マル派学生逮捕の「名簿提供」裁判で、革マル派系学生が最高裁勝訴	3・20 ブッシュ米大統領、イラクに対する武力攻撃開始 12・9 自衛隊イラク派遣決定

2004

4　早大当局による新歓規制強化。新歓期間を6日から4日に短縮

6・11　スーパーフリー輪姦事件地裁判決。岸本英之への判決（懲役七年六月）で、早大当局がベンチャー育成事業における岸本の顕彰が焦点化。スーフリは岸本の経営する会社という体裁だった

7・31　部室封鎖に抗議し、3人立ち入り禁止処分即時撤回を求める抗議集会。井土紀州（映画監督・脚本家）他参加

9・5　高橋順一・教育学部学担との間で「立入禁止者の教職過程教室登録に向けて努力する」確認書

11　当局主催「オール早稲田文化週間」で学生右翼団体「グルメポ」が西村眞悟講演会

1　日本共産党が第23回大会で、天皇制・自衛隊を当面容認の綱領改正

1・17　立川テント村の2人が、居住者の航空自衛官にビラ入れ中止を求められる

2・27　立川テント村事務所とメンバー宅が家宅捜索、メンバー3人が逮捕

3・3　東京都中央区で、休日に共産党機関紙を配布した社会保険庁職員が国家公務員法違反で逮捕

11・2　米、ブッシュ大統領再選

12・23　葛飾区亀有のマンションで共産党の「都議会報告」などのビラを配布した男性が逮捕。23日間拘留

2005

6・1　授業前の置きビラ中の構内立入禁止者を棚村政行・法学部教務担当が不当拘束・軟禁。「戸塚（警察）を呼ぶか、念書を書くか」と強要

7・22　ビラ撒き不当逮捕抗議集会、文学部当局への抗議行動＋シンポジウム。宮沢章夫・絓秀実・井土紀州ほか参加。早大当局・教職員らによって強制的に学外へ排除されるが集会は正門前で開催

12　安藤教員がビラ配布中の人間に対して「（立川反戦ビラ入れ事件の）高裁判決知ってるだろ」と発言

12・15　安藤教員による情宣妨害の過程で、ビラ撒き青年（後に逮捕）が「いいかげんお家に帰りなさいよ」と発言。安藤教員はそれを脅迫罪の構成要件に該当と発言

12・16　文学部当局、前日の情宣での発言を「脅迫」として警告する立て看板を文学部正門前に掲出

12・20　7・22集会実行委の一人が、構内立入禁止仮処分反対集会のビラを文学部構内で配布しようとしたところ、森元孝教員らによる私人逮捕、警察に引き渡される（建造物侵入容疑）。早大正門前で抗議集会。広範な署名と抗議活動。署名人にECD、中原昌也、荒井晴彦、上野昂志、ソウル・フラワー・ユニオン、ハリー・ハルトゥーニアン、マイケル・ハート等、署名総数1300筆超

12・25　逮捕者の住居が警察により家宅捜索

1・12　中川昭一経産相・安倍晋三官房副長官が、NHKに圧力をかけて番組改竄と報道

10－11　フランスで、移民若年層を中心とする抗議行動が暴動となって全土に拡大。非常事態法発動・夜間外出禁止令

12・9　立川ビラ撒き逮捕、東京高裁が罰金刑の有罪判決

12・17　香港で反WTOデモ。韓国農民闘争隊先頭に盛り上がる。地下鉄等ストップ

	12・29 逮捕当該釈放。朝日新聞朝刊記事 12・31 学内専任教員有志による文学学術院長宛ビラ撒き不当逮捕に対する公開質問状	
2006	1・10 早大本部キャンパス・文学部正門前で情宣・署名活動開始、第一波署名提出（14日第2波・20日第3波提出）早大文学学術院長名で、不当逮捕事件に対する釈明告示 1・25 文学学術院長、法学学術院宛に法学部1年実行委メンバーの処分を教唆する公式文書送付 2・4 ビラ撒き不当逮捕抗議集会（早稲田奉仕園）。シンポジウムに絓秀実・武井昭夫・花咲政之輔ほか登壇 3 ノンセクト系法学部学生の戸山キャンパスでのビラ撒き不当逮捕に対する抗議行動に対して文学部当局が法学部に「書簡」を送り処分要請するも粉砕 4・1 安藤文人・森元孝教員、ビラ撒き不当逮捕を正当化。「何度でも逮捕してやる！ 今度は俺が通報する！」と絶叫 4・23 映画上映と討議集会。井土紀州・宮沢章夫・絓秀実	1・16 大阪経済大学で自治会役員ら8人逮捕 3 フランス、若者対象の「初期雇用契約（CPE）」制度導入撤回求めてストライキ・デモ・交通機関占拠など。300万人以上参加 3・14 法政大学構内で全国学生29人逮捕
2007	1・9 大学当局、入学式当日の戸山キャンパスでの新歓活動全面禁止の告示を掲示 4・1 前日泊まりこみ、新歓貫徹行動。夜シンポジウムに絓秀実・井土紀州・宮沢章夫・米谷匡史 5・15 ビラ撒き不当逮捕抗議署名（700筆超）を提出。安藤文人にトランジスタメガホンを破壊される 7・27 ビラ撒き不当逮捕抗議集会（大隈銅像前）。シンポジウムに絓秀実・米谷匡史・池田雄一ほか 10・21 125周年記念事業記念式典抗議行動 12・15 シンポジウム「早大『改革』の虚妄と腐敗」。登壇者：鵜飼哲・絓秀実・井土紀州・池田雄一	1・20 在日特権を許さない市民の会（桜井誠代表）、発足集会。のちにその街宣行動へのカウンターとして「しばき隊」（現C.R.A.C.）が結成
2008	4・1 サークル新歓活動禁止への抗議活動中の法学部生が学生部職員・福田秀彦に拘束、警察に引き渡される。抗議署名呼びかけ人に大石雅彦・高橋順一・原章二ら早大専任教員、鵜飼哲・鴻英良ら早	

	大非常勤講師、角田光代・絓秀実・武井昭夫など文化人、現役学生等。署名賛同者としてハリー・ハルトゥーニアン、デヴィッド・グレーバーなど最終的に約1000筆 5・22　4・1不当逮捕に抗議する記者会見。署名呼びかけ人の絓秀実・原章二・池田雄一等参加。毎日新聞記事 6・24　4・1不当逮捕抗議署名第1波提出、抗議行動。原章二・絓秀実・岡山茂・大石雅彦・池田雄一・花咲政之輔等参加 夏　法学部生処分要請書簡提出に対する文学学術院教授会での抗議声明動議。15-66で敗れるも画期 7・24　4・1抗議署名提出集会・抗議行動。逮捕当該・大石雅彦・岡山茂・絓秀実・花咲政之輔ほか多数参加。総務部長の音声記録拒否によりペンディングに 11・21　4・1抗議署名提出集会。絓秀実・峰尾俊彦・花咲政之輔・逮捕当該等参加。大石雅彦・岡山茂とともに伊藤総務部長・関口総務課長に署名を手交。来年度入学式規制などについて申し入れ 11・27　柄谷行人講演会「なぜデモをしないのか」200人超結集。絓秀実・池田雄一・高橋順一・峰尾俊彦・花咲政之輔（司会）など参加。この時期、日常的な闘争と交渉によって構内立ち入り禁止処分者の立ち入りが総務部当局に黙認されていた	6・8　秋葉原通り魔事件 9　リーマン・ショックが全世界に拡大 11・4　オバマ、アメリカ初の黒人大統領に当選
2009	1　大石雅彦・岡山茂を先頭に関口総務課長に4・1抗議署名（500筆超）を提出。関口総務課長「『回答しない』のが正式な回答」 7・23　討議集会「早稲田『改革』の虚妄と腐敗」。絓秀実・鵜飼哲・高橋順一、司会：花咲政之輔	9・16　鳩山民主党内閣成立 10　ギリシャ経済危機 12・1　リスボン条約発効、EUの権限強化
2010	11・5　鎌田薫、第16代早大総長に就任。鎌田は一次闘争時マル戦派の活動家であり、革マル派に関して独特の見解を有していた	12　チュニジアのジャスミン叛乱、「アラブの春」始まる
2011		3・11　東日本大震災 4・10　素人の乱・松本哉の呼びかけで「原発やめろデモ」1万5000人 5・2　米軍、アルカイダのウサマ・ビンラディン殺害 9・17-11・15　ウォールストリート占拠闘争

		10・20 リビア内戦でカダフィ殺害
2012		11 野田民主党政権崩壊 12 第2次安倍内閣成立
2013		12 特定秘密保護法成立
2014		3 ロシア、クリミアを編入。台湾、ひまわり運動 4 安倍内閣が武器輸出3原則を変更、防衛装備移転3原則を閣議決定 6 ISが「イスラム国」建国宣言 9 香港、雨傘運動
2015		5 安倍内閣に対する抗議行動でSEALDs台頭
2016		7・26 相模原障害者施設殺傷事件 11・8 米大統領選でトランプ当選
2017		6・15 共謀罪成立 10 #MeToo 運動始まる
2018		5・8 イラン核合意からアメリカ離脱 11 フランスでジレジョーヌ（黄色いベスト）運動
2023	11・28 早大当局とイスラエル大使館の合同企画。ムスリム系学生に対して警察導入。大隈銅像前で反イスラエル集会	10・7 パレスチナ自治区ガザを実効支配するイスラム組織ハマスが、イスラエルに対し「アルアクサの洪水作戦」を遂行

主要参考文献

- 1972年11月8日――川口大三郎の死と早稲田大学 https://www.19721108.net/
- 『資料戦後学生運動 別巻』三一書房、一九七〇年
- 『ワセダ』第一〇号、早稲田大学出版事業研究会、一九六九年
- 『早稲田をゆるがした一五〇日早大闘争の記録』現代書房、一九六六年
- 蔵田計成『新左翼運動全史』流動出版、一九七八年
- 神津陽『極私的全共闘史中大1965-68』彩流社、二〇〇七年
- 椎野礼仁『連合赤軍を読む年表（新訂）』ハモニカブックス、二〇二二年
- 絓秀実・花咲政之輔編著『ネオリベ化する公共圏』明石書店、二〇〇六年
- 田島和夫『川口君虐殺糾弾 早稲田解放――あの日から五十年 死んでも忘れるものか』私家版、二〇二四年
- 高沢皓司・高木正幸・蔵田計成『新左翼二十年史』新泉者、一九八一年
- 外山恒一『全共闘以後 改訂版』イースト・プレス、二〇一八年
- 府川充男「「六八年」的クロニクル」『反逆者とテロリストの群像　別冊歴史読本2』新人物往来社、二〇〇八年
- 穂坂久仁雄ら「ドキュメント全共闘日誌」『流動』一九七九年三月号

執筆者紹介（掲載順）

絓秀実（すが・ひでみ）
文芸評論家。1949年新潟県生まれ。
著書に『天皇制の隠語《ジャーゴン》』（航思社）、『アナキスト民俗学』（共著、筑摩選書）、『革命的な、あまりに革命的な』（作品社／増補版ちくま文庫）、『1968年』（ちくま新書）、『反原発の思想史』（筑摩選書）、『対論1968』（共著、集英社新書）、『絓秀実コレクション』全2巻（blueprint）など。

花咲政之輔（はなさき・まさのすけ）
早稲田大学構内立ち入り禁止処分者。太陽肛門工房主宰。1967年埼玉県生まれ。
太陽肛門スパパーンのアルバムに『円谷幸吉と人間』『テロリストブッシュと人間』『馬と人間』など。著書に、『ネオリベ化する公共圏』（絓秀実との共編著、明石書店）、『LEFT ALONE』（共著、明石書店）など。

大野左紀子（おおの・さきこ）
文筆活動家。1959年名古屋市生まれ。
82年東京藝術大学美術学部彫刻科卒業後、現代美術の制作・発表活動をする。2003年に美術家を廃業し文筆活動に移る。著書は『アーティスト症候群』（河出文庫）、『「女」が邪魔をする』（光文社）、『あなたたちはあちら、わたしはこちら』（大洋図書）など。共著は『ラッセンとは何だったのか？』（フィルムアート社）など。

河原省吾（かわはら・しょうご）
京都産業大学教員（臨床心理学）。1958年大阪府生まれ。
著書に『彼女がイジワルなのはなぜ？』（共著、とびら社）、論考に「思春期の不登校と〈課題の深まり〉」（菅佐和子編『教師がとりくむ不登校』所収）、「ゼミの基礎づくりに寄与するファンタジーグループの実施」（京都産業大学『高等教育フォーラム』5号）など。

菅孝行（かん・たかゆき）
評論家、劇作家。1939年東京都生まれ。
著書に『ことにおいて後悔せず：戦後史としての自伝』『演劇で〈世界〉を変える：鈴木忠志論』『天皇制と闘うとはどういうことか』（以上、航思社）、『三島由紀夫と天皇』（平凡社新書）、戯曲集『いえろうあんちごうね』（アディン書房）、『ヴァカンス／ブルースをうたえ』（三一書房）など。

照山もみじ（金子亜由美）（てるやま・もみじ／かねこ・あゆみ）
早稲田大学非常勤講師（文学）。1983年茨城県生まれ。
照山もみじ名義で『G-W-G（menus）』創刊号から論考を発表、最新8号（2024年）に「「飼育係」の法」。金子亜由美名義で著書『明治期泉鏡花作品研究：「父」と「女」の問題を中心に』（和泉書院）など。

水谷保孝（みずたに・やすたか）
元革共同。1945年生まれ。
64年早稲田大学入学、同年11月マル学同・中核派加盟、66年第一次早大闘争無期停学処分。69年3月全学連（中核派）副委員長、7月同書記長。77年1月前進編集長、革共同政治局員。06年11月に革共同を離党。
岸宏一との共著に『革共同政治局の敗北 1975～2014』（白順社）。

前田年昭（まえだ・としあき）
組版労働者。1954年大阪生まれ。
「「ベタ組み」は誰がつくったのか　露伴本に見る草創期の組版の変遷」（『現代の図書館』60巻3号）、「和文組版史の定礎・電算写植」（『印刷雑誌』2024年6月号）、寄稿『目撃！文化大革命』（土屋昌明編著、太田出版）、編集『釜ヶ崎語彙集1972-1973』（寺島珠雄編著、新宿書房）など。

亀田博（かめだ・ひろし）
アナキズム／大逆罪／金子文子研究。1973年早大図書館占拠闘争被弾圧者。1953年東京都生まれ。
編著に『中濱鐵　隠された大逆罪』（皓星社）、『日本アナキズム運動人名事典』（ぱる出版）、寄稿に『朝鮮の抵抗詩人』（金正勲編、明石書店）、『本多延嘉——3・14虐殺史を超えて四五年』（江村信晴編、白順社）など。

稲川方人（いながわ・まさと）
詩人。1949年福島県生まれ。
詩集に『償われた者の伝記のために』（書紀書林）、『聖－歌章』（思潮社）、『形式は反動の階級に属している』（書肆子午線）ほか、批評集に『詩と、人間の同意』（思潮社）、『彼方へのサボタージュ』（小沢書店）、『反感装置』（思潮社）など。

津村喬（つむら・たかし）
批評家、気功家。1948年東京都生まれ、2020年没。
70年、早稲田大学第一文学部中退。著書に『横議横行論』（航思社）、『戦略とスタイル』（田畑書店／増補改訂新版 航思社）、『津村喬 精選評論集』（絓秀実編、論創社）、『全共闘　持続と転形』（編著、五月社）、『LEFT ALONE』（共著、明石書店）、『しなやかな心とからだ』（野草社）など。

小泉義之（こいずみ・よしゆき）
立命館大学教員（哲学、倫理学）。1954年札幌市生まれ。
著書に『哲学原理主義』（青土社）、『弔い・生殖・病いの哲学』『闘争と統治』『災厄と性愛』『連合赤軍：革命のおわり革命のはじまり』（共著）（以上、月曜社）、『フーコー研究』（編著、岩波書店）、訳書にドゥルーズ『意味の論理学』（河出文庫）など。

長濱一眞（ながはま・かずま）
批評家。1983年京都府生まれ。
大阪府立大学人間社会学研究科で博士号取得（人間学）。『子午線』編集同人。著書に『近代のはずみ、ひずみ：深田康算と中井正一』（航思社）、論考に「安部公房の転向？」（『現代思想』2024年11月臨時増刊号・総特集・安部公房）、「「VS」と「アウフヘーベン」」（『ユリイカ』2021年9月号）など。

吉永剛志（よしなが・たけし）
地域・アソシエーション研究所。関西よつば連絡会。1969年高知県生まれ。
早稲田大学大学院文学研究科修士課程修了。著書に『NAM総括：運動の未来のために』（航思社）、論考に「ポスト資本主義の理論と実践」（『季報唯物論研究』166号）、「日本唯一の楕円的な運動体」（『社会運動』414号）、「高瀬幸途という“歴史”」（『大失敗』2号）など。

マニュエル・ヤン（Manuel Yang）
日本女子大学教員（歴史社会学、民衆史）。1974年ブラジル・サンパウロ州カンピーナス生まれ。
神戸、ロサンゼルス、台中、ダラスで育つ。テキサス大学オースティン校卒業、トレド大学大学院歴史学科博士課程修了。著書に『黙示のエチュード』（新評論）、『バビロンの路上で』（以文社）など。

全《ぜん》共《きょう》闘《とう》晩《ばん》期《き》
川口大三郎事件からSEALDs以後

編著者　絓 秀実・花咲政之輔
発行者　大村 智
発行所　株式会社 航思社
〒301-0043 茨城県龍ケ崎市松葉6-14-7
tel. 0297(63)2592 ／ fax. 0297(63)2593
http://www.koshisha.co.jp
振替口座　00100-9-504724
装丁　前田晃伸
印刷・製本　モリモト印刷株式会社

2024年12月10日 初版第1刷発行

ISBN978-4-906738-51-9　C0036
Printed in Japan